CAMBRIDGE READINGS

IN

FRENCH LITERATURE

JEANNE D'ARC

Chapu

CAMBRIDGE READINGS

IN

FRENCH LITERATURE

EDITED BY

ARTHUR TILLEY

CAMBRIDGE

AT THE UNIVERSITY PRESS

1920

CAMBRIDGE UNIVERSITY PRESS
Cambridge, New York, Melbourne, Madrid, Cape Town,
Singapore, São Paulo, Delhi, Mexico City

Cambridge University Press
The Edinburgh Building, Cambridge CB2 8RU, UK

Published in the United States of America by Cambridge University Press, New York

www.cambridge.org
Information on this title: www.cambridge.org/9781107615731

First published 1920
First paperback edition 2013

A catalogue record for this publication is available from the British Library

ISBN 978-1-107-61573-1 Paperback

PREFACE

THESE readings in French Literature are more or less
on the same lines as those of the readings in English
Literature edited by Mr George Sampson. There is,
however, this difference, that, except for *Cendrillon*
and a charming poem by M. Jean Aicard, there is
little in this volume that will appeal specially to young
children. Besides the general aim of presenting a
variety of extracts good in themselves and interesting
for their subject-matter, it has been the particular
aim of the present selection to illustrate the history
of France by a record of some of her famous sons
who "were honoured in their generations and were
the glory of their times." Thus the reader will find
commemorated such great names as Du Guesclin,
Jeanne d'Arc, Bayard, Coligny, Henry IV, Condé,
Turenne, Napoleon, and after these, who were "valiant
in war," a "man of mercy," Pasteur. This is only a
selection from France's long roll of honour, and,
similarly, many names will be found missing from her
famous writers. Should this volume meet with a
favourable reception, some of the gaps may be filled
up in a companion volume. The passages chosen vary
considerably in length, from Michelet's *Jeanne d'Arc*
to the eight lines from Ronsard's *Hymne de la Mort*.
But, with the exception of this last and the long
extract from Lamartine's *Jocelyn*, every poem has been
given in full, without the omission of a verse or a line.
The order in which the extracts appear is not wholly
fortuitous. Several passages are grouped together

either because of their similarity of content, or as belonging to the same period. The transition from one group to another is sometimes by connexion of thought, sometimes by way of contrast. The pictures with four exceptions have been chosen from the works of French masters. In most instances they are obvious illustrations of the text with which they are associated; in a few the connexion is less apparent.

A. T.

King's College, Cambridge.
December, 1919.

CONTENTS

CONTENTS ix

By arrangement with the Librairie Alphonse Lemerre

By kind permission of MM. Calmann-Lévy

By arrangement with the Librairie Alphonse Lemerre

By kind permission of M. Gustave Simon and
Messrs Thomas Nelson and Sons

By kind permission of M. Julien Tiersot

By kind permission of M. Sorel's heirs and
MM. Plon-Nourrit et Cie

CONTENTS

LIST OF PICTURES

Veronese, he developed his own remarkable personality. This great and expressive draughtsman, and exquisite colourist—foreshadowing the discoveries of the Impressionist school—was also a poet. Under the outward semblance of *Fêtes galantes,* his pictures express that *mal de l'infini* which haunted his restless spirit, the result of the phthisis to which he succumbed at the age of thirty-seven. The picture here reproduced is, with eight other works by the artist, in the Wallace Collection.

Phot. W. A. Mansell and Co.

Nicolas Poussin (1594–1665), born at Les Andelys, lived at Rome for the last forty-one years of his life, paying during that time only one visit to France. Having assimilated the spirit of antiquity into his whole being he was the first exponent of French classicism, and one of its greatest.

Phot. W. A. Mansell & Co.

François Clouet (*circ.* 1516–1572) was a great interpreter of human physiognomy. Of the few portraits in oils that can be attributed to him with certainty, the best is that of Elizabeth of Austria, the wife of Charles IX (Louvre). His numerous chalk drawings are full of life and character, as may be seen by this picture of Gaspard de Châtillon, Admiral de Coligny.

Phot. Giraudon

This engraving from the Bibliothèque Nationale represents the coronation of Voltaire at the Théâtre Français after the representation of his tragedy of *Irene* on March 30, 1778. On the left of Voltaire is his niece, Mme Denis, on his right Mme de Villette, and standing behind Mme Denis the actor Brizard with the laurel wreath in his hand. Voltaire died exactly two months later.

Phot. Giraudon

Jean-François Millet (1814–1875), the great painter of peasant life, has the logical thought and artistic purpose of the classical masters. He was born at Gréville in Normandy, and died at Barbizon, on the edge of the forest of Fontainebleau. His *Angelus* is in the Louvre.

Phot. W. A. Mansell and Co.

LIST OF PICTURES

Alexandre-Gabriel Decamps (1803–1860) was an admirable painter of Oriental life and scenery. The collection of his paintings and water-colours in the Wallace Collection is only equalled by those at Chantilly and in the Louvre. He visited Constantinople, the Greek islands, and Asia Minor in 1827. Fromentin says that he was a visionary, who "invented more often than he remembered." The figures in the picture here reproduced, which is in the Wallace Collection, are Turks, not Bedouins.

Phot. W. A. Mansell and Co.

The drawing here reproduced was engraved by W. Miller as an illustration to Scott's *Essays on Chivalry, Romance, and the Drama.* (*Prose Works*, vol. VI.)

Claude Gellée, called Claude Lorrain (1600–1682), spent the greater part of his life at Rome, where he painted landscapes bathed in the light of southern skies. The present picture, dated 1645, is in the National Gallery.

Phot. W. A. Mansell and Co.

Jean-Baptiste Camille Corot (1796–1875) was born at Paris, the son of an office-clerk and a *marchande de modes*. His father had a small country house at Ville d'Avray. Few landscape-painters have held closer communion with nature ; he interpreted her as a lover, and he saw in her a reflexion of his own joyous serenity. It was not till about 1858 that he began to be famous. The picture here reproduced was painted in 1866, and was in the collection of M. Moreau till it passed on his death to the Louvre.

Phot. Giraudon

The design on the cover is from the MS, probably French, of a XIII century Bible in the McClean Collection of Manuscripts in the Fitzwilliam Museum, Cambridge.

MICHELET

Jules Michelet (1798–1874) brought to the study of history an active and generous, if uncritical, zeal for research, an ardent love of France and the French people, a powerful imagination, and a magical style. His *Histoire de France* was written in three sections, of which the first (1833–1843), dealing with the Middle Ages, is the strongest. Next followed his moving narrative of the French Revolution (1847–1853), and lastly, but with narrowed vision and alienated sympathies, the account of the sixteenth to eighteenth centuries (1855–1867). In the intervals of his great work he wrote books on various aspects of man and nature, of which the most remarkable are *L'Oiseau, L'Insecte, La Mer* and *La Bible de l'Humanité*. His narrative of Jeanne d'Arc, from which the following passage is taken, has been an inspiration to thousands of Frenchmen.

JEANNE D'ARC

Jeanne était la troisième fille d'un laboureur, Jacques *Darc*, et d'Isabelle *Romée*. Elle eut deux marraines, dont l'une l'appelait *Jeanne*, l'autre *Sibylle*.

Le fils aîné avait été nommé *Jacques*, un autre *Pierre*. Les pieux parents donnèrent à l'une de leurs filles le nom plus élevé de saint *Jean*.

Tandis que les autres enfants allaient avec le père travailler aux champs ou garder les bêtes, la mère tint Jeanne près d'elle, l'occupant à coudre ou à filer. Elle n'apprit ni à lire ni à écrire, mais elle sut tout ce que savait sa mère des choses saintes. Elle reçut sa religion, non comme une leçon, une cérémonie, mais dans la forme populaire et naïve d'une belle histoire de veillée, comme la foi simple d'une mère....Ce que nous recevons ainsi avec le sang et le lait, c'est chose vivante, et la vie même....

Nous avons sur la piété de Jeanne un touchant témoignage, celui de son amie d'enfance, de son amie de cœur, Haumette, plus jeune de trois ans. "Que de fois, dit-elle, j'ai été chez son père, et couché avec elle de bonne amitié....! C'était une bonne fille, simple et douce. Elle allait volontiers à l'église et aux saints lieux. Elle filait, faisait le ménage, comme font les autres filles....Elle se confessait souvent. Elle rougissait quand on lui disait qu'elle était trop dévote, qu'elle allait trop à l'église." Un laboureur, appelé aussi en témoignage, ajoute qu'elle soignait les malades, donnait aux pauvres. "Je le sais bien, dit-il: j'étais enfant alors, et c'est elle qui m'a soigné."

Tout le monde connaissait sa charité, sa piété. Ils voyaient bien que c'était la meilleure fille du village.

Ce qu'ils ignoraient, c'est qu'en elle la vie d'en haut absorba toujours l'autre et en supprima le développement vulgaire. Elle eut, d'âme et de corps, ce don divin de rester enfant. Elle grandit, devint forte et belle, mais elle ignora toujours les misères physiques de la femme. Elles lui furent épargnées, au profit de la pensée et de l'inspiration religieuse. Née sous les murs mêmes de l'église, bercée du son des cloches et nourrie de légendes, elle fut une légende elle-même, rapide et pure, de la naissance à la mort.

Elle fut une légende vivante....Mais la force de vie, exaltée et concentrée, n'en devint pas moins créatrice. La jeune fille, à son insu, *créait*, pour ainsi parler, et *réalisait* ses propres idées, elle en faisait des êtres, elle leur communiquait, du trésor de sa vie virginale, une splendide et toute-puissante existence, à faire pâlir les misérables réalités de ce monde.

Si *poésie* veut dire *création*, c'est là sans doute la poésie suprême. Il faut savoir par quels degrés elle en vint jusque-là, de quel humble point de départ.

Humble à la vérité, mais déjà poétique. Son village était à deux pas des grandes forêts des Vosges. De la porte de la maison de son père, elle voyait le vieux bois *des chênes*. Les fées hantaient ce bois; elles aimaient surtout une certaine fontaine près d'un grand hêtre qu'on nommait l'arbre des fées, des *dames*. Les petits enfants y suspendaient des couronnes, y chantaient. Ces anciennes *dames* et maîtresses des forêts ne pouvaient plus, disait-on, se rassembler à la fontaine; elles en avaient été exclues pour leurs péchés. Cependant l'Église se défiait toujours des vieilles divinités locales; le curé, pour les chasser, allait chaque année dire une messe à la fontaine.

Jeanne naquit parmi ces légendes, dans ces rêveries populaires. Mais le pays offrait à côté une tout autre poésie, celle-ci, sauvage, atroce, trop réelle, hélas! la poésie de la guerre....La guerre! ce mot seul dit toutes les émotions; ce n'est pas tous les jours sans doute l'assaut et le pillage, mais bien plutôt l'attente, le tocsin, le réveil en sursaut, et dans la plaine au loin le rouge sombre de l'incendie....État terrible, mais poétique; les plus prosaïques des

hommes, les Écossais du pays bas, se sont trouvés poètes parmi les
hasards du *border*; de ce désert sinistre, qui semble encore maudit,
ont pourtant germé les ballades, sauvages et vivaces fleurs.

Jeanne eut sa part dans ces romanesques aventures. Elle vit
arriver les pauvres fugitifs, elle aida, la bonne fille, à les recevoir;
elle leur cédait son lit et allait coucher au grenier. Ses parents
furent aussi une fois obligés de s'enfuir. Puis, quand le flot des
brigands fut passé, la famille revint et retrouva le village saccagé,
la maison dévastée, l'église incendiée.

Elle sut ainsi ce que c'est que la guerre. Elle comprit cet état
antichrétien, elle eut horreur de ce règne du diable, où tout homme
mourait en péché mortel. Elle se demanda si Dieu permettrait cela
toujours, s'il ne mettrait pas un terme à ces misères, s'il n'enverrait
pas un libérateur, comme il l'avait fait souvent pour Israël, un
Gédéon, une Judith….Elle savait que plus d'une femme avait
sauvé le peuple de Dieu, que dès le commencement il avait été dit
que la femme écraserait le serpent. Elle avait pu voir au portail
des églises sainte Marguerite, avec saint Michel, foulant aux pieds
le dragon….Si, comme tout le monde disait, la perte du royaume
était l'œuvre d'une femme, d'une mère dénaturée, le salut pouvait
bien venir d'une fille. C'est justement ce qu'annonçait une prophétie de Merlin; cette prophétie, enrichie, modifiée selon les
provinces, était devenue toute lorraine dans le pays de Jeanne
Darc. C'était une pucelle des marches de *Lorraine* qui devait
sauver le royaume. La prophétie avait pris probablement cet
embellissement, par suite du mariage récent de René d'Anjou
avec l'héritière du duché de Lorraine, qui, en effet, était très
heureux pour la France.

Un jour d'été, jour de jeûne, à midi, Jeanne étant au jardin de
son père, tout près de l'église, elle vit de ce côté une éblouissante
lumière, et elle entendit une voix: "Jeanne, sois bonne et sage
enfant; va souvent à l'église." La pauvre fille eut grand'peur.

Une autre fois, elle entendit encore la voix, vit la clarté, mais
dans cette clarté de nobles figures dont l'une avait des ailes et
semblait un sage prud'homme. Il lui dit: "Jeanne, va au secours
du roi de France, et tu lui rendras son royaume." Elle répondit,
toute tremblante: "Messire, je ne suis qu'une pauvre fille; je ne
saurais chevaucher, ni conduire les hommes d'armes." La voix
répliqua: "Tu iras trouver M. de Baudricourt, capitaine de Vau-

couleurs, et il te fera mener au roi. Sainte Catherine et sainte Marguerite viendront t'assister." Elle resta stupéfaite et en larmes, comme si elle eût déjà vu sa destinée tout entière.

Le prud'homme n'était pas moins que saint Michel, le sévère archange des jugements et des batailles. Il revint encore, lui rendit courage, "et lui raconta la pitié qui estoit au royaume de France." Puis vinrent les blanches figures des saintes, parmi d'innombrables lumières, la tête parée de riches couronnes, la voix douce et attendrissante, à en pleurer. Mais Jeanne pleurait surtout quand les saintes et les anges la quittaient. "J'aurais bien voulu, dit-elle, que les anges m'eussent emportée...."

Si elle pleurait, dans un si grand bonheur, ce n'était pas sans raison. Quelque belles et glorieuses que fussent ces visions, sa vie dès lors avait changé. Elle qui n'avait entendu jusque-là qu'une voix, celle de sa mère, dont la sienne était l'écho, elle entendait maintenant la puissante voix des anges!...Et que voulait la voix céleste? Qu'elle délaissât cette mère, cette douce maison. Elle qu'un seul mot déconcertait, il lui fallait aller parmi les hommes, **aux** soldats. Il fallait qu'elle quittât pour le monde, pour la guerre, ce petit jardin sous l'ombre de l'église, où elle n'entendait que les cloches et où les oiseaux mangeaient dans sa main. Car tel était l'attrait de douceur qui entourait la jeune sainte; les animaux et les oiseaux du ciel venaient à elle, comme jadis aux Pères du désert, dans la confiance de la paix de Dieu.

Jeanne ne nous a rien dit de ce premier combat qu'elle soutint. Mais il est évident qu'il eut lieu et qu'il dura longtemps, puisqu'il s'écoula cinq années entre sa première vision et sa sortie de la maison paternelle.

Les deux autorités, paternelle et céleste, commandaient des choses contraires. L'une voulait qu'elle restât dans l'obscurité, dans la modestie et le travail; l'autre qu'elle partît et qu'elle sauvât le royaume. L'ange lui disait de prendre les armes. Le père, rude et honnête paysan, jurait que, si sa fille s'en allait avec les gens de guerre, il la noierait plutôt de ses propres mains. De part ou d'autre, il fallait qu'elle désobéît. Ce fût là sans doute son plus grand combat; ceux qu'elle soutint contre les Anglais ne devaient être qu'un jeu à côté.

Elle trouva dans sa famille, non pas seulement résistance, mais tentation. On essaya de la marier, dans l'espoir de la ramener aux idées qui semblaient plus raisonnables. Un jeune homme du village prétendit qu'étant petite, elle lui avait promis mariage; et comme elle niait, il la fit assigner devant le juge ecclésiastique de Toul. On pensait qu'elle n'oserait se défendre, qu'elle se laisserait plutôt condamner, marier. Au grand étonnement de tout le monde, elle alla à Toul, elle parut en justice, elle parla, elle qui s'était toujours tue.

Pour échapper à l'autorité de sa famille, il fallait qu'elle trouvât dans sa famille même quelqu'un qui la crût; c'était le plus difficile. Au défaut de son père elle convertit son oncle à sa mission. Il la prit avec lui, comme pour soigner sa femme en couches. Elle obtint de lui qu'il irait demander pour elle l'appui du sire de Baudricourt, capitaine de Vaucouleurs. L'homme de guerre reçut assez mal le paysan, et lui dit qu'il n'y avait rien à faire, sinon de la ramener chez son père, "bien souffletée." Elle ne se rebuta pas; elle voulut partir, et il fallut bien que son oncle l'accompagnât. C'était le moment décisif; elle quittait pour toujours le village et la famille; elle embrassa ses amies, surtout sa petite bonne amie Mengette, qu'elle recommanda à Dieu; mais, pour sa grande amie et compagne, Haumette, celle qu'elle aimait le plus, elle aima mieux partir sans la voir.

Elle arriva donc dans cette ville de Vaucouleurs, avec ses gros habits rouges de paysanne, et alla loger avec son oncle chez la femme d'un charron, qui la prit en amitié. Elle se fit mener chez Baudricourt, et lui dit avec fermeté "qu'elle venait vers lui de la part de son Seigneur, pour qu'il mandât au Dauphin de se bien maintenir, et qu'il n'assignât point de bataille à ses ennemis; parce que son Seigneur lui donnerait secours dans la mi-carême.... Le royaume n'appartenait pas au Dauphin, mais à son Seigneur; toutefois son Seigneur voulait que le Dauphin devînt roi, et qu'il eût ce royaume en dépôt." Elle ajoutait que malgré les ennemis du Dauphin, il serait fait roi, et qu'elle le mènerait sacrer.

Le capitaine fut bien étonné; il soupçonna qu'il y avait là quelque diablerie. Il consulta le curé, qui apparemment eut les mêmes doutes. Elle n'avait parlé de ses visions à aucun homme d'Église. Le curé vint donc avec le capitaine dans la maison du charron, il déploya son étole et adjura Jeanne de s'éloigner, si elle était envoyée du mauvais esprit.

Mais le peuple ne doutait point; il était dans l'admiration.

De toutes parts on venait la voir. Un gentilhomme lui dit, pour l'éprouver: "Eh bien! ma mie, il faut donc que le roi soit chassé et que nous devenions Anglais." Elle se plaignit à lui du refus de Baudricourt: "Et cependant, dit-elle, avant qu'il soit la mi-carême, il faut que je sois devers le roi, dussé-je, pour m'y rendre, user mes jambes jusqu'aux genoux. Car personne au monde, ni roi, ni ducs, ni fille du roi d'Écosse, ne peuvent reprendre le royaume de France, et il n'y a pour lui de secours que moi-même, quoique j'aimasse mieux rester à filer près de ma pauvre mère; car ce n'est pas là mon ouvrage; mais il faut que j'aille et que je le fasse, parce que mon Seigneur le veut.—Et quel est votre Seigneur? — C'est Dieu!..." Le gentilhomme fut touché. Il lui promit "par sa foi, la main dans la sienne, que sous la conduite de Dieu, il la mènerait au roi." Un jeune gentilhomme se sentit aussi touché, et déclara qu'il suivrait cette sainte fille.

Il paraît que Baudricourt envoya demander l'autorisation du roi. En attendant, il la conduisit chez le duc de Lorraine, qui était malade et voulait la consulter. Le duc n'en tira rien que le conseil d'apaiser Dieu en se réconciliant avec sa femme. Néanmoins il l'encouragea.

De retour à Vaucouleurs, elle y trouva un messager du roi qui l'autorisait à venir. Le revers de la journée des harengs décidait à essayer de tous les moyens. Elle avait annoncé le combat le jour même qu'il eut lieu. Les gens de Vaucouleurs, ne doutant point de sa mission, se cotisèrent pour l'équiper et lui acheter un cheval. Le capitaine ne lui donna qu'une épée.

Elle eut encore en ce moment un obstacle à surmonter. Ses parents, instruits de son prochain départ, avaient failli en perdre le sens; ils firent les derniers efforts pour la retenir; ils ordonnèrent, ils menacèrent. Elle résista à cette dernière épreuve et leur fit écrire qu'elle les priait de lui pardonner.

C'était un rude voyage et bien périlleux qu'elle entreprenait. Tout le pays était parcouru par les hommes d'armes des deux partis. Il n'y avait plus ni route ni pont, les rivières étaient grosses; c'était au mois de février 1429.

S'en aller ainsi avec cinq ou six hommes d'armes, il y avait de quoi faire trembler une fille. Une Anglaise, une Allemande, ne s'y fût jamais risquée; l'*indélicatesse* d'une telle démarche lui eût fait horreur. Celle-ci ne s'en émut pas; elle était justement trop pure pour rien craindre de ce côté. Elle avait pris l'habit d'homme, et elle ne le quitta plus; cet habit serré, fortement attaché, était sa meilleure sauvegarde. Elle était pourtant jeune et belle. Mais il y avait autour d'elle, pour ceux même qui la voyaient de plus près, une barrière de religion et de crainte; le plus jeune des gentils-hommes qui la conduisirent déclare que, couchant près d'elle, il n'eut jamais l'ombre même d'une mauvaise pensée.

Elle traversait avec une sérénité héroïque tout ce pays désert ou infesté de soldats. Ses compagnons regrettaient bien d'être partis avec elle; quelques-uns pensaient que peut-être elle était sorcière; ils avaient grande envie de l'abandonner. Pour elle, elle était tellement paisible, qu'à chaque ville elle voulait s'arrêter pour entendre la messe: "Ne craignez rien, disait-elle, Dieu me fait ma route; c'est pour cela que je suis née." Et encore: "Mes frères de paradis me disent ce que j'ai à faire."

La cour de Charles VII était loin d'être unanime en faveur de la Pucelle. Cette fille inspirée qui arrivait de Lorraine et que le duc de Lorraine avait encouragée, ne pouvait manquer de fortifier près du roi le parti de la reine et de sa mère, le parti de Lorraine et d'Anjou. Une embuscade fut dressée à la Pucelle à quelque distance de Chinon, et elle n'y échappa que par miracle.

L'opposition était si forte contre elle que, lorsqu'elle fut arrivée, le conseil discuta encore pendant deux jours si le roi la verrait. Ses ennemis crurent ajourner l'affaire indéfiniment en faisant décider qu'on prendrait des informations dans son pays. Heureuse-ment, elle avait aussi des amis, les deux reines, sans doute, et sur-tout le duc d'Alençon, qui, sorti récemment des mains des Anglais, était fort impatient de porter la guerre dans le Nord pour recouvrer son duché. Les gens d'Orléans, à qui, depuis le 12 février, Dunois promettait ce merveilleux secours, envoyèrent au roi et réclamèrent la Pucelle.

Le roi la reçut enfin, et au milieu du plus grand appareil; on espérait apparemment qu'elle serait déconcertée. C'était le soir, cinquante torches éclairaient la salle, nombre de seigneurs, plus de trois cents chevaliers étaient réunis autour du roi. Tout le monde était curieux de voir la sorcière ou l'inspirée.

La sorcière avait dix-huit ans; c'était une belle fille et fort désirable, assez grande de taille, la voix douce et pénétrante.

Elle se présenta humblement, "comme une pauvre petite

bergerette," démêla au premier regard le roi, qui s'était mêlé exprès à la foule des seigneurs, et quoiqu'il soutînt d'abord qu'il n'était pas le roi, elle lui embrassa les genoux. Mais, comme il n'était pas sacré, elle ne l'appelait que Dauphin: "Gentil Dauphin, dit-elle, j'ai nom Jehanne la Pucelle. Le Roi des cieux vous mande par moi que vous serez sacré et couronné en la ville de Reims, et vous serez lieutenant du Roi des cieux, qui est roi de France." Le roi la prit alors à part, et après un moment d'entretien, tous deux changèrent de visage; elle lui disait, comme elle l'a raconté depuis à son confesseur: "Je te dis de la part de Messire, que tu es *vrai héritier* de France et *fils du roi*."

Ce qui inspira encore l'étonnement et une sorte de crainte, c'est que la première prédiction qui lui échappa se vérifia à l'heure même. Un homme d'armes qui la vit et la trouva belle, exprima brutalement son mauvais désir, en jurant le nom de Dieu à la manière des soldats: "Hélas! dit-elle, tu le renies, et tu es si près de la mort!" Il tomba à l'eau un moment après et se noya.

Ses ennemis objectaient qu'elle pouvait savoir l'avenir, mais le savoir par inspiration du diable. On assembla quatre ou cinq évêques pour l'examiner. Ceux-ci, qui sans doute ne voulaient pas se compromettre avec les partis qui divisaient la cour, firent renvoyer l'examen à l'université de Poitiers. Il y avait dans cette grande ville université, parlement, une foule de gens habiles.

L'archevêque de Reims, chancelier de France, présidant le conseil du roi, manda des docteurs, des professeurs en théologie, les uns prêtres, les autres moines, et les chargea d'examiner la Pucelle.

Les docteurs introduits et placés dans une salle, la jeune fille alla s'asseoir au bout du banc et répondit à leurs questions. Elle raconta avec une simplicité pleine de grandeur les apparitions et les paroles des anges. Un dominicain lui fit une seule objection, mais elle était grave: "Jehanne, tu dis que Dieu veut délivrer le peuple de France; si telle est sa volonté, il n'a pas besoin de gens d'armes." Elle ne se troubla point: "Ah! mon Dieu, dit-elle, les gens d'armes batailleront, et Dieu donnera la victoire."

Un autre se montra plus difficile à contenter, c'était un frère Séguin, Limousin, professeur de théologie à l'université de Poitiers, "bien aigre homme," dit la chronique. Il lui demanda, dans son français limousin, quelle langue parlait donc cette prétendue voix céleste? Jeanne répondit avec un peu trop de vivacité: "Meilleure que la vôtre. — Crois-tu en Dieu? dit le docteur en colère. Eh bien! Dieu ne veut pas que l'on ajoute foi à tes paroles, à moins que tu ne montres un signe." Elle répondit: "Je ne suis point venue à Poitiers pour faire des signes ou miracles; mon signe sera de faire lever le siège d'Orléans. Qu'on me donne des hommes d'armes, peu ou beaucoup, et j'irai."

Cependant, il en advint à Poitiers comme à Vaucouleurs, sa sainteté éclata dans le peuple; en un moment tout le monde fut pour elle. Les femmes, damoiselles et bourgeoises, allaient la voir chez la femme d'un avocat du parlement, dans la maison de laquelle elle logeait; et elles en revenaient tout émues. Les hommes mêmes y allaient; ces conseillers, ces avocats, ces vieux juges endurcis, s'y laissaient mener sans y croire, et quand ils l'avaient entendue, ils pleuraient, tout comme les femmes, et disaient: "Cette fille est envoyée de Dieu."

Les examinateurs allèrent la voir eux-mêmes, avec l'écuyer du roi, et comme ils commençaient leur éternel examen, lui faisant de doctes citations, et lui prouvant, par tous les auteurs sacrés, qu'on ne devait pas la croire: "Écoutez, leur dit-elle, il y en a plus au livre de Dieu que dans les vôtres...je ne sais ni A ni B; mais je viens de la part de Dieu pour faire lever le siège d'Orléans et sacrer le Dauphin à Reims....Auparavant, il faut pourtant que j'écrive aux Anglais, et que je les somme de partir. Dieu le veut ainsi. Avez-vous du papier et de l'encre? Écrivez, je vais vous dicter....A vous, Suffolk, Classidas et La Poule, je vous somme, de par le roi des cieux, que vous vous en alliez en Angleterre...." Ils écrivirent docilement; elle avait pris possession de ses juges même.

Leur avis fut qu'on pouvait licitement employer la jeune fille, et l'on reçut même réponse de l'archevêque d'Embrun que l'on avait consulté. Le prélat rappelait que Dieu avait maintes fois révélé à des vierges, par exemple aux sibylles, ce qu'il cachait aux hommes. Le démon ne pouvait faire pacte avec une vierge; il fallait donc bien s'assurer si elle était vierge en effet. Ainsi la science poussée à bout, ne pouvant ou ne voulant point s'expliquer sur la distinction délicate des bonnes et des mauvaises révélations, s'en remettait humblement des choses spirituelles au corps, et faisait dépendre du féminin mystère cette grave question de l'esprit.

Les docteurs ne sachant que dire, les dames décidèrent. La bonne reine de Sicile, belle-mère du roi, s'acquitta avec quelques dames du ridicule examen, à l'honneur de la Pucelle. Des franciscains, qu'on avait envoyés dans son pays aux informations, avaient rapporté les meilleurs renseignements, il n'y avait plus de temps à perdre. Orléans criait au secours; Dunois envoyait coup sur coup. On équipa la Pucelle, on lui forma une sorte de maison. On lui donna d'abord pour écuyer un brave chevalier, d'âge mûr, Jean Daulon, qui était au comte de Dunois et le plus honnête homme qu'il eût parmi ses gens. Elle eut aussi un noble page, deux hérauts d'armes, un maître d'hôtel, deux valets; son frère, Pierre Darc, vint la trouver et se joignit à ses gens. On lui donna pour confesseur Jean Pasquerel, frère ermite de Saint-Augustin. En général, les moines, surtout les mendiants, soutenaient cette merveille de l'inspiration.

Ce fut une merveille, en effet, pour les spectateurs, de voir la première fois Jeanne Darc dans son armure blanche et sur son beau cheval noir, au côté une petite hache et l'épée de sainte Catherine. Elle avait fait chercher cette épée derrière l'autel de Sainte-Catherine de Fierbois, où on la trouva en effet. Elle portait à la main un étendard blanc fleurdelisé, sur lequel était Dieu avec le monde dans ses mains; à droite et à gauche, deux anges qui tenaient chacun une fleur de lis. "Je ne veux pas, disait-elle, me servir de mon épée pour tuer personne." Et elle ajoutait que quoiqu'elle aimât son épée, elle aimait "quarante fois plus" son étendard. Comparons les deux partis, au moment où elle fut envoyée à Orléans.

Les Anglais s'étaient bien affaiblis dans ce long siège d'hiver. Après la mort de Salisbury, beaucoup d'hommes d'armes qu'il avait engagés se crurent libres et s'en allèrent. D'autre part, les Bourguignons avaient été rappelés par le duc de Bourgogne. Quand on força la principale bastille des Anglais, dans laquelle s'étaient repliés les défenseurs de quelques autres bastilles, on y trouva cinq cents hommes. Il est probable qu'en tout ils étaient deux ou trois mille. Sur ce petit nombre, tout n'était pas Anglais; il y avait aussi quelque Français, dans lesquels les Anglais n'avaient pas sans doute grande confiance.

S'ils avaient été réunis, cela eût fait un corps respectable; mais ils étaient divisés dans une douzaine de bastilles ou boulevards, qui, pour la plupart, ne communiquaient pas entre eux. Cette disposition prouve que Talbot et les autres chefs anglais avaient eu jusque-là plus de bravoure et de bonheur que d'intelligence militaire. Il était évident que chacune de ces petites places isolées serait faible contre la grande et grosse ville qu'elles prétendaient garder; que cette nombreuse population, aguerrie par un long siège, finirait par assiéger les assiégeants.

Quand on lit la liste formidable des capitaines qui se jetèrent dans Orléans, La Hire, Xaintrailles, Gaucourt, Cusan, Coaraze, Armagnac; quand on voit qu'indépendamment des Bretons du maréchal de Retz, des Gascons du maréchal de Saint-Sévère, le capitaine de Châteaudun, Florent d'Illiers, avait entraîné la noblesse du voisinage à cette courte expédition, la délivrance d'Orléans semble moins miraculeuse.

Il faut dire pourtant qu'il manquait une chose pour que ces grandes forces agissent avec avantage, chose essentielle, indispensable, l'unité d'action. Dunois eût pu la donner, s'il n'eût fallu pour cela que de l'adresse et de l'intelligence. Mais ce n'était pas assez: il fallait une autorité, plus que l'autorité royale; les capitaines du roi n'étaient pas habitués à obéir au roi. Pour réduire ces volontés sauvages, indomptables, il fallait Dieu même. Le Dieu de cet âge, c'était la Vierge bien plus que le Christ. Il fallait la Vierge descendue sur terre, une vierge populaire, jeune, belle, douce, hardie.

La guerre avait changé les hommes en bêtes sauvages; il fallait de ces bêtes refaire des hommes, des chrétiens, des sujets dociles. Grand et difficile changement! quelques-uns de ces capitaines armagnacs étaient peut-être les hommes les plus féroces qui eussent jamais existé. Il suffit d'en nommer un, dont le nom seul fait horreur, Gilles de Retz, l'original de la Barbe bleue.

Il restait pourtant une prise sur ces âmes qu'on pouvait saisir; elles étaient sorties de l'humanité, de la nature, sans avoir pu se dégager entièrement de la religion. Les brigands, il est vrai, trouvaient moyen d'accommoder de la manière la plus bizarre la religion au brigandage. L'un d'eux, le Gascon La Hire, disait avec originalité: "Si Dieu se faisait homme d'armes, il serait pillard." Et quand il allait au butin, il faisait sa petite prière gasconne, sans trop dire ce qu'il demandait, pensant bien que Dieu l'entendrait à demi-mot: "Sire Dieu, je te prie de faire pour

La Hire ce que La Hire ferait pour toi, si tu étais capitaine et si
La Hire était Dieu."

Ce fut un spectacle risible et touchant de voir la conversion
subite des vieux brigands armagnacs. Ils ne s'amendèrent pas à
demi. La Hire n'osait plus jurer; la Pucelle eut compassion de
la violence qu'il se faisait, elle lui permit de jurer "par son bâton."
Les diables se trouvaient devenus tout à coup de petits saints.

Elle avait commencé par exiger qu'ils laissassent leurs folles
femmes et se confessassent. Puis, dans la route, le long de la Loire,
elle fit dresser un autel sous le ciel, elle communia et ils com-
munièrent. La beauté de la saison, le charme d'un printemps de
Touraine, devaient singulièrement ajouter à la puissance religieuse
de la jeune fille. Eux-mêmes, ils avaient rajeuni; ils s'étaient
parfaitement oubliés, ils se retrouvaient, comme en leurs belles
années, pleins de bonne volonté et d'espoir, tous jeunes comme elle,
tous enfants....Avec elle, ils commençaient de tout cœur une
nouvelle vie. Où les menait-elle? peu leur importait. Ils l'auraient
suivie, non pas à Orléans, mais tout aussi bien à Jérusalem. Et il
ne tenait qu'aux Anglais d'y venir aussi; dans la lettre qu'elle
leur écrivit, elle leur proposait gracieusement de se réunir et de
s'en aller tous, Anglais et Français, délivrer le saint sépulcre.
La première nuit qu'ils campèrent, elle coucha tout armée, n'ayant
point de femmes près d'elle; mais elle n'était pas encore habituée
à cette vie dure; elle en fut malade. Quant au péril, elle ne savait
ce que c'était.

Elle voulait qu'on passât du côté du nord, sur la rive anglaise,
à travers les bastilles des Anglais, assurant qu'ils ne bougeraient
point. On ne voulut pas l'écouter; on suivit l'autre rive, de manière
à passer deux lieues au-dessus d'Orléans. Dunois vint à la rencontre: "Je vous amène, dit-elle, le meilleur secours qui ait jamais
été envoyé à qui que ce soit, le secours du Roi des cieux. Il ne
vient pas de moi, mais de Dieu même qui, à la requête de saint
Louis et de saint Charlemagne, a eu pitié de la ville d'Orléans
et n'a pas voulu souffrir que les ennemis eussent tout ensemble
le corps du duc et sa ville."

Elle entra dans la ville à huit heures du soir (29 avril), lentement; la foule ne permettait pas d'avancer. C'était à qui toucherait
au moins son cheval. Ils la regardaient "comme s'ils veissent
Dieu." Tout en parlant doucement au peuple, elle alla jusqu'à

l'église, puis à la maison du trésorier du duc d'Orléans, homme honorable dont la femme et les filles la reçurent; elle coucha avec Charlotte, l'une des filles.

Elle était entrée avec les vivres; mais l'armée redescendit pour passer à Blois. Elle eût voulu néanmoins qu'on attaquât sur-le-champ les bastilles des Anglais. Elle envoya du moins une seconde sommation aux bastilles du nord, puis elle alla en faire une autre aux bastilles du midi. Le capitaine Glasdale l'accabla d'injures grossières, l'appelant vachère et ribaude. Au fond, ils la croyaient sorcière et en avaient grand'peur. Ils avaient gardé son héraut d'armes, et ils pensaient à le brûler, dans l'idée que peut-être cela romprait le charme. Cependant, ils crurent devoir, avant tout, consulter les docteurs de l'université de Paris. Dunois les menaçait d'ailleurs de tuer aussi leurs hérauts qu'il avait entre les mains. Pour la Pucelle, elle ne craignait rien pour son héraut; elle en envoya un autre, en disant: "Va dire à Talbot que s'il s'arme, je m'armerai aussi....S'il peut me prendre, qu'il me fasse brûler."

L'armée ne venant point, Dunois se hasarda à sortir pour l'aller chercher. La Pucelle, restée à Orléans, se trouva maîtresse de la ville, comme si toute autorité eût cessé. Elle chevaucha autour des murs, et le peuple la suivit sans crainte. Le jour d'après, elle alla visiter de près les bastilles anglaises; toute la foule, hommes, femmes et enfants, allaient aussi regarder ces fameuses bastilles où rien ne remuait. Elle ramena la foule après elle à Sainte-Croix pour l'heure des vêpres. Elle pleurait aux offices, et tout le monde pleurait. Le peuple était hors de lui; il n'avait plus peur de rien; il était ivre de religion et de guerre, dans un de ces formidables accès de fanatisme où les hommes peuvent tout faire et tout croire, où ils ne sont guère moins terribles aux amis qu'aux ennemis.

Le chancelier de Charles VII, l'archevêque de Reims, avait retenu la petite armée à Blois. Le vieux politique était loin de se douter de cette toute-puissance de l'enthousiasme, ou peut-être il la redoutait. Il vint donc bien malgré lui. La Pucelle alla au-devant, avec le peuple et les prêtres qui chantaient des hymnes; cette procession passa et repassa devant les bastilles anglaises; l'armée entra protégée par des prêtres et par une fille (4 mai 1429).

Cette fille, qui, au milieu de son enthousiasme et de son inspiration, avait beaucoup de finesse, démêla très bien la froide malveillance des nouveaux venus. Elle comprit qu'on voudrait agir sans elle, au risque de tout perdre. Dunois lui ayant avoué qu'on craignait l'arrivée d'une nouvelle troupe anglaise, sous les ordres de sir Falstoff: "Bastard, bastard, lui dit-elle, au nom de Dieu, je te commande que dès que tu sauras la venue de ce Falstoff, tu me le fasses savoir; car, s'il passe sans que je le sache, je te ferai couper la tête."

Elle avait raison de croire qu'on voulait agir sans elle. Comme elle se reposait un moment près de la jeune Charlotte, elle se redresse tout à coup: "Ah! mon Dieu! dit-elle, le sang de nos gens coule par terre...c'est mal fait! pourquoi ne m'a-t-on pas éveillée? Vite, mes armes, mon cheval!" Elle fut armée en un moment, et trouvant en bas son jeune page qui jouait: "Ah! méchant garçon! lui dit-elle, vous ne me diriez donc pas que le sang de France feust repandu!" Elle partit au grand galop; mais déjà elle rencontra des blessés qu'on rapportait. "Jamais, dit-elle, je n'ai veu sang de François que mes cheveux ne levassent."

À son arrivée, les fuyards tournèrent visage. Dunois, qui n'avait pas été averti non plus, arrivait en même temps. La bastille (c'était une des bastilles du nord) fut attaquée de nouveau. Talbot essaya de la secourir. Mais il sortit de nouvelles forces d'Orléans, la Pucelle se mit à leur tête, Talbot fit rentrer les siens. La bastille fut emportée.

Beaucoup d'Anglais, qui avaient pris des habits de prêtres pour se sauver, furent emmenés par la Pucelle et mis chez elle en sûreté; elle connaissait la férocité des gens de son parti. C'était sa première victoire, la première fois qu'elle voyait un champ de massacre. Elle pleura, en voyant tant d'hommes morts sans confession. Elle voulut se confesser, elle et les siens, et déclara que le lendemain, jour de l'Ascension, elle communierait et passerait le jour en prières.

On mit ce jour à profit. On tint le conseil sans elle, et l'on décida que cette fois l'on passerait la Loire pour attaquer Saint-Jean-le-Blanc, celle des bastilles qui mettait le plus d'obstacle à l'entrée des vivres, et qu'en même temps l'on ferait une fausse attaque de l'autre côté. Les jaloux de la Pucelle lui parlèrent seulement de la fausse attaque, mais Dunois lui avoua tout.

Les Anglais firent alors ce qu'ils auraient dû faire plus tôt. Ils se concentrèrent. Brûlant eux-mêmes la bastille qu'on voulait attaquer, ils se replièrent dans les deux autres bastilles du midi, celles des Augustins et des Tournelles. Les Augustins furent attaqués à l'instant, attaqués et emportés. Le succès fut dû encore en partie à la Pucelle. Les Français eurent un moment de terreur panique et refluèrent précipitamment vers le pont flottant qu'on avait établi. La Pucelle et La Hire se dégagèrent de la foule, se jetèrent dans des bateaux et vinrent charger les Anglais en flanc.

Restaient les Tournelles. Les vainqueurs passèrent la nuit devant cette bastille. Mais ils obligèrent la Pucelle qui n'avait rien mangé de la journée (c'était vendredi), à repasser la Loire. Cependant le conseil s'était assemblé. On dit le soir à la Pucelle qu'il avait été décidé unanimement que, la ville étant maintenant pleine de vivres, on attendrait un nouveau renfort pour attaquer les Tournelles. Il est difficile de croire que telle fut l'intention sérieuse des chefs; les Anglais pouvant d'un moment à l'autre être secourus par Falstoff, il y avait le plus grand danger à attendre. Probablement on voulait tromper la Pucelle et lui ôter l'honneur du succès qu'elle avait si puissamment préparé. Elle ne s'y laissa pas prendre.

"Vous avez été en votre conseil, dit-elle, et j'ai été au mien." Et se tournant vers son chapelain: "Venez demain à la pointe du jour et ne me quittez pas; j'aurai beaucoup à faire; il sortira du sang de mon corps; je serai blessée au-dessus du sein...."

Le matin, son hôte essaya de la retenir. "Restez, Jeanne, lui dit-il; mangeons ensemble ce poisson qu'on vient de pêcher. — Gardez-le, dit-elle gaiement; gardez-le jusqu'à ce soir, lorsque je repasserai le pont après avoir pris les Tournelles: je vous amènerai un *Godden* qui en mangera sa part."

Elle chevaucha ensuite avec une foule d'hommes d'armes et de bourgeois jusqu'à la porte de Bourgogne. Mais le sire de Gaucourt, grand maître de la maison du roi, la tenait fermée. "Vous êtes un méchant homme, lui dit Jeanne; que vous le vouliez ou non, les gens d'armes vont passer." Gaucourt sentit bien que devant ce flot de peuple exalté sa vie ne tenait qu'à un fil; d'ailleurs ses gens ne lui obéissaient plus. La foule ouvrit la porte et en força une autre à côté.

Le soleil se levait sur la Loire au moment où tout ce monde se jeta dans les bateaux. Toutefois, arrivés aux Tournelles, ils sentirent qu'il fallait de l'artillerie, et ils allèrent en chercher dans la ville. Enfin ils attaquèrent le boulevard extérieur qui couvrait la bastille. Les Anglais se défendaient vaillamment. La Pucelle, voyant que les assaillants commençaient à faiblir, se jeta dans le fossé, prit une échelle, et elle l'appliquait au mur, lorsqu'un trait vint la frapper entre le col et l'épaule. Les Anglais sortaient pour la prendre; mais on l'emporta. Éloignée du combat, placée sur l'herbe et désarmée, elle vit combien sa blessure était profonde; le trait ressortait par derrière; elle s'effraya et pleura.... Tout à coup, elle se relève; ses saintes lui avaient apparu; elle éloigne les gens d'armes qui croyaient *charmer* la blessure par des paroles; elle ne voulait pas guérir, disait-elle, contre la volonté de Dieu. Elle laissa seulement mettre de l'huile sur la blessure et se confessa.

Cependant rien n'avançait, la nuit allait venir. Dunois lui-même faisait sonner la retraite. "Attendez encore, dit-elle, buvez et mangez"; et elle se mit en prières dans une vigne. Un Basque avait pris des mains de l'écuyer de la Pucelle son étendard si redouté de l'ennemi: "Dès que l'étendard touchera le mur, disait-elle, vous pourrez entrer. — Il y touche. — Eh bien, entrez, tout est à vous." En effet, les assaillants, hors d'eux-mêmes, montèrent "comme par un degré." Les Anglais en ce moment étaient attaqués des deux côtés à la fois.

Cependant les gens d'Orléans qui de l'autre bord de la Loire suivaient des yeux le combat, ne purent plus se contenir. Ils ouvrirent leurs portes et s'élancèrent sur le pont. Mais il y avait une arche rompue; ils y jetèrent d'abord une mauvaise gouttière, et un chevalier de Saint-Jean tout armé se risqua à passer dessus. Le pont fut rétabli tant bien que mal. La foule déborda.

Les Anglais, voyant venir cette mer de peuple, croyaient que le monde entier était rassemblé. Le vertige les prit. Les uns voyaient saint Aignan, patron de la ville, les autres l'archange Michel. Glasdale voulut se réfugier du boulevard dans la bastille par un petit pont; ce pont fut brisé par un boulet; l'Anglais tomba et se noya, sous les yeux de la Pucelle qu'il avait tant injuriée. "Ah! disait-elle, que j'ai pitié de ton âme!" Il y avait cinq cents hommes dans la bastille; tout fut passé au fil de l'épée.

Il ne restait pas un Anglais au midi de la Loire. Le lendemain dimanche, ceux du nord abandonnèrent leurs bastilles, leur artillerie, leurs prisonniers, leurs malades. Talbot et Suffolk dirigeaient cette retraite en bon ordre et fièrement. La Pucelle défendit qu'on les poursuivît, puisqu'ils se retiraient d'eux-mêmes. Mais avant qu'ils s'éloignassent et perdissent de vue la ville, elle fit dresser un autel dans la plaine, on y dit la messe, et, en présence de l'ennemi, le peuple rendit grâce à Dieu (dimanche 8 mai).

L'effet de la délivrance d'Orléans fut prodigieux. Tout le monde y reconnut une puissance surnaturelle. Plusieurs la rapportaient au diable, mais la plupart à Dieu; on commença à croire généralement que Charles VII avait pour lui le bon droit.

Six jours après le siège, Gerson publia et répandit un traité où il prouvait qu'on pouvait bien, sans offenser la raison, rapporter à Dieu ce merveilleux événement. La bonne Christine de Pisan écrivit aussi pour féliciter son sexe. Plusieurs traités furent publiés, plus favorables qu'hostiles à la Pucelle, et par les sujets même du duc de Bourgogne, allié des Anglais.

Charles VII devait saisir ce moment, aller hardiment d'Orléans à Reims mettre la main sur la couronne. Cela semblait téméraire et n'en était pas moins facile dans le premier effroi des Anglais. Puisqu'ils avaient fait l'insigne faute de ne point sacrer encore leur jeune Henri VI, il fallait les devancer. Le premier sacré devait rester roi. C'était aussi une grande chose pour Charles VII de faire sa royale chevauchée à travers la France anglaise, de prendre possession, de montrer que partout en France le roi est chez lui.

La Pucelle était seule de cet avis, et cette folie héroïque était la sagesse même. Les politiques, les fortes têtes du conseil, souriaient; ils voulaient qu'on allât lentement et sûrement, c'est-à-dire qu'on donnât aux Anglais le temps de reprendre courage. Ces conseillers donnaient tous des avis intéressés. Le duc d'Alençon voulait qu'on allât en Normandie, qu'on reconquît Alençon. Les autres demandèrent et obtinrent qu'on resterait sur la Loire, qu'on ferait le siège des petites places; c'était l'avis le plus timide, et surtout l'intérêt des maisons d'Orléans, d'Anjou, celui du Poitevin La Trémouille, favori de Charles VII.

Suffolk s'était jeté dans Jargeau; il y fut renfermé, forcé. Beaugency fut pris aussi, avant que lord Talbot eût pu recevoir les secours du régent que lui amenait sir Falstoff. Le connétable de Richemont, qui, depuis longtemps, se tenait dans ses fiefs, vint avec ses Bretons, malgré le roi, malgré la Pucelle, au secours de l'armée victorieuse.

Une bataille était imminente; Richemont venait pour en avoir l'honneur. Talbot et Falstoff s'étaient réunis; mais, chose étrange qui peint et l'état du pays et cette guerre toute fortuite, on ne savait où trouver l'armée anglaise dans le désert de la Beauce, alors couvert de taillis et de broussailles. Un cerf découvrit les Anglais; poursuivi par l'avant-garde française, il alla se jeter dans leurs rangs.

Les Anglais étaient en marche et n'avaient pas, comme à l'ordinaire, planté leur défense de pieux. Talbot voulait seul se battre, enragé qu'il était, depuis Orléans, d'avoir montré le dos aux Français: sir Falstoff, au contraire, qui avait gagné la bataille des Harengs, n'avait pas besoin d'une bataille pour se réhabiliter; il disait, en homme sage, qu'avec une armée découragée il fallait rester sur la défensive. Les gens d'armes français n'attendirent pas la fin de la dispute; ils arrivèrent au galop et ne trouvèrent pas grande résistance. Talbot s'obstina à combattre, croyant peut-être se faire tuer, et ne réussit qu'à se faire prendre. La poursuite fut meurtrière, deux mille Anglais couvrirent la plaine de leurs corps. La Pucelle pleurait à l'aspect de tous ces morts; elle pleura encore plus en voyant la brutalité du soldat, et comme il traitait les prisonniers qui ne pouvaient se racheter; l'un d'eux fut frappé si rudement à la tête qu'il tomba expirant; la Pucelle n'y tint pas, elle s'élança de cheval, souleva la tête du pauvre homme, lui fit venir un prêtre, le consola, l'aida à mourir.

Après cette bataille de Patay (28 ou 29 juin), le moment était venu, ou jamais, de risquer l'expédition de Reims. Les politiques voulaient qu'on restât encore sur la Loire, qu'on s'assurât de Cosne et de la Charité. Ils eurent beau dire cette fois; les voix timides ne pouvaient plus être écoutées. Chaque jour affluaient des gens de toutes les provinces qui venaient au bruit des miracles de la Pucelle, ne croyaient qu'en elle et, comme elle, avaient hâte de mener le roi à Reims. C'était un irrésistible élan de pèlerinage et de croisade.

L'indolent jeune roi lui-même finit par se laisser soulever à cette vague populaire, à cette grande marée qui montait et poussait au nord. Roi, courtisans, politiques, enthousiastes, tous ensemble, de gré ou de force, les fols, les sages, ils partirent. Au départ, ils étaient douze mille; mais le long de la route, la masse allait grossissant; d'autres venaient, et toujours d'autres; ceux qui n'avaient pas d'armures suivaient la sainte expédition en simples jacques, tout gentilshommes qu'ils pouvaient être, comme archers, comme coutilliers.

L'armée partit de Gien le 28 juin, passa devant Auxerre sans essayer d'y entrer; cette ville était entre les mains du duc de Bourgogne que l'on ménageait. Troyes avait une garnison mêlée de Bourguignons et d'Anglais; à la première apparition de l'armée royale ils osèrent faire une sortie. Il y avait peu d'apparence de forcer une grande ville si bien gardée, et cela sans artillerie. Mais comment s'arrêter à en faire le siège? Comment, d'autre part, avancer en laissant une telle place derrière soi? l'armée souffrait déjà de la faim. Ne valait-il pas mieux s'en retourner? Les politiques triomphaient.

Il n'y eut qu'un vieux conseiller armagnac, le président Maçon, qui fût d'avis contraire, qui comprît que dans une telle entreprise la sagesse était du côté de l'enthousiasme, et que dans une croisade populaire il ne fallait pas raisonner. "Quand le roi a entrepris ce voyage, dit-il, il ne l'a pas fait pour la grande puissance des gens d'armes, ni pour le grand argent qu'il eût, ni parce que le voyage lui semblait possible; il l'a entrepris parce que Jeanne lui disait d'aller en avant et de se faire couronner à Reims, qu'il y trouverait peu de résistance, tel étant le bon plaisir de Dieu."

La Pucelle, venant alors frapper à la porte du conseil, assura que dans trois jours on pourrait entrer dans la ville. "Nous en attendrions bien six, dit le chancelier, si nous étions sûrs que vous dites vrai. — Six? vous y entrerez demain!"

Elle prend son étendard; tout le monde la suit aux fossés; elle y jette tout ce qu'on trouve, fagots, portes, tables, solives. Et cela allait si vite, que les gens de la ville crurent qu'en un moment il n'y aurait plus de fossés. Les Anglais commencèrent à s'éblouir, comme à Orléans; ils croyaient voir une nuée de papillons blancs qui voltigeaient autour du magique étendard. Les bourgeois, de leur côté, avaient grand'peur, se souvenant que c'était à Troyes que s'était conclu le traité qui déshéritait Charles VII; ils craignaient qu'on ne fît un exemple de leur ville; ils se réfugiaient déjà aux églises; ils criaient qu'il fallait se rendre. Les gens de guerre ne demandaient pas mieux. Ils parlementèrent et obtinrent de s'en aller avec tout ce qu'ils avaient.

Ce qu'ils avaient, c'étaient surtout des prisonniers, des Français.

Les conseillers de Charles VII qui dressèrent la capitulation n'avaient rien stipulé pour ces malheureux. La Pucelle y songea seule. Quand les Anglais sortirent avec leurs prisonniers garrottés, elle se mit aux portes et s'écria: "O mon Dieu! ils ne les emmèneront pas!" Elle les retint en effet et le roi paya leur rançon.

Maître de Troyes le 9 juillet, il fit le 15 son entrée à Reims, et le 17 (dimanche) il fut sacré. Le matin même, la Pucelle mettant, selon le précepte de l'Évangile, la réconciliation avant le sacrifice, dicta une belle lettre pour le duc de Bourgogne; sans rien rappeler, sans irriter, sans humilier personne, elle lui disait avec beaucoup de tact et de noblesse: "Pardonnez l'un à l'autre de bon cœur, comme doivent faire loyaux chrétiens."

Charles VII fut oint par l'archevêque de l'huile de la sainte-ampoule qu'on apporta de Saint-Remy. Il fut, conformément au rituel antique, soulevé sur son siège par les pairs ecclésiastiques, servi des pairs laïques et au sacre et au repas. Puis il alla à Saint-Marcou toucher les écrouelles. Toutes les cérémonies furent accomplies sans qu'il n'y manquât rien. Il se trouva le vrai roi, et le seul, dans les croyances du temps. Les Anglais pouvaient désormais faire sacrer Henri; ce nouveau sacre ne pouvait être, dans la pensée des peuples, qu'une parodie de l'autre.

Au moment où le roi fut sacré, la Pucelle se jeta à genoux, lui embrassant les jambes et pleurant à chaudes larmes. Tout le monde pleurait aussi.

On assure qu'elle lui dit: "O gentil roi, maintenant est fait le plaisir de Dieu, qui voulait que je fisse lever le siège d'Orléans et que je vous amenasse en votre cité de Reims recevoir votre saint sacre, montrant que vous êtes vrai roi et qu'à vous doit appartenir le royaume de France."

La Pucelle avait raison; elle avait fait et fini ce qu'elle avait à faire. Aussi, dans la joie même de cette triomphante solennité, elle eut l'idée, le pressentiment peut-être de sa fin prochaine. Lorsqu'elle entrait à Reims avec le roi et que tout le peuple venait au-devant en chantant des hymnes: "O le bon et dévot peuple! dit-elle....Si je dois mourir, je serais bien heureuse que l'on m'enterrât ici! — Jeanne, lui dit l'archevêque, où croyez-vous donc mourir? — Je n'en sais rien, où il plaira à Dieu....Je voudrais bien qu'il lui plût que je m'en allasse garder les moutons avec

ma sœur et mes frères.....Ils seraient si joyeux de me revoir!....
J'ai fait du moins ce que Notre-Seigneur m'avait commandé de
faire." Et elle rendit grâce en levant les yeux au ciel. "Tous ceux
qui la virent en ce moment, dit la vieille chronique, crurent mieux
que jamais que c'estoit chose venue de la part de Dieu."

Telle fut la vertu du sacre et son effet tout-puissant dans la
France du Nord, que dès lors l'expédition sembla n'être qu'une
paisible prise de possession, un triomphe, une continuation de la
fête de Reims. Les routes s'aplanissaient devant le roi, les villes
ouvraient leurs portes et baissaient leurs ponts-levis. C'était
comme un royal pèlerinage de la cathédrale de Reims à Saint-
Médard de Soissons, à Notre-Dame de Laon. S'arrêtant quelques
jours dans chaque ville, chevauchant à son plaisir, il entra dans
Château-Thierry, dans Provins, d'où, bien refait et reposé, il
reprit vers la Picardie sa promenade triomphale.

Y avait-il encore des Anglais en France? on eût pu vraiment en
douter. Depuis Patay, on n'entendait plus parler de Bedford.
Ce n'était pas que l'activité ou le courage lui manquât. Mais il
avait usé ses dernières ressources. On peut juger de sa détresse
par un seul fait qui en dit beaucoup; c'est qu'il ne pouvait plus
payer son parlement, que cette cour cessa tout service, et que
l'entrée même du jeune roi Henri ne put être, selon l'usage, écrite
avec quelque détail sur les registres, "parce que le parchemin
manquait."

Dans une telle situation, Bedford n'avait pas le choix des
moyens. Il fallut qu'il se remît à l'homme qu'il aimait le moins,
à son oncle, le riche et tout-puissant cardinal de Winchester.
Mais celui-ci, non moins avare qu'ambitieux, se faisait marchander
et spéculait sur le retard. Le traité ne fut conclu que le 1er juillet,
le surlendemain de la défaite de Patay. Charles VII entrait à
Troyes, à Reims; Paris était en alarmes, et Winchester était encore
en Angleterre. Bedford, pour assurer Paris, appela le duc de
Bourgogne. Il vint en effet, mais presque seul; tout le parti qu'en
tira le régent, ce fut de le faire figurer dans une assemblée de
notables, de le faire parler, et répéter encore la lamentable histoire
de la mort de son père. Cela fait, il s'en alla, laissant pour tout
secours à Bedford quelques hommes d'armes picards; encore
fallut-il qu'en retour on lui engageât la ville de Meaux.

Il n'y avait d'espoir qu'en Winchester. Ce prêtre régnait en Angleterre. Son neveu, le *protecteur* Glocester, chef du parti de la noblesse, s'était perdu à force d'imprudences et de folies. D'année en année, son influence avait diminué dans le conseil; Winchester y dominait et réduisait à rien le protecteur, jusqu'à rogner le salaire du protectorat d'année en année; c'était le tuer, dans un pays où chaque homme est coté strictement au taux de son traitement. Winchester, au contraire, était le plus riche des princes anglais, et l'un des grands bénéficiers du monde. La puissance suivit l'argent, comme il arrive. Le cardinal et les riches évêques de Cantorbéry, d'York, de Londres, d'Ely, de Bath, constituaient le conseil; s'ils y laissaient siéger des laïques, c'était à la condition qu'ils ne diraient mot, et aux séances importantes on ne les appelait même pas. Le gouvernement anglais, comme on pouvait le prévoir dès l'avènement des Lancastre, était devenu tout épiscopal. Il y paraît aux actes de ce temps. En 1429, le chancelier ouvre le parlement par une sortie terrible contre l'hérésie; le conseil dresse des articles contre les nobles qu'il accuse de brigandage, contre les armées de serviteurs dont ils s'entouraient, etc.

Pour porter au plus haut point la puissance du cardinal, il fallait que Bedford fût aussi bas en France que l'était Glocester en Angleterre, qu'il en fût réduit à appeler Winchester, et que celui-ci, à la tête d'une armée, vînt faire sacrer Henri VI. Cette armée, Winchester l'avait toute prête; chargé par le pape d'une croisade contre les hussites de Bohême, il avait sous ce prétexte engagé quelques milliers d'hommes. Le pape lui avait donné l'argent des indulgences pour les mener en Bohême; le conseil d'Angleterre lui donna encore plus d'argent pour les retenir en France. Le cardinal, au grand étonnement des croisés, se trouva les avoir vendus; il en fut deux fois payé, payé pour une armée qui lui servait à se faire roi.

Avec cette armée, Winchester devait s'assurer de Paris, y mener le petit Henri, l'y sacrer. Mais ce sacre n'assurait la puissance du cardinal qu'autant qu'il réussirait à décrier le sacre de Charles VII, à déshonorer ses victoires, à le perdre dans l'esprit du peuple. Contre Charles VII en France, contre Glocester en Angleterre, il employa, comme on verra, un même moyen fort efficace alors: un procès de sorcellerie.

Ce fut seulement le 25 juillet, lorsque depuis neuf jours Charles VII était bien et dûment sacré, que le cardinal entra avec son armée à Paris. Bedford ne perdit pas un moment, il partit avec ces troupes pour observer Charles VII. Deux fois ils furent en présence, et il y eut quelques escarmouches. Bedford craignait pour la Normandie; il la couvrit, et pendant ce temps, le roi marcha sur Paris (août).

Ce n'était pas l'avis de la Pucelle; ses voix lui disaient de ne pas aller plus avant que Saint-Denis, la ville des sépultures royales était, comme celle du sacre, une ville sainte; au delà, elle pressentait quelque chose sur quoi elle n'avait plus d'action. Charles VII eût dû penser de même. Cette inspiration de sainteté guerrière, cette poésie de croisade qui avait ému les campagnes, n'y avait-il pas danger à la mettre en face de la ville raisonneuse et prosaïque, du peuple moqueur, des scolastiques et des cabochiens?

L'entreprise était imprudente. Une telle ville ne s'emporte pas par un coup de main; on ne la prend que par les vivres; or les Anglais étaient maîtres de la Seine par en haut et par en bas. Ils étaient en force, et soutenus par bon nombre d'habitants qui s'étaient compromis pour eux. On faisait d'ailleurs courir le bruit que les Armagnacs venaient détruire, raser la ville.

Les Français emportèrent néanmoins un boulevard. La Pucelle descendit dans le premier fossé; elle franchit le dos d'âne qui séparait ce fossé du second. Là, elle s'aperçut que ce dernier, qui ceignait les murs, était rempli d'eau. Sans s'inquiéter d'une grêle de traits qui tombaient autour d'elle, elle cria qu'on apportât des fascines, et cependant de sa lance elle sondait la profondeur de l'eau. Elle était là presque seule, en butte à tous les traits; il en vint un qui lui traversa la cuisse. Elle essaya de résister à la douleur et resta pour encourager les troupes à donner l'assaut. Enfin, perdant beaucoup de sang, elle se retira à l'abri dans le premier fossé; jusqu'à dix ou onze heures du soir, on ne put la décider à revenir. Elle paraissait sentir que cet échec solennel sous les murs mêmes de Paris devait la perdre sans ressource.

Quinze cents hommes avaient été blessés dans cette attaque, qu'on l'accusait à tort d'avoir conseillée. Elle revint, maudite des siens comme des ennemis. Elle ne s'était pas fait scrupule de donner l'assaut le jour de la Nativité de Notre-Dame (8 septembre); la pieuse ville de Paris en avait été fort scandalisée.

La cour de Charles VII l'était encore plus. Les libertins, les politiques, les dévots aveugles de la lettre, ennemis jurés de l'esprit, tous se déclarent bravement contre l'esprit, le jour où il semble faiblir. L'archevêque de Reims, chancelier de France, qui n'avait jamais été bien pour la Pucelle, obtint, contre son avis, que l'on négocierait. Il vint à Saint-Denis demander une trêve; peut-être espérait-il en secret gagner le duc de Bourgogne, alors à Paris.

Mal voulue, mal soutenue, la Pucelle fit pendant l'hiver les sièges de Saint-Pierre-le-Moustier et de la Charité. Au premier, presque abandonnée, elle donna pourtant l'assaut et emporta la ville. Le siège de la Charité traîna, languit, et une terreur panique dispersa les assiégeants.

Cependant les Anglais avaient décidé le duc de Bourgogne à les aider sérieusement. Plus il les voyait faibles, plus il avait l'espoir de garder les places qu'il pourrait prendre en Picardie. Les Anglais, qui venaient de perdre Louviers, se mettaient à sa discrétion. Ce prince, le plus riche de la chrétienté, n'hésitait plus à mettre de l'argent et des hommes dans une guerre dont il espérait avoir le profit. Pour quelque argent, il gagna le gouverneur de Soissons. Puis il assiégea Compiègne, dont le gouverneur était aussi un homme fort suspect. Mais les habitants étaient trop compromis dans la cause de Charles VII pour laisser livrer leur ville. La Pucelle vint s'y jeter. Le jour même, elle fit une sortie et faillit surprendre les assiégeants. Mais ils furent remis en un moment et poussèrent vivement les assiégés jusqu'au boulevard, jusqu'au pont. La Pucelle, restée en arrière pour couvrir la retraite, ne put rentrer à temps, soit que la foule obstruât le pont, soit qu'on eût déjà fermé la barrière. Son costume la désignait; elle fut bientôt entourée, saisie, tirée à bas de cheval. Celui qui l'avait prise, un archer picard, selon d'autres le bâtard de Vendôme, la vendit à Jean de Luxembourg. Tous, Anglais, Bourguignons, virent avec étonnement que cet objet de terreur, ce monstre, ce diable, n'était après tout qu'une fille de dix-huit ans.

Qu'il en dût advenir ainsi, elle le savait d'avance; cette chose cruelle était infaillible, disons-le, nécessaire. Il fallait qu'elle souffrît. Si elle n'eût pas eu l'épreuve et la purification suprême, il serait resté sur cette sainte figure des ombres douteuses parmi les rayons; elle n'eût pas été dans la mémoire des hommes LA PUCELLE D'ORLÉANS

THE CHÂTEAU OF BLOIS

Turner

CHARLES PÉGUY

Charles-Pierre Péguy (1873–1914) was born at Orleans, and after being educated in his native city and at Paris, was admitted to the *École Normale*. He, however, gave up a university career for the study of social problems. In 1900 he began the publication of those remarkable *Cahiers de la quinzaine*, which have had so profound an influence on France. He himself was one of the most active contributors and during the next fourteen years he produced numerous volumes of verse (*La Tapisserie de Sainte-Geneviève et de Jeanne d'Arc, La Tapisserie de Notre-Dame*) and prose (*Notre jeunesse, Victor-Marie, comte Hugo*). As lieutenant of reserves in the 276th infantry-regiment, he fell at the head of his men on the eve of the victory of the Marne, September 5, 1914.

CHÂTEAUX DE LOIRE

Le long du coteau courbe et des nobles vallées
Les châteaux sont semés comme des reposoirs,
Et dans la majesté des matins et des soirs
La Loire et ses vassaux s'en vont par ces allées.

Cent vingt châteaux lui font une suite courtoise,
Plus nombreux, plus nerveux, plus fins que des palais.
Ils ont nom Valençay, Saint-Aignan et Langeais,
Chenonceaux et Chambord, Azay, le Lude, Amboise.

Et moi j'en connais un dans les châteaux de Loire
Qui s'élève plus haut que le château de Blois,
Plus haut que la terrasse où les derniers Valois
Regardaient le soleil se coucher dans sa gloire.

La moulure est plus fine et l'arceau plus léger.
La dentelle de pierre est plus dure et plus grave.
La décence et l'honneur et la mort qui s'y grave
Ont inscrit leur histoire au cœur de ce verger.

Et c'est le souvenir qu'a laissé sur ces bords
Une enfant qui menait son cheval vers le fleuve.
Son âme était récente et sa cotte était neuve.
Innocente elle allait vers le plus grand des sorts.

Car celle qui venait du pays tourangeau,
C'était la même enfant qui quelques jours plus tard,
Gouvernant d'un seul mot le rustre et le soudard,
Descendait devers Meung ou montait vers Jargeau.

VILLON

FRANÇOIS VILLON was born at Paris in 1431, the year in which Jeanne d'Arc was burnt. Adopted by a relative, Guillaume Villon, chaplain of the Collegiate Church of St Benedict, he took his name in place of his father's name of Des Loges or Montcorbier. He was educated at the University of Paris, and after proceeding to his Master's degree in 1452, led a disorderly life. He was guilty of homicide, theft and other crimes, and was sentenced to imprisonment, banishment and on two occasions to death. On the second of these occasions the sentence was commuted on January 5, 1463, to banishment from Paris for ten years, and from this time we lose all trace of him. Villon was a poet of genius, who breathed into the worn and cramping forms of mediaeval verse a spirit of intense individuality.

BALLADE DES DAMES DU TEMPS JADIS

Dictes moy ou, n'en quel pays,
Est Flora, la belle Rommaine,
Archipiades, ne Thaïs,
Qui fut sa cousine germaine,
Echo parlant quand bruyt on maine
Dessus riviere ou sus estan,
Qui beaulté ot trop plus qu'humaine?
Mais ou sont les neiges d'antan?

Ou est la tres sage Helloïs,
Pour qui fut chastré et puis moyne
Pierre Esbaillart a Saint Denis?
Pour son amour ot ceste essoyne.
Semblablement, ou est la royne
Qui commanda que Buridan
Fust geté en ung sac en Saine?
Mais ou sont les neiges d'antan?

La royne Blanche comme lis,
Qui chantoit a voix de seraine;
Berte au grant pié, Bietris, Alis,
Haremburgis, qui tint le Maine,
Et Jehanne, la bonne Lorraine
Qu'Englois brulerent a Rouan;
Ou sont-ilz, ou, Vierge souvraine?...
Mais ou sont les neiges d'antan?

LA VIERGE D'OLIVET

Prince, n'enquerez de sepmaine
Ou elles sont, ne de cest an,
Que ce reffrain ne vous remaine:
Mais ou sont les neiges d'antan?

BALLADE POUR PRIER NOSTRE DAME

Dame du ciel, regente terrienne,
Emperiere des infernaux palus,
Recevez moy, vostre humble chrestienne,
Que comprinse soye entre vos esleus,
Ce non obstant qu'oncques rien ne valus.
Les biens de vous, Ma Dame et Ma Maistresse,
Sont trop plus grans que ne suis pecheresse,
Sans lesquelz biens ame ne peult merir
N'avoir les cieulx.   Je n'en suis jangleresse:
En ceste foy je vueil vivre et mourir.

A vostre Filz dictes que je suis sienne;
De luy soyent mes pechiez abolus;
Pardonne moi comme a l'Egipcienne,
Ou comme il feist au clerc Theophilus,
Lequel par vous fut quitte et absolus,
Combien qu'il eust au deable fait promesse.
Preservez moy de faire jamais ce,
Vierge portant, sans rompure encourir,
Le sacrement qu'on celebre a la messe.
En ceste foy je vueil vivre et mourir.

Femme je suis povrette et ancienne,
Ne riens ne sçay; oncques lettre ne leus.
Au moustier voy dont suis paroissienne
Paradis paint, ou sont harpes et lus,
Et ung enfer ou dampnez sont boullus:
L'ung me faict paour, l'autre joye et liesse.
La joye avoir me fay, haulte Deesse,
A qui pecheurs doivent tous recourir,
Comblez de foy, sans fainte ne paresse.
En ceste foy je vueil vivre et mourir.

Vous portastes, digne Vierge, princesse,
Iesus regnant, qui n'a ne fin ne cesse.
Le Tout Puissant, prenant nostre foiblesse,
Laissa les cieulx et nous vint secourir,
Offrit a mort sa tres chiere jeunesse;
Nostre Seigneur tel est, tel le confesse.
En ceste foy je vueil vivre et mourir.

CHARLES PERRAULT

CHARLES PERRAULT (1628–1703), by his mediocre poem, *Le Siècle de Louis le Grand*, which he read at the *Académie française*, gave rise to the famous Quarrel between the Ancients and the Moderns, but his claim to immortality rests on his ever popular volume of fairy tales, *Histoires ou Contes du Temps passé* (1697), a Dutch reproduction of which bore as an alternative title, *Contes de ma mère Loye*.

CENDRILLON

Il étoit une fois un gentilhomme qui épousa, en secondes noces, une femme, la plus hautaine et la plus fière qu'on eût jamais vue. Elle avoit deux filles de son humeur, et qui lui ressembloient en toutes choses. Le mari avoit, de son côté, une jeune fille, mais d'une douceur et d'une bonté sans exemple: elle tenoit cela de sa mère, qui étoit la meilleure personne du monde.

Les noces ne furent pas plus tôt faites que la belle-mère fit éclater sa mauvaise humeur: elle ne put souffrir les bonnes qualités de cette jeune enfant, qui rendoient ses filles encore plus haïssables. Elle la chargea des plus viles occupations de la maison: c'étoit elle qui nettoyoit la vaisselle et les montées, qui frottoit la chambre de madame et celles de mesdemoiselles ses filles; elle couchoit tout au haut de la maison, dans un grenier, sur une méchante paillasse, pendant que ses sœurs étoient dans des chambres parquetées, où elles avoient des lits des plus à la mode, et des miroirs où elles se voyoient depuis les pieds jusqu'à la tête. La pauvre fille souffroit tout avec patience et n'osoit s'en plaindre à son père, qui l'auroit grondée, parce que sa femme le gouvernoit entièrement.

Lorsqu'elle avoit fait son ouvrage, elle s'alloit mettre au coin de la cheminée, et s'asseoir dans les cendres, ce qui faisoit qu'on l'appeloit communément dans le logis *Cucendron.* La cadette, qui n'étoit pas si malhonnête que son aînée, l'appeloit *Cendrillon.* Cependant Cendrillon, avec ses méchans habits, ne laissoit pas d'être cent fois plus belle que ses sœurs, quoique vêtues très-magnifiquement.

Il arriva que le fils du roi donna un bal et qu'il en pria toutes les personnes de qualité. Nos deux demoiselles en furent aussi priées, car elles faisoient grande figure dans le pays. Les voilà bien aises et bien occupées à choisir les habits et les coiffures qui leur siéroient le mieux. Nouvelle peine pour Cendrillon, car c'étoit elle qui repassoit le linge de ses sœurs et qui godronnoit leurs manchettes. On ne parloit que de la manière dont on s'habilleroit. "Moi, dit l'aînée, je mettrai mon habit de velours rouge et ma garniture d'Angleterre. — Moi, dit la cadette, je n'aurai que ma jupe ordinaire; mais, en récompense, je mettrai mon manteau à fleurs d'or et ma barrière de diamans, qui n'est pas des plus indifférentes." On envoya quérir la bonne coiffeuse pour dresser les cornettes à deux rangs, et on fit acheter des mouches de la bonne faiseuse. Elles appelèrent Cendrillon pour lui demander son avis, car elle avoit le goût bon. Cendrillon les conseilla le mieux du monde, et s'offrit même à les coiffer; ce qu'elles voulurent bien.

En les coiffant, elles lui disoient: "Cendrillon, serois-tu bien aise d'aller au bal? — Hélas! mesdemoiselles, vous vous moquez de moi; ce n'est pas là ce qu'il me faut. — Tu as raison, on riroit bien, si on voyoit un Cucendron aller au bal."

Une autre que Cendrillon les auroit coiffées de travers; mais elle étoit bonne, et elle les coiffa parfaitement bien. Elles furent près de deux jours sans manger, tant elles étoient transportées de joie. On rompit plus de douze lacets, à force de les serrer pour leur rendre la taille plus menue, et elles étoient toujours devant le miroir.

Enfin l'heureux jour arriva; on partit, et Cendrillon les suivit des yeux, le plus longtemps qu'elle put. Lorsqu'elle ne les vit plus, elle se mit à pleurer. Sa marraine, qui la vit tout en pleurs, lui demanda ce qu'elle avoit. "Je voudrois bien...je voudrois bien ..." Elle pleuroit si fort qu'elle ne put achever. Sa marraine, qui étoit fée, lui dit: "Tu voudrois bien aller au bal, n'est-ce pas? — Hélas! oui, dit Cendrillon en soupirant. — Eh bien! seras-tu bonne fille? dit sa marraine; je t'y ferai aller." Elle la mena dans sa chambre, et lui dit: "Va dans le jardin, et apporte-moi une citrouille." Cendrillon alla aussitôt cueillir la plus belle qu'elle put trouver, et la porta à sa marraine, ne pouvant deviner comment cette citrouille la pourroit faire aller au bal. Sa marraine la creusa et, n'ayant laissé que l'écorce, la frappa de sa baguette, et la citrouille fut aussitôt changée en un beau carrosse tout doré.

Ensuite elle alla regarder dans la souricière, où elle trouva six souris toutes en vie. Elle dit à Cendrillon de lever un peu la trappe de la souricière, et, à chaque souris qui sortoit, elle lui donnoit un coup de sa baguette, et la souris étoit aussitôt changée en un beau cheval: ce qui fit un bel attelage de six chevaux, d'un beau gris de souris pommelé.

Comme elle étoit en peine de quoi elle feroit un cocher: "Je vais voir, dit Cendrillon, s'il n'y a pas quelque rat dans la ratière, nous en ferons un cocher. — Tu as raison, dit sa marraine, va voir." Cendrillon lui apporta la ratière, où il y avoit trois gros rats. La fée en prit un d'entre les trois, à cause de sa maîtresse barbe, et, l'ayant touché, il fut changé en un gros cocher, qui avoit une des plus belles moustaches qu'on ait jamais vues.

Ensuite elle lui dit: "Va dans le jardin, tu y trouveras six lézards derrière l'arrosoir; apporte-les moi." Elle ne les eut pas plus tôt apportés, que sa marraine les changea en six laquais, qui montèrent aussitôt derrière le carrosse, avec leurs habits chamarrés, et qui s'y tenoient attachés comme s'ils n'eussent fait autre chose de toute leur vie.

La fée dit alors à Cendrillon: "Eh bien! voilà de quoi aller au bal: n'es-tu pas bien aise? — Oui, mais est-ce que j'irai comme cela, avec mes vilains habits?" Sa marraine ne fit que la toucher avec sa baguette, et en même temps ses habits furent changés en des habits d'or et d'argent, tout chamarrés de pierreries; elle lui donna ensuite une paire de pantoufles de verre, les plus jolies du monde. Quand elle fut ainsi parée, elle monta en carrosse; mais sa marraine lui recommanda, sur toutes choses, de ne pas passer minuit, l'avertissant que, si elle demeuroit au bal un moment davantage, son carrosse redeviendroit citrouille, ses chevaux des souris, ses laquais des lézards, et que ses beaux habits reprendroient leur première forme.

Elle promit à sa marraine qu'elle ne manqueroit pas de sortir du bal avant minuit. Elle part, ne se sentant pas de joie. Le fils du roi, qu'on alla avertir qu'il venoit d'arriver une grande princesse qu'on ne connoissoit point, courut la recevoir. Il lui donna la main à la descente du carrosse, et la mena dans la salle où étoit la compagnie. Il se fit alors un grand silence; on cessa de danser, et les violons ne jouèrent plus, tant on étoit attentif à contempler les grandes beautés de cette inconnue. On n'entendoit qu'un bruit confus: "Ah! qu'elle est belle!" Le roi même, tout vieux qu'il étoit, ne laissoit pas de la regarder, et de dire tout bas à la reine qu'il y avoit longtemps qu'il n'avoit vu une si belle et si aimable personne. Toutes les dames étoient attentives à considérer sa coiffure et ses habits, pour en avoir, dès le lendemain, de semblables, pourvu qu'il se trouvât des étoffes assez belles, et des ouvriers assez habiles.

Le fils du roi la mit à la place la plus honorable, et ensuite la prit pour la mener danser. Elle dansa avec tant de grâce, qu'on l'admira encore davantage. On apporta une fort belle collation, dont le jeune prince ne mangea point, tant il étoit occupé à la considérer. Elle alla s'asseoir auprès de ses sœurs et leur fit mille honnêtetés; elle leur fit part des oranges et des citrons que le prince lui avoit donnés, ce qui les étonna fort, car elles ne la connoissoient point.

Lorsqu'elles causoient ainsi, Cendrillon entendit sonner onze heures trois quarts; elle fit aussitôt une grande révérence à la compagnie, et s'en alla le plus vite qu'elle put. Dès qu'elle fut arrivée, elle alla trouver sa marraine, et, après l'avoir remerciée, elle lui dit qu'elle souhaiteroit bien aller encore le lendemain au bal, parce que le fils du roi l'en avoit priée. Comme elle étoit occupée à raconter à sa marraine tout ce qui s'étoit passé au bal, les deux sœurs heurtèrent à la porte; Cendrillon leur alla ouvrir. "Que vous êtes longtemps à revenir!" leur dit-elle en bâillant, en se frottant les yeux, et en s'étendant comme si elle n'eût fait que de se réveiller; elle n'avoit cependant pas eu envie de dormir, depuis qu'elles s'étoient quittées. "Si tu étois venue au bal, lui dit une de ses sœurs, tu ne t'y serois pas ennuyée; il est venu la plus belle princesse, la plus belle qu'on puisse jamais voir; elle nous a fait mille civilités; elle nous a donné des oranges et des citrons."

Cendrillon ne se sentoit pas de joie: elle leur demanda le nom de cette princesse; mais elles lui répondirent qu'on ne la connoissoit pas, que le fils du roi en étoit fort en peine, et qu'il donneroit toutes choses au monde pour savoir qui elle étoit. Cendrillon sourit et leur dit: "Elle étoit donc bien belle? Mon Dieu! que vous êtes heureuses! ne pourrois-je point la voir? Hélas! mademoiselle Javotte, prêtez-moi votre habit jaune que vous mettez tous les jours. — Vraiment, dit mademoiselle Javotte, je suis de cet avis! Prêtez votre habit à un vilain Cucendron comme cela! il faudroit que je fusse bien folle." Cendrillon s'attendoit bien à ce refus, et elle en fut bien aise, car elle auroit été grandement embarrassée, si sa sœur eût bien voulu lui prêter son habit.

Le lendemain, les deux sœurs furent au bal, et Cendrillon aussi, mais encore plus parée que la première fois. Le fils du roi fut toujours auprès d'elle, et ne cessa de lui conter des douceurs. La jeune demoiselle ne s'ennuyoit point et oublia ce que sa marraine lui avoit recommandé; de sorte qu'elle entendit sonner le premier coup de minuit, lorsqu'elle ne croyoit point qu'il fût encore onze heures: elle se leva, et s'enfuit aussi légèrement qu'auroit fait une biche. Le prince la suivit, mais il ne put l'attraper. Elle laissa tomber une de ses pantoufles de verre, que le prince ramassa bien soigneusement. Cendrillon arriva chez elle, bien essoufflée, sans carrosse, sans laquais, et avec ses méchans habits; rien ne lui étant resté de sa magnificence, qu'une de ses petites pantoufles, la pareille de celle qu'elle avoit laissée tomber. On demanda aux gardes de la porte du palais s'ils n'avoient point vu sortir une princesse: ils dirent qu'ils n'avoient vu sortir personne qu'une jeune fille fort mal vêtue, et qui avoit plus l'air d'une paysanne que d'une demoiselle.

Quand les deux sœurs revinrent du bal, Cendrillon leur demanda si elles s'étoient encore bien diverties, et si la belle dame y avoit été; elles lui dirent que oui, mais qu'elle s'étoit enfuie, lorsque minuit avoit sonné, et si promptement qu'elle avoit laissé tomber une de ses petites pantoufles de verre, la plus jolie du monde; que le fils du roi l'avoit ramassée, et qu'il n'avoit fait que la regarder pendant tout le reste du bal, et qu'assurément il étoit fort amoureux de la belle personne à qui appartenoit la petite pantoufle.

Elles dirent vrai; car, peu de jours après, le fils du roi fit publier, à son de trompe, qu'il épouseroit celle dont le pied seroit bien juste à la pantoufle. On commença à l'essayer aux princesses, ensuite aux duchesses et à toute la cour, mais inutilement. On

l'apporta chez les deux sœurs, qui firent tout leur possible pour
faire entrer leur pied dans la pantoufle, mais elles ne purent en
venir à bout. Cendrillon, qui les regardoit, et qui reconnut sa
pantoufle, dit en riant : "Que je voie si elle ne me seroit pas bonne!"
Ses sœurs se mirent à rire et à se moquer d'elle. Le gentilhomme
qui faisoit l'essai de la pantoufle, ayant regardé attentivement
Cendrillon, et la trouvant fort belle, dit que cela étoit très-juste,
et qu'il avoit ordre de l'essayer à toutes les filles. Il fit asseoir
Cendrillon, et, approchant la pantoufle de son petit pied, il vit
qu'il y entroit sans peine, et qu'elle y étoit juste comme de cire.
L'étonnement des deux sœurs fut grand, mais plus grand encore
quand Cendrillon tira de sa poche l'autre petite pantoufle, qu'elle
mit à son pied. Là-dessus arriva la marraine, qui, ayant donné
un coup de baguette sur les habits de Cendrillon, les fit devenir
encore plus magnifiques que tous les autres.

Alors ses deux sœurs la reconnurent pour la belle personne
qu'elles avoient vue au bal. Elles se jetèrent à ses pieds pour lui
demander pardon de tous les mauvais traitemens qu'elles lui
avoient fait souffrir. Cendrillon les releva et leur dit, en les embrassant, qu'elle leur pardonnoit de bon cœur, et qu'elle les prioit
de l'aimer bien toujours. On la mena chez le jeune prince, parée
comme elle étoit. Il la trouva encore plus belle que jamais; et,
peu de jours après, il l'épousa. Cendrillon, qui étoit aussi bonne
que belle, fit loger ses deux sœurs au palais, et les maria, dès le
jour même, à deux grands seigneurs de la cour.

BOSSUET

Jacques-Bénigne Bossuet (1627–1704) was born at Dijon, where he began his education in a Jesuit college. After completing it at Paris, he went to Metz to study theology, and spent six years there as head of a mission for the conversion of Protestants. From 1659 to 1670 he preached at Paris with ever-growing success; in 1669 he was made Bishop of Condom, in 1670 tutor to the Dauphin, and in 1682 Bishop of Meaux. He is one of the greatest of French orators and writers. His prose is like a majestic river, now flowing, stately and serene, amid rich scenery, now broken by falls and rapids, but always strong and swift. The following passage is from the Funeral Oration on Condé.

CONDÉ A ROCROI

Dieu avait choisi le duc d'Enghien pour le défendre dans son enfance. Aussi, vers les premiers jours de son règne, à l'âge de vingt-deux ans, le duc conçut un dessein où les vieillards expérimentés ne purent atteindre; mais la victoire le justifia devant Rocroi. L'armée ennemie est plus forte, il est vrai; elle est composée de ces vieilles bandes valonnes, italiennes et espagnoles, qu'on n'avait pu rompre jusqu'alors. Mais pour combien fallait-il compter le courage qu'inspirait à nos troupes le besoin pressant de l'État, les avantages passés, et un jeune prince du sang qui portait la victoire dans ses yeux? Don Francisco de Mellos l'attend de pied ferme; et sans pouvoir reculer, les deux généraux et les deux armées semblent avoir voulu se renfermer dans des bois et dans des marais, pour décider leur querelle, comme deux braves, en champ clos. Alors, que ne vit-on pas? Le jeune prince parut un autre homme. Touchée d'un si digne objet, sa grande âme se déclara toute entière: son courage croissait avec les périls, et ses lumières avec son ardeur. A la nuit qu'il fallut passer en présence des ennemis, comme un vigilant capitaine, il reposa le dernier; mais jamais il ne reposa plus paisiblement. A la veille d'un si grand jour, et dès la première bataille, il est tranquille; tant il se trouve dans son naturel: et on sait que le lendemain, à l'heure marquée, il fallut réveiller d'un profond sommeil cet autre Alexandre. Le voyez-vous, comme il vole ou à la victoire ou à la mort? Aussitôt qu'il eut porté de rang en rang l'ardeur dont il était animé, on le vit presque en même temps pousser l'aile droite des ennemis, soutenir la nôtre ébranlée, rallier le Français à demi vaincu, mettre en fuite l'Espagnol victorieux, porter partout la terreur, et étonner de ses regards étincelants ceux qui échappaient

BOSSUET

Rigaud

à ses coups. Restait cette redoutable infanterie de l'armée d'Espagne, dont les gros bataillons serrés, semblables à autant de tours, mais à des tours qui sauraient réparer leurs brèches, demeuraient inébranlables au milieu de tout le reste en déroute, et lançaient des feux de toutes parts. Trois fois le jeune vainqueur s'efforça de rompre ces intrépides combattants; trois fois il fut repoussé par le valeureux comte de Fontaines, qu'on voyait porté dans sa chaise, et, malgré ses infirmités, montrer qu'une âme guerrière est maîtresse du corps qu'elle anime. Mais enfin il faut céder. C'est en vain qu'à travers des bois, avec sa cavalerie toute fraîche, Bek précipite sa marche pour tomber sur nos soldats épuisés: le prince l'a prévenu; les bataillons enfoncés demandent quartier: mais la victoire va devenir plus terrible pour le duc d'Enghien que le combat. Pendant qu'avec un air assuré il s'avance pour recevoir la parole de ces braves gens, ceux-ci, toujours en garde, craignent la surprise de quelque nouvelle attaque; leur effroyable décharge met les nôtres en furie; on ne voit plus que carnage; le sang enivre le soldat; jusqu'à ce que le grand prince, qui ne put voir égorger ces lions comme de timides brebis, calma les courages émus, et joignit au plaisir de vaincre celui de pardonner. Quel fut alors l'étonnement de ces vieilles troupes et de leurs braves officiers, lorsqu'ils virent qu'il n'y avait plus de salut pour eux qu'entre les bras du vainqueur? De quels yeux regardèrent-ils le jeune prince, dont la victoire avait relevé la haute contenance, à qui la clémence ajoutait de nouvelles grâces? Qu'il eût encore volontiers sauvé la vie au brave comte de Fontaines! Mais il se trouva par terre, parmi ces milliers de morts dont l'Espagne sent encore la perte. Elle ne savait pas que le prince, qui lui fit perdre tant de ses vieux régiments à la journée de Rocroi, en devait achever les restes dans les plaines de Lens. Ainsi la première victoire fut le gage de beaucoup d'autres. Le prince fléchit le genou, et dans le champ de bataille il rend au Dieu des armées la gloire qu'il lui envoyait. Là on célébra Rocroi délivré, les menaces d'un redoutable ennemi tournées à sa honte, la régence affermie, la France en repos, et un règne, qui devait être si beau, commencé par un si heureux présage. L'armée commença l'action de grâces; toute la France suivit: on y élevait jusqu'au ciel le coup d'essai du duc d'Enghien: c'en serait assez pour illustrer une autre vie que la sienne; mais pour lui, c'est le premier pas de sa course.

MME DE SÉVIGNÉ

MARIE DE RABUTIN-CHANTAL, MARQUISE DE SÉVIGNÉ (1626–1696), was left a widow at twenty-five with one son and one daughter, *la plus jolie fille de France*, who in 1669 married the Comte, afterwards the Marquis, de Grignan, Lieutenant-General of Provence. To the separation of Mme de Sévigné from her daughter we owe the most charming series of letters that has ever been given to the world. She had many other correspondents, but in the freedom of her intercourse with Mme de Grignan she is at her best. Spontaneous, without being careless, she gives artistic shape to the natural expression of her warm heart and lively imagination.

LA MORT DE TURENNE

Parlons un peu de M. de Turenne: il y a longtemps que nous n'en avons parlé. N'admirez-vous point que nous trouvons heureux d'avoir repassé le Rhin, et que ce qui auroit été un dégoût s'il étoit au monde, nous paroît une prospérité parce que nous ne l'avons plus? Voyez ce que fait la perte d'un seul homme. Écoutez, je vous prie, ma bonne, une chose qui me paroît belle: il me semble que je lis l'histoire romaine. Saint-Hilaire, lieutenant général de l'artillerie, fit donc arrêter M. de Turenne, qui avoit toujours galopé, pour lui faire voir une batterie; c'étoit comme s'il eût dit: "Monsieur, arrêtez-vous un peu, car c'est ici que vous devez être tué." Le coup de canon vint donc, et emporta le bras de Saint-Hilaire, qui montroit cette batterie, et tua M. de Turenne. Le fils de Saint-Hilaire se jette à son père, et se met à crier et à pleurer. "Taisez-vous, mon enfant, lui dit-il; voyez (en lui montrant M. de Turenne roide mort), voilà ce qu'il faut pleurer éternellement, voilà ce qui est irréparable." Et, sans faire aucune attention sur lui, se met à crier et à pleurer cette grande perte. M. de la Rochefoucauld pleure lui-même, en admirant la noblesse de ce sentiment.

Le gentilhomme de M. de Turenne, qui étoit retourné et qui est revenu, dit qu'il a vu faire des actions héroïques au chevalier de Grignan: il a été jusqu'à cinq fois à la charge, et sa cavalerie a si bien repoussé les ennemis, que ce fut cette vigueur extraordinaire qui décida du combat. Le Boufflers a fort bien fait aussi, et le duc de Sault, et surtout M. de Lorge, qui parut neveu du héros en cette occasion; mais le gentilhomme avoit tellement le chevalier de Grignan dans la tête qu'il ne pouvoit s'en taire:

n'admirez-vous point qu'il n'ait pas été blessé, à se mêler comme
il a fait, et essuyer tant de fois le feu des ennemis? Le duc de
Villeroi ne se peut consoler de M. de Turenne; il croit que la fortune
ne peut plus lui faire de mal, après lui avoir fait celui de lui ôter
M. de Turenne et le plaisir d'être aimé et estimé d'un tel homme.
Il avoit rhabillé à ses dépens tout un régiment anglois, et l'on n'a
trouvé dans son coffre que neuf cents francs. Son corps est porté
à Turenne; plusieurs de ses gens et même de ses amis l'ont suivi.

Je voudrois mettre tout ce que vous m'écrivez de M. de Turenne
dans une oraison funèbre: vraiment votre lettre est d'une énergie
et d'une beauté extraordinaire; vous étiez dans ces bouffées
d'éloquence que donne l'émotion de la douleur. Ne croyez point,
ma bonne, que son souvenir fût fini ici quand votre lettre est
arrivée: ce fleuve qui entraîne tout, n'entraîne pas sitôt une telle
mémoire; elle est consacrée à l'immortalité, et même dans le cœur
d'une infinité de gens dont les sentiments sont fixés sur ce sujet.
J'étois l'autre jour chez M. de la Rochefoucauld. Monsieur le
Premier y vint; Mme de Lavardin, M. de Marsillac, Mme de la
Fayette et moi. La conversation dura deux heures sur les divines
qualités de ce véritable héros; tous les yeux étoient baignés de
larmes, et vous ne sauriez croire comme la douleur de sa perte
est profondément gravée dans les cœurs: vous n'avez rien par-
dessus nous que le soulagement de soupirer tout haut et d'écrire
son panégyrique. Nous remarquions une chose, c'est que ce n'est
pas depuis sa mort que l'on admire la grandeur de son cœur,
l'étendue de ses lumières et l'élévation de son âme: tout le monde
en étoit plein pendant sa vie; et vous pouvez penser ce que fait
sa perte par-dessus ce qu'on étoit déjà; enfin, ma bonne, ne croyez
point que cette mort soit ici comme les autres. Vous faisiez trop
d'honneur au comte de Guiche; mais pour l'un des deux héros
de ce siècle, vous pouvez en parler tant qu'il vous plaira, sans
croire que vous ayez une dose de douleur plus que les autres.
Pour son âme, c'est encore un miracle qui vient de l'estime parfaite qu'on avoit pour lui; il n'est pas tombé dans la tête d'aucun
dévot qu'elle ne fût pas en bon état: on ne sauroit comprendre
que le mal et le péché pussent être dans son cœur. Sa conversion
si sincère nous a paru comme un baptême. Chacun conte l'innocence de ses mœurs, la pureté de ses intentions, son humilité,

éloignée de toute sorte d'affectation, la solide gloire dont il étoit
plein, sans faste et sans ostentation, aimant la vertu pour elle-
même, sans se soucier de l'approbation des hommes; une charité
généreuse et chrétienne. Vous ai-je pas conté comme il rhabilla
ce régiment anglois (il lui en coûta quatorze mille francs), et resta
sans argent? Les Anglois ont dit à M. de Lorge qu'ils achèveroient
de servir cette campagne pour le venger; mais qu'après cela ils
se retireroient, ne pouvant obéir à d'autres qu'à M. de Turenne.
Il y avoit de jeunes soldats qui s'impatientoient un peu dans les
marais, où ils étoient dans l'eau jusqu'aux genoux; et les vieux
soldats leur disoient: "Quoi? vous vous plaignez? on voit bien que
vous ne connoissez pas M. de Turenne: il est plus fâché que nous
quand nous sommes mal; il ne songe, à l'heure qu'il est, qu'à nous
tirer d'ici; il veille quand nous dormons; c'est notre père; on voit
bien que vous êtes bien jeunes"; et les rassuroient ainsi. Tout
ce que je vous mande est vrai; je ne me charge point des fadaises
dont on croit faire plaisir aux gens éloignés: c'est abuser d'eux,
et je choisis bien plus ce que je vous écris que ce que je vous
dirois si vous étiez ici. Je reviens à son âme: c'est donc une chose
à remarquer, nul dévot ne s'est avisé de douter que Dieu ne l'eût
reçue à bras ouverts, comme une des plus belles et des meilleures
qui soient jamais sorties de lui. Méditez sur cette confiance
générale de son salut, et vous trouverez que c'est une espèce de
miracle qui n'est que pour lui: enfin personne n'a osé douter de
son repos éternel.

"LE LOYAL SERVITEUR"

PIERRE DU TERRAIL, Seigneur de Bayard, *le chevalier sans peur et sans
reproche*, fell in action near Milan in 1524, in his forty-ninth year. The
narrative of his life, sublime in its simplicity, by his anonymous secretary,
Le Loyal Serviteur, is of great charm and interest.

LA MORT DE BAYARD

Au commencement de l'an mil cinq cens XXIII, le roy de France
avait une grosse armée en Ytalie, soubz la charge de son admiral,
le seigneur de Bonnyvet, à qui il en avoit donné la charge, car
il luy vouloit beaucoup de bien. Il avoit en sa compaignie
force bons cappitaines; mesmement y estoit nouvellement arrivé

un jeune prince de la maison de Lorraine, nommé le conte de Vaudemont, lequel désiroit à merveilles sçavoir les armes, et suyvre par œuvres vertueuses ses ancestres. Or le camp du roy de France se tenoit pour lors en une petite ville nommée Biagras, où eux estans là, le chef de l'armée qui estoit l'admiral, appela un jour le bon chevalier, et luy dist: "Mon seigneur de Bayart, il fault que vous allez loger à Rebec, avec deux cens hommes d'armes et les gens de pied de Lorges, car par ce moyen, travailleront merveilleusement ceulx de Milan, tant pour les vivres, que pour mieulx entendre de leurs affaires." Il fault sçavoir que, combien que le bon chevalier ne murmurast jamais de commission qu'on luy baillast, ne se povoit bonnement contenter de ceste là pour la congnoistre dangereuse et doubteuse, et respondit comme à son lieutenant du roi: "Monseigneur, je ne sçay comment vous l'entendez, car pour garder Rebec, au lieu où il est assis, la moytié des gens qui sont à nostre camp y feroient bien besoing. Je cognois noz ennemys; ilz sont vigilans, et suis bien asseuré qu'il est quasi difficile que je n'y reçoive de la honte. Car il m'est bien advis que, si quelque nombre de noz ennemys y estoient, par une nuyt les yrois resveiller à leur désavantage. Et pour ce, Monseigneur, je vous supplie que vous advisez bien où vous me voulez envoyer." L'admiral luy tint plusieurs propos qu'il ne se souciast point, car il ne sortiroit pas une soris de Milan qu'il n'en feust adverty, et tant luy en dist d'une et d'autres, que le bon chevalier, avecques grosse fascherie, s'en alla avecques les gens qu'on luy avoit baillez, dedans Rebec; mais il n'y mena que deux grans chevaulx, car ses muletz et tout le reste de son train envoya dedans Novare, quasi prévoyant perdu ce qu'il détenoit avec luy.

Venuz qu'ilz feussent en ce village de Rebec, advisèrent comment ilz le fortiffieroient, mais nul moyen n'y trouvèrent, sinon faire barrières aux venues; mais par tous les costez on y povoit entrer. Le bon chevalier escripvit plusieurs fois à l'admiral qu'il estoit en lieu très dangereux, et que s'il vouloit qu'il s'i tiensist longuement, luy envoyast du secours; mais il n'en eut point de response. Les ennemys qui estoient dedans Milan, en nombre de quatorze ou quinze mille hommes, furent advertiz par leurs espies que le bon chevalier estoit dedans Rebec, à petite compaignie, dont ilz furent très joyeulz. Si délibererent par une nuyt l'aller surprendre et deffaire. Et suyvant ce vouloir se misrent aux champs environ mynuyt, en nombre de six à sept mille hommes de pied, et quatre à cinq cens hommes d'armes. Ilz estoient guydez par des gens qui sçavoient le village et les logis les plus apparans. Le bon chevalier, qui tousjours se doubtoit, mettoit quasi toutes les nuictz la moytié de ses gens au guet et aux escoutes, et luy-mesmes y passa deux ou trois nuytz, tellement qu'il tumba malade tant de melencolie que de froidure, beaucoup plus fort qu'il n'en faisoit le semblant; toutesfois contrainct fut de garder la chambre ce jour. Quant se vint sur le soir, il ordonna à quelques cappitaines qui estoient avecques luy aller au guet, et adviser bien de tous costez à ce qu'ilz ne feussent surpris. Ilz y allerent ou firent semblant d'y aller; mais par ce qu'il plouvinoit ung peu, se retirérent tous ceulx qui estoient au guet, reservé trois ou quatre povres archiers. Les Espaignolz marchoient tousjours, et avoient, pour mieulx se congnoistre la nuyt, chascun une chemise vestue par dessus leur harnois. Quant ilz approchèrent d'un gect d'arc du village furent bien esbahis qu'ilz ne trouverent personne, et eurent pensement que le bon chevalier avoit esté adverty de leur entreprinse, et qu'il s'estoit retiré à Byagras. Toutesfois ilz marchoient tousjours, et ne furent pas cent pas loing, qu'ilz ne trouvassent ce peu d'archiers qui estoient demourez au guet, lesquelz sans escrier commencèrent à charger. Les povres gens ne firent point de résistance. Ains se misrent à la fuyte, en criant: "Alarme! alarme!" Mais ilz furent si vivement suyviz, que lesditz ennemys furent aux barrières aussi tost que eulx. Le bon chevalier, qui en tel dangier ne dormoit jamais que vestu, garny de ses avanbraz et cussolz, et sa cuyrasse aupres de luy, se leva soubdainement et fist brider ung coursier qui jà estoit sellé, sur lequel il monta, et s'en vint avecques cinq ou six hommes d'armes des siens, droit à la barrière, où incontinent survint le cappitaine Lorges et quelque nombre de ses gens de pied qui se portèrent très bien. Les ennemys estoient à l'entour du village, cherchant le logis du bon chevalier, car s'ilz l'eussent prins, peu leur estoit le demourant; mais encore ne le tenoient-ilz pas. La huée fut grosse, et l'alarme chault. Durant ce combat, à la barrière, le bon chevalier va ouyr les tabourins des gens de pied aux ennemys, qui sonnoient l'alarme tant dru que merveilles. Alors il dist au cappitaine Lorges: "Lorges, mon amy, vecy jeu mal party. S'ilz passent ceste barrière nous sommes fricassez;

je vous prie, retirez vos gens, et serrez le mieulx que pourrez, marchez droit à Byagras, car, avecques les gens de cheval que j'ay, demoureray sur le derriere; il fault laisser nostre bagage aux ennemys, il n'y a remede, saulvons les personnes s'il est possible." Incontinent que le bon chevalier eut parlé, le cappitaine Lorges fist son commandement et se retira cependant qu'ilz faisoient ceste résistance à la barrière. La pluspart de tous les François montèrent à cheval et se retirèrent selon la fortune très-gaillardement, et ne perdirent point dix hommes. Les ennemys estoient descenduz la pluspart et par les maisons, et de tous costez cherchoient le bon chevalier, mais il estoit desjà à Byagras, où luy arrivé, eut quelques parolles fascheuses à l'admiral. Toutesfois je n'en feray aucune mention; mais si tous deux eussent vescu plus longuement qu'ilz ne firent, feussent peult-estre allez plus avant. Le bon chevalier cuyda mourir de dueil du malheur qui luy estoit advenu, mesmement que ce n'estoit pas par sa faulte; mais en guerre y a de l'heur et du malheur plus qu'en toutes autres choses.

Quelque peu de temps après ceste retraicte de Rebec, le seigneur admiral congnoissant son camp admoindrir de jour en jour, tant par faulte de vivres que de maladie qui couroit parmy ses gens, tint conseil avecques les cappitaines, où pour le mieulx fut délibéré qu'on se retireroit, et ordonna ses batailles, où en arrière-garde, comme tousjours estoit sa coutume aux retraictes, demoura le bon chevalier. Les Espaignolz les suyvirent de jour en jour, et marchoient en belle bataille après les François et souvent s'escarmouchoient; mais quant venoit à charger, tousjours trouvoit en barbe le bon chevalier avecques quelque nombre de gens d'armes, qui leur monstroit ung visage si asseuré qu'il les faisoit demourer tout coy, et menu et souvent les rembarroit dedans leur grosse troppe. Ilz gectèrent aux deux esles d'ung grant chemin, force hacquebutiers et hacquebouziers, qui portent pierres aussi grosses que une hacquebute à croc, dont ilz tirèrent plusieurs coups, et de l'un fut frappé le gentil seigneur de Vedenesse, dont il mourut quelque temps après qui fut un gros dommage pour la France. Il estoit de petite corpulence, mais de haultesse de cueur et de hardiesse personne ne le passoit. Ce jeune seigneur de Vaudemont, qui de nouvel estoit au mestier des armes, s'i porta tant gaillarde-ment que merveille, et fist tout plein de belles charges, tant qu'il sembloit que jamais n'eust fait autre chose. En ces entrefaictes, le bon chevalier, asseuré comme il eust esté en sa maison, faisoit marcher les gens d'armes, et se retiroit le beau pas, tousjours le visage droit aux ennemys, et l'espée au poing leur donné plus de craincte que un cent d'autres; mais comme Dieu le voulut permettre, fut tiré un coup de hacquebouze, dont la pierre le vint frapper au travers des rains, et luy rompit tout le gros os de l'eschine. Quant il sentit le coup, se print à crier: "Jesus!" et puis dist: "Helas! mon Dieu, je suis mort." Si print son epée par la poignée et baisa la croisée en signe de la croix et en disant tout hault: "*Miserere mei, Deus, secundum magnam misericordiam tuam,*" et devint incontinent tout blesme comme failly des esperitz, et cuyda tumber; mais il eust encore le cueur de prendre l'arson de la selle, et demoura en estant jusque à ce que un jeune gentilhomme, son maistre d'hostel, luy ayda à descendre et le mist soubz ung arbre. Ne demoura guères qu'il ne feust sceu parmy les amys et les ennemys que le cappitaine Bayart avoit esté tué d'un coup d'artillerie, dont tous ceulx qui en eurent les nouvelles furent à merveilles desplaisans.

Toute noblesse se debvoit bien vestir de deuil le jour du trespas du bon chevalier sans paour et sans reprouche, car je croy que depuis la creation du monde, tant en la loy chrestienne que payenne, ne s'en est trouvé un seul qui moins luy ait fait de deshonneur ne plus d'honneur. Il y a un commun proverbe qui dit que nul ne veit sans vice; ceste reigle à failly à l'endroit du bon chevalier, car l'en prens à tesmoing tous ceulx qui l'ont veu, parlans à la verité, s'ilz en congneurent jamais un seul en luy; mais au contraire, Dieu l'avoit doué de toutes les vertus qui pourroient estre en parfaict homme, esquelles chascune par ordre se sçavoit très bien conduyre. Il aymoit et craignoit Dieu sur toutes choses; ne jamais ne le juroit ne blasphesmoit, et en tous ses affaires et necessitez avoit à luy seul son recours, estant bien certain que de luy et de sa grande et infinie bonté procédent toutes choses. Il aymoit son prochain comme soy-mesmes; et bien l'a monstré toute sa vie, car oncques n'eut escu qui ne feust au commandement du premier qui en avoit à besongner, et sans en demander. Bien souvent en secret en faisoit bailler aux povres gentilzhommes, qui en avoient necessité, selon sa puissance.

Il a suivy les guerres soubz les roys Charles VIIIe, Louis XIIe, et François premier de ce nom, roys de France, par l'espace de xxxiii ans, où durant le temps ne s'est trouvé homme qui l'ait passé en toutes choses servans au noble exercice des armes; car de hardiesse, peu de gens l'ont approché; de conduyte, c'estoit un Fabius Maximus; d'entre-prinses subtiles, un Coriolanus; et de force et magnanimité, un second Hector, furieux aux ennemys, doulx, paisible, et courtois aux amys. Jamais souldast qu'il eust soubz sa charge, ne fut demonté, qu'il ne remontast, et pour plus honnestement donner ces choses, bien souvent changeoit un coursier ou cheval d'Espaigne, qui valloit deux ou trois cens ecuz, à un de ses hommes d'armes, contre ung courtault de six ecuz, et donnoit à entendre au gentilhomme que le cheval qu'il luy bailloit luy estoit merveilleusement propre. Une robe de veloux, satin ou damas changeoit tous les coups contre une petite cape, affin que plus gracieusement et au contentement d'un chascun il peust faire ses dons. On pourroit dire: il ne pouvoit pas donner de grans choses, car il estoit povre; autant estoit-il honnoré d'estre parfaictement liberal selon sa puissance que le plus grant prince du monde, et si a gaigné durant les guerres en sa vie cent mille francz en prisonniers qu'il a départis à tous ceulx qui en ont eu besoing. Il estoit grant aumosnier et faisoit ses aulmosnes secretement. Il n'est riens si certain qu'il a marié en sa vie, sans en faire bruyt, cent povres filles orphelines, gentilzfemmes ou autres. Les povres veufves consoloit et leur departoit de ses biens. Avant que jamais sortir de sa chambre, se recommandoit à Dieu, disoit ses heures à deux genoulx, en grande humilité, mais ce faisant ne vouloit qu'il y eust personne. Le soir quant el estoit couché, et il congnoissoit que ses varletz de chambre estoient endormis, feust yver ou esté, se levoit en sa chemise, et tout le long de son corps s'estendoit et baisoit la terre. Jamais ne fut en pays de conqueste que, s'il a esté possible de trouver homme ou femme de la maison ou il logeoit, qu'il ne payast ce qu'il pensoit avoir despendu. Et plusieurs fois luy a l'on dit: "Monseigneur, c'est argent perdu ce que vous baillez; car au partir d'icy, on mettra le feu céans, et ostera l'on ce que vous avez donné." Il respondoit: "Messeigneurs, je fais ce que je doy. Dieu ne m'a pas mis en ce monde pour vivre de pillage, ne de rapine; et davantage ce povre homme pourra aller cacher son argent au pied de quelque arbre, et quant la guerre

sera hors de ce pays, il s'en pourra ayder et priera Dieu pour moy."
Il a esté en plusieurs guerres où il y avoit des Almans, qui au
desloger mectent voulentiers le feu en leurs logis: le bon chevalier
ne partit jamais du sien qu'il ne sceust que tout feust passé, ou
qu'il n'y laissast gardes affin qu'on n'y mist point le feu. Entre
toutes manières de gens, c'estoit la plus gracieuse personne du
monde, qui plus honneroit gens de vertu, et qui moins parloit des
vicieux. Il estoit fort mauvais flateur et adulateur; tout son cas
estoit fondé en verité, et à quelque personne que ce feust, grant
prince ou autre, ne flechissoit jamais pour dire autre chose que
la raison. Des biens mondains, il n'y pensa en sa vie; et bien l'a
montré, car à sa mort il n'estoit guères plus riche que quant il
fut né. Quand on luy parloit des gens puissans et riches où il
pensoit qu'il n'y eust pas grande vertu faisoit le sourt et en
respondoit peu, et par le contraire ne se pouvait saouller de
parler des vertueux. Il estimoit en son cueur un gentilhomme
parfait, qui n'avoit que cent francs de rente, autant que un
prince de cent mille, et avoit cela en son entendement que les
biens n'anoblissent point le cueur.

Le cappitaine Loys d'Ars le nourrit en jeunesse, et croy bien
que soubz luy aprist le commencement des armes. Aussi toute sa
vie luy a-t-il porté autant d'honneur que s'il eust esté le plus
grant roy du monde; et quant on parloit de luy, le bon chevalier
y prenoit plaisir merveilleux, et n'estoit jamais las d'en bien dire.
Il ne fut jamais homme suyvant les armes qui mieulx en congneust
l'ypocrisie, et souvent disoit que c'est la chose en ce monde où
les gens sont plus abusez, car tel fait le hardy breneux en une
chambre, qui, aux champs devant les ennemys, est doulx comme
une pucelle. Peu a prisé en son temps gens d'armes qui habandon-
nent leurs enseignes pour contrefaire les hardis, ou aller au pillage.
C'estoit le plus asseuré en guerre qu'on ait jamais congneu, et à
ses parolles eust fait combatre le plus couart homme du monde.
Il a fait de belles victoires en son temps, mais jamais on ne l'en
ouyt venter, et s'il convenoit qu'il en parlast, en donnoit tousjours
la louenge à quelque autre. Durant sa vie a esté à la guerre
avecques Anglois, Espaignolz, Almans, Ytaliens et autres nations,
et en plusieurs batailles gaignées et perdues; mais où elles ont esté
gaignées, Bayart en estoit tousjours en partie cause, et où elles
se sont perdues, s'est trouvé tousjours si bien faisant que gros

honneur luy en est demouré. Oncques ne voulut servir que son prince, soubz lequel n'avoit pas de grans biens, et luy en a on presenté beaucoup plus d'ailleurs en son vivant; mais tousjours disoit qu'il mourroit pour soustenir le bien public de ses pays. Jamais on ne luy sceut bailler commission qu'il refusast; et si luy en a on baillé de bien estranges. Mais pour ce que tousjours a eu Dieu devant les yeulx, luy a aydé à maintenir son honneur, et jusques au jour de son trespas, on n'en avoit pas osté le fer d'une esguillette.

Il fut lieutenant pour le roy son maistre ou Daulphiné, ouquel si bien gaigna le cueur tant des nobles que des roturiers, qu'ilz feussent tous mors pour luy. S'il a esté prisé et honnoré en ses pays ne se fault pas esmerveiller; car trop plus l'a esté par toutes autres nations, et cela ne luy a pas duré un ne deux ans mais tant qu'il a vescu, et dure encores après sa mort, car la bonne et vertueuse vie qu'il a menée lui rend louange immortelle. Oncques ne fut veu qu'il ait voulu soustenir le plus grant amy qu'il eust eu ou monde contre la raison; et tousjours disoit le bon gentilhomme que tous empires, royaulmes et provinces sans justice sont forestz pleines de brigans. Es guerres a eu tousjours trois excellentes choses et qui bien affièrent à parfaict chevalier: assault de levrier, deffense de sanglier et fuyte de loup.

Brief, qui toutes ses vertus vouldroit descripre il y conviendroit bien la vie d'un bon orateur, car moy qui suis débile et peu garny de science n'y sçauroy attaindre; mais de ce que j'en ay dit supplie humblement à tous lecteurs de ceste présente histoire le vouloir prendre en gré, car j'ay faict le mieulx que j'ay peu, mais non pas ce qui estoit bien deu pour la louenge d'un si parfaict et vertueux personnage que le bon chevalier sans paour et sans reprouche, le gentil seigneur de Bayart, duquel Dieu par sa grace vueille avoir l'ame en paradis. Amen.

DES PERIERS

BONAVENTURE DES PERIERS (*circ.* 1510–1544) was born at Arnay-le-Duc, near Beaune. He entered the service of Margaret of Navarre in 1536, but was dismissed two years later on the publication of his *Cymbalum Mundi*, a satirical attack on Christianity. He also wrote some graceful poetry, including a few poems of a really high order, and a collection of tales of great merit entitled *Les Nouvelles Recreations et Joyeux Devis*, to which the following sonnet, presumably by his hand, was prefixed.

Hommes pensifz, je ne vous donne à lire
Ces miens devis si vous ne contraignez
Le fier maintien de voz frons rechignez:
Icy n'y ha seulement que pour rire.

Laissez à part vostre chagrin, vostre ire
Et vos discours de trop loing desseignez.
Un autre fois vous serez enseignez.
Je me suis bien contrainct pour les escrire.

J'ay oublié mes tristes passions,
J'ay intermis mes occupations.
Donnons, donnons quelque lieu à folie,

Que maugré nous ne nous vienne saisir,
Et en un jour plein de melancholie
Meslons au moins une heure de plaisir.

DE TROIS FRÈRES QUI CUIDÈRENT ÊTRE PENDUS
POUR LEUR LATIN

Trois frères de bonne maison avoyent longuement demeuré à Paris, mais ilz avoyent perdu tout leur temps à courir, à jouer et à folastrer. Advint que leur père les manda tous trois pour s'en venir, dont ils furent fort surpris, car ilz ne sçavoyent un seul mot de latin; mais ilz prindrent complot d'en apprendre chascun un mot pour leur provision. Sçavoir est, le plus grand aprint à dire: *Nos tres clerici*; le second print son thème sur l'argent, et aprint: *Pro bursa et pecunia*; le tiers, en passant par l'eglise, retint le mot de la grand messe: *Dignum et justum est*. Et là dessus partirent de Paris, ainsi bien pourveuz, pour aller veoir leur père; et conclurent ensemble que par tout où ilz se trouveroient et à toutes sortes de gens ils ne parleroyent autre chose que leur latin, se voulant faire estimer par-là les plus grands clercs de tout le pais. Or, comme ils passoyent par un bois, il se trouva que les brigans avoyent coupé la gorge à un homme et l'avoyent laissé là après l'avoir destroussé. Le prevost des mareschaulx estoit après avec ses gens, qui trouva ces trois compaignons près de là où le meurdre s'estoit fait et où gisoit le corps mort. Venez çà, ce leur dit-il. Qui a tué cet homme? Incontinent le plus grand, à qui l'honneur appartenoit de parler le premier, va dire: *Nos tres clerici.* O ho! dict le prevost. Et pourquoy l'avez-vous faict? *Pro bursa et pecunia,* dit le second. Et bien! dit le prevost, vous en serez penduz. *Dignum et justum est,* dit le tiers. Ainsi les povres gens eussent esté penduz à credit, n'eust esté que, quand ilz veirent que c'estoit à bon escient, ilz commencèrent à parler le latin de leur mère et à dire quy ilz estoyent. Le prevost, qui les veid jeunes et peu fins, congneut bien que ce n'avoit pas esté eulx et les laissa aller et fit la poursuite des voleurs qui avoient fait le meurdre. Mais les trouva-il? — Et qu'en sçay-je? mon ami, je n'y estois pas.

MAROT

CLÉMENT MAROT (1496 or 1497–1544) was born at Cahors. He was the son of a court poet named Jean Marot, whom he succeeded as *valet-de-chambre* to Francis I. He was also in the service of the king's sister, Margaret of Navarre. Beginning to write poetry at a time when the detestable school of *les grands rhétoriqueurs* still held sway, he succeeded in freeing himself from their influence and in restoring the French Muse to nature and common sense. He was far from learned, but he imbibed the spirit of humanism and the Renaissance, and he profited by his intercourse with the court. He excelled in the lighter forms of verse—*ballades, rondeaux,* songs, epistles— and he translated some of the Psalms with a certain measure of success. He was a Protestant.

AU ROY POUR AVOIR ESTÉ DEROBÉ

On dit bien vray, la maulvaise fortune
Ne vient jamais qu'elle n'en apporte une
Ou deux ou troys avecques elle (Syre).
Vostre cueur noble en sçauroit bien que dire;
Et moy, chetif, qui ne suy Roy ne rien,
L'ay esprouvé. Et vous compteray bien,
Si vous voulez, comme vint la besongne.
J'avoys un jour un vallet de Gascongne,
Gourmand, yvrogne, et asseuré menteur,
Pipeur, larron, jureur, blasphemateur,

Sentant la hart de cent pas à la ronde,
Au demeurant, le meilleur filz du monde...
   Ce venerable hillot fut adverty
De quelque argent que m'aviez departy,
Et que ma bourse avoit grosse apostume;
Si se leva plus tost que de coustume,
Et me va prendre en tapinoys icelle,
Puis vous la meit tresbien soubz son esselle
Argent et tout (cela se doibt entendre),
Et ne croy poinct que ce fust pour la rendre,
Car oncques puis n'en ay ouy parler.
   Brief, le vilain ne s'en voulut aller
Pour si petit; mais encor il me happe
Saye et bonnet, chausses, pourpoinct et cappe;
De mes habitz (en effect) il pilla
Touts les plus beaulx, et puis s'en habilla
Si justement, qu'à le veoir ainsi estre,
Vous l'eussiez prins (en plein jour) pour son maistre.
   Finablement, de ma chambre il s'en va
Droict à l'estable, où deux chevaulx trouva;
Laisse le pire, et sur le meilleur monte,
Pique et s'en va. Pour abreger le compte,
Soyez certain qu'au partir dudict lieu
N'oublia rien fors qu'à me dire adieu.
   Ainsi s'en va, chatouilleux de la gorge,
Ledict valet, monté comme un sainct George,
Et vous laissa Monsieur dormir son saoul,
Qui au resveil n'eust sceu finer d'un soul.
Ce Monsieur là (Syre) c'estoit moy mesme,
Qui, sans mentir, fuz au matin bien blesme,
Quand je me vey sans honneste vesture,
Et fort fasché de perdre ma monture;
Mais de l'argent que vous m'aviez donné,
Je ne fu point de le perdre estonné;
Car vostre argent (tresdebonnaire Prince)
Sans poinct de faulte est subject à la pince.
   Bien tost après ceste fortune là,
Une autre pire encore encores se mesla
De m'assaillir, et chascun jour m'assault,

Me menaçant de me donner le sault,
Et de ce sault m'envoyer à l'envers
Rithmer soubs terre et y faire des vers.
   C'est une lourde et longue maladie
De troys bons moys, qui m'a toute eslourdie
La paovre teste, et ne veult terminer.
Ains me contrainct d'apprendre à cheminer,
Tant affoibly m'a d'estrange manière;
Et si m'a faict la cuysse heronniere....
   Que diray plus? Au miserable corps
Dont je vous parle il n'est demeuré fors
Le paovre esprit, qui lamente et souspire,
Et en pleurant tasche à vous faire rire.
   Et pour autant (Syre) que suyz à vous,
De troys jours l'un viennent taster mon poulx
Messieurs Braillon, Le Cop, Akaquia,
Pour me garder d'aller jusqu'à *quia*.
   Tout consulté, ont remis au printemps
Ma guerison: mais, à ce que j'entends,
Si je ne puis au printemps arriver,
Je suis taillé de mourir en yver,
Et en danger, si en yver je meurs,
De ne veoir pas les premiers raisins meurs.
   Voilà comment, depuis neuf moys en ça,
Je suis traicté. Or, ce que me laissa
Mon larronneau, long temps a, l'ay vendu,
Et en sirops et julepz despendu;
Ce neantmoins, ce que je vous en mande
N'est pour vous faire ou requeste ou demande:
Je ne veulz poinct tant de gens ressembler,
Qui n'ont soulcy autre que d'assembler;
Tant qu'ilz vivront ilz demanderont, eulx;
Mais je commence à devenir honteux,
Et ne veulx plus à voz dons m'arrester.
   Je ne dy pas, si voulez rien prester,
Que ne le prenne. Il n'est poinct de presteur
(S'il veult prester) qui ne face un debteur.
Et sçavez-vous (Syre) comment je paye?
Nul ne le sçait, si premier ne l'essaye;

Vous me debvrez (si je puy) de retour,
Et vous feray encores un bon tour.
A celle fin qu'il n'y ait faulte nulle,
Je vous feray une belle cedulle,
A vous payer (sans usure, il s'entend)
Quand on voirra tout le monde content;
Ou, si voulez, à payer ce sera
Quand vostre los et renom cessera.

    Et si sentez que soys foible de reins
Pour vous payer, les deux princes Lorrains
Me plegeront. Je les pense si fermes
Qu'ilz ne fauldront pour moy à l'un des termes.
Je sçayz assez que vous n'avez pas peur
Que je m'enfuye ou que je soys trompeur;
Mais il fait bon asseurer ce qu'on preste;
Bref, vostre paye, ainsi que je l'arreste,
Est aussi seure, advenant mon trespas,
Comme advenant que je ne meure pas.

    Avisez doncq si vous avez desir
De rien prester: vous me ferez plaisir,
Car puis un peu j'ay basty à Clement,
Là où j'ay faict un grand desboursement;
Et à Marot, qui est un peu plus loing,
Tout tombera, qui n'en aura le soing.

    Voylà le poinct principal de ma lettre;
Vous sçavez tout, il n'y faut plus rien mettre.
Rien mettre? Las! Certes, et si feray;
Et ce faisant, mon style j'enfleray,
Disant: "O Roy amoureux des neuf Muses,
Roy en qui sont leurs sciences infuses,
Roy plus que Mars d'honneur environné,
Roy le plus roy qui fut oncq couronné,
Dieu tout puissant te doint pour t'estrener
Les quatre coings du monde gouverner,
Tant pour le bien de la ronde machine,
Que pour autant que sur touts en es digne."

RABELAIS

FRANÇOIS RABELAIS (1494–1553 or 1554) was born at La Devinière near Chinon in Touraine, where his father, an advocate, had considerable property. He was in turn a Franciscan friar, a Benedictine monk, a secular priest, and a physician. He paid three visits to Rome in the service of Cardinal Jean Du Bellay, and spent two and a half years at Turin in that of Guillaume Du Bellay. In January, 1551, he was appointed to the cure of Meudon near Paris but resigned it two years later. He was honoured by his contemporaries as an eminent physician and a man of varied learning. He was also known as the author of *Gargantua and Pantagruel*. In its combination of learning and fun, of wisdom and humour, of fantasy and common sense, and in its marvellous style, which, remarkable for its variety, sometimes rises to dizzy heights of splendour, Rabelais's masterpiece is one of the great books of the world. He criticises boldly the faults and failings of his age, but the basis of his philosophy is a buoyant optimism, the result of an unshaken belief in God and man.

L'ABBAYE DE THELEME

Restoit seulement le moyne à pourvoir, lequel Gargantua vouloit faire abbé de Seuillé, mais il le refusa. Il luy voulut donner l'abbaye de Bourgueil ou de Sainct Florent, laquelle mieulx luy duiroit, ou toutes deux s'il les prenoit à gré; mais le moyne luy fist responce peremptoire que de moyne il ne vouloit charge ny gouvernement:

"Car comment (disoit il) pourroy je gouverner aultruy, qui moy mesmes gouverner ne sçaurois? Si vous semble que je vous aye faict et que puisse à l'advenir faire service agreable, oultroyez moy de fonder une abbaye à mon devis."

La demande pleut à Gargantua, et offrit tout son pays de Theleme, jouste la riviere de Loyre, à deux lieues de la grande forest du Port Huault, et requist à Gargantua qu'il instituast sa religion au contraire de toutes aultres.

"Premierement doncques (dist Gargantua) il n'y fauldra jà bastir murailles au circuit, car toutes aultres abbayes sont fierement murées. — Voyre (dist le moyne), et non sans cause: où mur y a et davant et derriere, y a force murmur, envie et conspiration mutue."

Davantaige, veu que en certains convents de ce monde est en usance que, si femme aulcune y entre (j'entends des preudes et pudicques), on nettoye la place par laquelle elles ont passé, feut ordonné que, si religieux ou religieuse y entroit par cas fortuit, on nettoiroit curieusement tous les lieulx par lesquelz auroient passé. Et parce que es religions de ce monde tout est compassé, limité et reiglé par heures, feut decreté que là ne seroit horrologe ny quadrant aulcun, mais selon les occasions et oportunitez seroient toutes les œuvres dispensées; car (disoit Gargantua) la plus vraye perte du temps qu'il sceust estoit de compter les heures — quel bien en vient il ? — et la plus grande resverie du monde estoit soy gouverner au son d'une cloche, et non au dicté de bon sens et entendement. Item, parce qu'en icelluy temps on ne mettoit en religion des femmes sinon celles que estoient borgnes, boyteuses, bossues, laydes, defaictes, folles, insensées, maleficiées et tarées, ny les hommes, sinon catarrez, mal nez, niays et empesche de maison.

"A propos (dist le moyne), une femme, qui n'est ny belle ny bonne, à quoy vault toille ?

— À mettre en religion, dist Gargantua.

— Voyre (dist le moyne), et à faire des chemises."

Feut ordonné que là ne seroient repceues sinon les belles, bien formées et bien naturées, et les beaulx, bien formez et bien naturez.

Item, parce que es conventz des femmes ne entroient les hommes sinon à l'emblée et clandestinement, feut decreté que jà ne seroient là les femmes au cas que n'y feussent les hommes, ny les hommes en cas que n'y feussent les femmes.

Item, parce que tant hommes que femmes, une foys repceuez en religion, apres l'an de probation estoient forcez et astrinctz y demeurer perpetuellement leur vie durante, feust estably que tant hommes que femmes là repceuz sortiroient quand bon leurs sembleroit, franchement et entierement.

Item, parce que ordinairement les religieux faisoient troys veuz, sçavoir est de chasteté, pauvreté et obedience, fut constitué que là honorablement on peult estre marié, que chascun feut riche et vesquist en liberté.

Au reguard de l'eage legitime, les femmes y estoient repceues depuis dix jusques à quinze ans, les hommes depuis douze jusques à dix et huict.

Pour le bastiment et assortiment de l'abbaye, Gargantua feist livrer de content vingt et sept cent mille huyt cent trente et un mouton à la grand laine, et par chascun an, jusques à ce que le

tout feust parfaict, assigna, sus la recepte de la Dive, seze cent
soixante et neuf mille escuz au soleil, et autant à l'estoille pous-
siniere. Pour la fondation et entretenement d'icelle donna à
perpetuité vingt troys cent soixante neuf mille cinq cens quatorze
nobles à la rose de rente fonciere, indemnez, amortyz, et solvables
par chascun an à la porte de l'abbaye, et de ce leurs passa belles
lettres.

Le bastiment feut en figures exagone, en telle façon que à
chascun angle estoit bastie une grosse tour ronde à la capacité de
soixante pas en diametre, et estoient toutes pareilles en grosseur
et protraict. La riviere de Loyre decoulloit sus l'aspect de septentrion. Au pied d'icelle estoit une des tours assise, nommée Artice,
et, tirant vers l'Orient, estoit une aultre nommée Calaer, l'aultre
ensuivant Anatole, l'aultre apres Mesembrine, l'aultre apres
Hesperie, la derniere Cryere. Entre chascune tour estoit espace
de troys cent douze pas. Le tout basty à six estages, comprenent
les caves soubz terre pour un. Le second estoit voulté à la forme
d'une anse de panier; le reste estoit embrunché de guy de Flandres
à forme de culz de lampes, le dessus couvert d'ardoize fine, avec
l'endousseure de plomb à figures de petitz manequins et animaulx
bien assortiz et dorez, avec les goutieres que yssoient hors la
muraille, entre les croyzées, pinctes en figure diagonale de or et
azur, jusques en terre, où finissoient en grands eschenaulx qui
tous conduisoient en la riviere par dessoubz le logis.

Ledict bastiment estoit cent foys plus magnificque que n'est
Bonivet, ne Chambourg, ne Chantilly; car en ycelluy estoient
neuf mille troys cens trente et deux chambres, chascune guarnie
de arriere chambre, cabinet, guarde robbe, chapelle, et yssue en
une grande salle. Entre chascune tour, au mylieu dudict corps de
logis, estoit une viz brizée dedans icelluy mesmes corps, de laquelle
les marches estoient part de porphyre, part de pierre Numidicque,
part de marbre serpentin, longues de xxij: piedz; l'espesseur estoit
de troys doigtz, l'assiete par nombre de douze entre chascun
repous. En chascun repous estoient deux beaulx arceaux d'antique
par lesquelz estoit repceu la clarté, et par iceulx on entroit en
un cabinet faict à clere voys, de largeur de ladicte viz. Et montoit
jusques au dessus la couverture, et là finoit en pavillon. Par icelle
viz on entroit de chascun cousté en une grande salle, et des salles
es chambres.

RABELAIS

Depuis la tour Artice jusques à Cryere estoient les belles grandes
librairies, en Grec, Latin, Hebrieu, Françoys, Tuscan et Hespaignol,
disparties par les divers estaiges selon iceulx langaiges.

Au mylieu estoit une merveilleuse viz, de laquelle l'entrée estoit
par le dehors du logis en un arceau large de six toizes. Icelle estoit
faicte en telle symmetrie et capacité que six hommes d'armes, la
lance sus la cuisse, povoient de front ensemble monter jusques au
dessus de tout le bastiment.

Depuis la tour Anatole jusques à Mesembrine estoient belles
grandes galleries, toutes pinctes des antiques prouesses, histoires
et descriptions de la terre. Au milieu estoit une pareille montée
et porte comme avons dict du cousté de la riviere.

Au millieu de la basse court estoit une fontaine magnificque de
bel alabastre, au dessus les troys Graces avecques cornes d'abondance, et gettoient l'eau par les mamelles, bouche, aureilles, yeulx
et aultres ouvertures du corps.

Le dedans du logis sus ladicte basse court estoit sus gros pilliers
de cassidoine et porphyre, à beaulx ars d'antique, au dedans
desquelz estoient belles gualeries, longues et amples, aornées de
pinctures et cornes de cerfz, licornes, rhinoceros, hippopotames,
dens de elephans et aultres choses spectables.

Le logis des dames comprenoit depuis la tour Artice jusques à
la porte Mesembrine. Les hommes occupoient le reste. Devant
ledict logis des dames, affin qu'elles eussent l'esbatement, entre
les deux premieres tours, au dehors, estoient les lices, l'hippodrome, le theatre et natatoires, avecques les bains mirificques à
triple solier, bien garniz de tous assortemens et foyzon d'eau de
myre.

Jouxte la riviere estoit le beau jardin de plaisance; au millieu
d'icelluy le beau labirynte. Entre les deux aultres tours estoient
les jeux de paulme et de grosse balle. Du cousté de la tour Cryere
estoit le vergier, plein de tous arbres fructiers, toutes ordonnées
en ordre quincunce. Au bout estoit le grand parc, foizonnant en
toute sauvagine.

Entre les tierces tours estoient les butes pour l'arquebuse, l'arc
et l'arbaleste; les offices hors la tour Hesperie, à simple estaige;
l'escurye au delà des offices; la faulconnerie au davant d'icelles,
gouvernée par asturciers bien expers en l'art, et estoit annuelle-
ment fournie par les Candiens, Venitiens et Sarmates de toutes

sortes d'oiseaux paragons: aigles, gerfaulx, autours, sacres, laniers, faulcons, esparviers, esmerillons et aultres, tant bien faictz et domesticquez que, partans du chasteau pour s'esbatre es champs, prenoient tout ce que rencontroient. La venerie estoit un peu plus loing, tyrant vers le parc.

Toute leur vie estoit employée non par loix, statuz ou reigles, mais selon leur vouloir et franc arbitre. Se levoient du lict quand bon leur sembloit, beuvoient, mangeoient, travailloient, dormoient quand le desir leur venoit; nul ne les esveilloit, nul ne les parforceoit ny à boyre, ny à manger, ny à faire chose aultre quelconques. Ainsi l'avoit estably Gargantua. En leur reigle n'estoit que ceste clause:

FAY CE QUE VOULDRAS,

parce que gens liberes, bien nez, bien instruictz, conversans en compaignies honnestes, ont par nature un instinct et aguillon qui tousjours les poulse à faictz vertueux et retire de vice, lequel ilz nommoient honneur. Iceulx, quand par vile subjection et contraincte sont deprimez et asserviz, detournent la noble affection, par laquelle à vertuz franchement tendoient, à deposer et enfraindre ce joug de servitude; car nous entreprenons tousjours choses defendues et convoitons ce que nous est denié.

Par ceste liberté entrerent en louable emulation de faire tous ce que à un seul voyoient plaire. Si quelq'un ou quelcune disoit: "Beuvons," tous buvoient; si disoit: "Jouons," tous jouoient; si disoit: "Allons à l'esbat es champs," tous y alloient. Si c'estoit pour voller ou chasser, les dames, montées sus belles hacquenées avecques leurs palefroy gourrier, sus le poing mignonement enguantelé portoient chascune ou un esparvier, ou un laneret, ou un esmerillon; les hommes portoient les aultres oyseaulx.

Tant noblement estoient apprins qu'il n'estoit entre eulx celluy ne celle qui ne sceust lire, escripre, chanter, jouer d'instrumens harmonieux, parler de cinq et six langaiges, et en iceulx composer tant en carme, que en oraison solue. Jamais ne feurent veuz chevaliers tant preux, tant gualans, tant dextres à pied et à cheval, plus vers, mieulx remuans, mieulx manians tous bastons, que là estoient, jamais ne feurent veues dames tant propres, tant mignonnes, moins fascheuses, plus doctes à la main, à l'agueille, à tout acte muliebre honneste et libere, que là estoient.

Par ceste raison, quand le temps venu estoit que aulcun d'icelle abbaye, ou à la requeste de ses parens, ou pour aultres causes, voulust issir hors, avecques soy il emmenoit une des dames, celle laquelle l'auroit prins pour son devot, et estoient ensemble mariez; et, si bien avoient vescu à Theleme en devotion et amytié, encores mieulx la continuoient ilz en mariaige: d'autant se entreaymoient ilz à la fin de leurs jours comme le premier de leurs nopces.

FROISSART

FROISSART (1337 or 1338–after 1404) was born at Valenciennes. As a young man he spent five years at the English court in the service of Queen Philippa. After that he had many patrons and visited many parts of France. He was *curé* of Estianes near Mons and Canon of Chimay. He is the prince of chroniclers, with an incomparable eye for the physical appearance of things, and an unfailing delight in the relation of adventures. His chief heroes are Sir John Chandos and Bertrand Du Guesclin (about 1320–1380), the "arm and sword" of Charles V. The three passages which follow all tell of the latter—the first of his ransom after his capture by the Black Prince in the battle of Navarete (1367), the second of his appointment as Constable (1370), and the third of his death and burial (1380).

BERTRAND DU GUESCLIN

Apriès ce que li princes de Galles fu retournés en Aquitaine, et ses frères li dus de Lancastre en Engleterre, et ensi tout li baron sus leurs liens, demora encores prisonniers messires Bertrans de Claiekin au price et à monsigneur Jehan Chandos, et ne poit venir à raençon ne à finance, dont moult desplaisoit au roy Henri, se amender le peuist. Or avint, si com je fui adonc et depuis enfourmés, que un jour li princes de Galles estoit en goges[1], si vei devant lui ester Monsigneur Bertran de Claiekin. Si l'appella et li demanda comment il li estoit. "Monsigneur, respondi messires Bertrans, il ne me fu, Dieu merci, onques mès mieulx, et c'est drois qu'il me soit bien, car je sui li plus honnoures chevaliers dou monde, quoique je demeure en vo prison, et vous sarés pourquoi et comment. On dist, parmi le royaume de France et ailleurs ossi, que vous me doubtés et ressongniés tant que vous ne m'osés mettre hors de vostre prison."

Li princes de Galles entendi ceste parolle et ouida bien que messires Bertrans le desist à bon sens, car voirement ses consaulz ne voloit nullement que il euist encores sa delivrance, jusques

[1] good humour.

adonc que li rois dans Piètres aroit païet le prince et tout ce qu'il estoit tenus envers lui et ses gens. Si respondi: "Voires, messire Bertran, pensés vous donc que pour vostre chevalerie nous vous retenons? Par saint Gorge! nennil; et, biau sire, païiés cent mil frans, et vous serés delivrés." Messires Bertrans, qui desiroit sa delivrance et à oïr sus quele fin il pooit partir, hapa ce mot et dist: "Monseigneur, à Dieu le veu, je n'en paierai mies mains." Si tretost que li princes l'oy ensi parler, il se repenti, ce dist on; car ses consaulx li ala au devant, et li disent: "Monsigneur, vous avés trop mal fait, quant si legierement vous l'avés rançonné."

Et volsissent bien adonc les gens dou prince que il se fust repentis et euist brisiet ceste convenence. Mès li princes, qui fu sages et loyaus chevaliers toutdis, en respondi bien à point, et dist: "Puisque accordé li avons, nous li tenrons, ne ja n'en irons arrière. Blasmes et virgongne nous seroit, se reprocié nous estoit que nous ne le vosissions mettre à finance, quand il s'i voit mettre si grossement que païier cent mil frans." Depuis ceste ordenance, messires Bertrans fu songneus et diligens de querre finance et de païier et de priier ses amis, et esploita si bien que, parmi l'ayde qu'il eut dou roy de France et dou duch d'Ango[1] qui moult l'amoit, il paia sus mains d'un mois les cent mil frans.

Si fu enfourmés li rois de France de le destruction et dou reconquès de Limoges, et comment li princes et ses gens l'avoient laissiet toute vaghe, ensi comme une ville deserte: si en fu trop durement courouciés, et prist en grande compasion le damage et anoy des habitans d'icelle. Or fu avisé et regardé en France, par l'avis et conseil des nobles et des prelas et le comune vois de tout le royaume qui bien y aida, que il estoit de necessité que li François euissent un cief et gouvreneur nommé connestable; car messires Moriaus de Fiennes se voloit deporter et oster de l'offisce, combien qu'il fust vaillans homs de le main, entreprendans as armes et amés de tous chevaliers et escuiers: signes, tout consideré et imaginé, d'un commun accord, on y esliri et donna on vois souverainne monsigneur Bertran de Claiekin, mais qu'il vosist[2] emprendre l'office, pour le plus vaillant, mieus tailliet[3] et sage de ce faire et le plus ewireus[4] et fortuné de ses besongnes, qui en ce temps s'armast pour le couronne de France. Adonc

[1] Anjou.   [2] *voulut.*   [3] capable.   [4] *heureux.*

escrisi li rois devers lui et envoia certain smessages que il venist parler à lui à Paris. Cil qui y furent envoiiet le trouvèrent en le visconté de Limoges où il prendoit chastiaus et fors, et les faisoit rendre à madame de Bretagne, femme à monsigneur Charlon de Blois; et avoit nouvellement pris une ville qui s'appelloit Brandome, et estoient les gens rendu à lui: si chevauçoit viers une aultre.

Quant li message dou roy de France furent venu jusques à lui, il les recueilla joieusement et sagement, ensi que bien le savoit faire. Cil li baillièrent les lettres dou roy et firent leur message bien et à point. Quant messires Bertrans se vei si especialment mandés, si ne se volt mies escuser de venir devers le roy de France pour savoir quel cose il voloit. Si se parti au plus tost qu'il peut et envoia le plus grant partie de ses gens ens ès garnisons qu'il avoit conquises. Et en fist souverain et gardiien messire Olivier de Manni son neveu; puis chevauça tant par ses journées qu'il vint en le cité de Paris où il trouva le roy et grand fuison de seigneurs de son conseil qui le recueillièrent liement[1] et li fisent tout grant reverense. Là li dist et remonstra li rois proprement on l'avoit esleu et avisé à estre connestable de France. Adonc s'excusa messires Bertrans moult grandement et très sagement, et dist qu'il n'en estoit mies dignes, et que c'estoit uns povres chevaliers et petis bacelers on regard des grands signeurs et vaillans hommes de France, comment que fortune l'euist un petit avanciet. Là li dist li rois que s'il s'escusoit pour noient[2] et qu'il couvenoit qu'il le fust, car il estoit ensi ordonné et determiné de tout le conseil de France, lequel il ne voloit mies brisier.

Lors s'escusa encores li dis messires Bertrans par une aultre voie et dist: "Chiers sires et nobles rois, je ne vous voeil, ne puis, ne ose desdire de vostre bon plaisir; mais il est bien verités que je sui uns povres homs et de basse venue. Et li offices de le connestablie est si grans et si nobles qu'il convient, qui bien s'en voelt acquitter, exercer et esploitier et commander moult avant, et plus sus les grans que nes les petis. Et veci messigneurs vos frères, vos neveus et vos cousins, qui aront carge de gens d'armes, en hos et en chevaucies: comment oseroi je commander sus yaus? Certes, sire, les envies sont si grandes que je les doi bien ressongnier[3]; si vous prie chierement que vous me deportés de cel

---

[1] with joy.   [2] *néant.*   [3] dread.

DEATH OF DU GUESCLIN

Fouquet

office et le bailliés à un aultre qui plus volentiers l'emprende que je et qui mieuls le race faire." Lors respondi li rois et dist: "Messire Bertran, messire Bertran, ne vous escusés point par celle voie; car je n'ai frère, ne neveu, ne conte, ne baron en mon royaume, qui n'obeisse à vous; et se nuls en estoit au contraire, il me coureceroit telement qu'il s'en perceveroit. Si prendés liement, et je vous en prie." Messires Bertrans cognent bien que escusances, que il sceuist ne peuist faire ne monstrer, ne valoient riens: si s'accorda finalement à l'ordenance dou roy, mès ce fu à dur et moult envis. Là fu pourveus à grant joie messires Bertrans de Claiekin de l'office de le connestablie de France; et pour li plus exaucier, li rois l'assist dalés lui à sa table, et li monstra tous les signes d'amour qu'il peut; et li donna en ce jour avoech l'office plus de quatre mil frans de revenue, en hiretage, lui et son hoir. A celle promotion mist grant painne et grant conseil li dus d'Ango.

En che tamps, se tenoit li connestables de France en Auvergne, messires Bertrans de Claiekin, à grand gent d'armes, et se tenoit à siège devant Chastel Noef de Randon, à trois lieues de la citté de Mende et à quatre lieues dou Pui; et avoit enclos en che castiel Englès et Gascons, ennemis au roiaulme de France, qui estoient issut hors de Limosin, où grant fuisson de forterèces englesses avoit. Si fist, le siège durant devant, faire pluiseurs assaulx, et dist et jura que de là ne partiroit si aroit le castiel. Une maladie prist au connestable, de laquelle il acoucha au lit; pour che, ne se deffist mies li sièges, mais furent ses gens plus aigre que devant. De ceste maladie messires Bertrans mourut, dont che fu damages pour ses amis et pour le roiaulme de France. Si fu aportés en l'église des Cordeliers au Pui en Auvergne, et là fu une nuit. A l'endemain, on l'embaumma et apparilla, et fu mis en sarcu et aportés à Saint Denis en France, et là fu ensepvelis asés priès de la tombe et ordenance dou roi Charle de France, laquel il avoit fait faire très son vivant: et fist le corp de son connestable mettre et couchier à ses piés, et puis fist faire en l'eglise de Saint Denis son obsèque ossi reveranment et ossi notablement que dont que che fust ses fils; et i furent tout si troi frère et li noble du roiaulme de France.

CORNEILLE

Pierre Corneille (1606–1684), who inaugurated modern French tragedy
with *Le Cid* and modern French comedy with *Le Menteur*, was born at Rouen.
The following stanzas were addressed by him to the actress, Mme Du Parc,
whose Christian name was Marquise, when she was at Rouen in 1658 with
Molière's company. Molière himself and Racine were also among her
admirers.

STANCES A MME DU PARC

Marquise, si mon visage
A quelques traits un peu vieux,
Souvenez-vous qu'à mon âge
Vous ne vaudrez guère mieux.

Le temps aux plus belles choses
Se plaît à faire un affront,
Et saura faner vos roses
Comme il a ridé mon front.

Le même cours des planètes
Règle nos jours et nos nuits:
On m'a vu ce que vous êtes;
Vous serez ce que je suis.

Cependant j'ai quelques charmes
Qui sont assez éclatants
Pour n'avoir pas trop d'alarmes
De ces ravages du temps.

Vous en avez qu'on adore,
Mais ceux que vous méprisez
Pourraient bien durer encore
Quand ceux-là seront usés.

Ils pourront sauver la gloire
Des yeux qui me semblent doux,
Et dans mille ans faire croire
Ce qu'il me plaira de vous.

MOLIÈRE

Mignard

Chez cette race nouvelle,
Où j'aurai quelque crédit,
Vous ne passerez pour belle
Qu'autant que je l'aurai dit.

Pensez-y, belle Marquise:
Quoiqu'un grison fasse effroi,
Il vaut bien qu'on le courtise
Quand il est fait comme moi.

MOLIÈRE

JEAN-BAPTISTE POCQUELIN, called MOLIÈRE (1622–1673), like so many French dramatists, was the son of a well-to-do Paris *bourgeois*. After a good humanistic education in the Jesuit college of Clermont, he adopted the theatrical profession against the wishes of his family, spent thirteen years in the provinces and returned to Paris in 1659 to produce a succession of immortal comedies. The following song is taken from *La Pastorale comique*, of which only a fragment survives.

CROYEZ-MOI, HÂTONS-NOUS, MA SYLVIE

Croyez-moi, hâtons-nous, ma Sylvie,
Usons bien des moments précieux;
   Contentons ici notre envie,
De nos ans le feu nous y convie:
Nous ne saurions, vous et moi, faire mieux.
   Quand l'hiver a glacé nos guérets,
   Le printemps vient reprendre sa place,
   Et ramène à nos champs leurs attraits;
      Mais, hélas! quand l'âge nous glace,
   Nos beaux jours ne reviennent jamais.

Ne cherchons tous les jours qu'à nous plaire,
Soyons-y l'un et l'autre empressés;
   Du plaisir faisons notre affaire,
Des chagrins songeons à nous défaire:
Il vient un temps où l'on en prend assez.
   Quand l'hiver a glacé nos guérets,
   Le printemps vient reprendre sa place,
   Et ramène à nos champs leurs attraits;
      Mais, hélas! quand l'âge nous glace,
   Nos beaux jours ne reviennent jamais.

BOILEAU

Nicolas Boileau-Despréaux (1636–1711) was the critic and legislator of
the great classical school and did much to bring about its acceptance by the
court, the public, and, what was more difficult, by the *Académie française*.
His work includes *Satires*, *Épîtres*, *L'Art poétique*, and a mock-heroic poem,
Le Lutrin. He was born at Paris like his friend Molière, whose death he
commemorated in the following Epistle, addressed to another friend—Racine.

ÉPÎTRE A RACINE

Que tu sais bien, Racine, à l'aide d'un acteur,
Émouvoir, étonner, ravir un spectateur !
Jamais Iphigénie en Aulide immolée
N'a coûté tant de pleurs à la Grèce assemblée,
Que, dans l'heureux spectacle à nos yeux étalé,
En a fait sous son nom verser la Champmeslé.
Ne crois pas toutefois, par tes savants ouvrages,
Entraînant tous les cœurs, gagner tous les suffrages !
Sitôt que d'Apollon un génie inspiré,
Trouve loin du vulgaire un chemin ignoré,
En cent lieux contre lui les cabales s'amassent;
Ses rivaux obscurcis autour de lui croassent;
Et son trop de lumière, importunant les yeux,
De ses propres amis lui fait des envieux.
La mort seule ici-bas, en terminant sa vie,
Peut calmer sur son nom l'injustice et l'envie;
Faire au poids du bon sens peser tous ses écrits;
Et donner à ses vers leur légitime prix.
Avant qu'un peu de terre, obtenu par prière,
Pour jamais sous la tombe eût enfermé Molière,
Mille de ces beaux traits, aujourd'hui si vantés,
Furent des sots esprits à nos yeux rebutés.
L'ignorance et l'erreur, à ses naissantes pièces,
En habits de marquis, en robes de comtesses,
Venaient pour diffamer son chef-d'œuvre nouveau,
Et secouaient la tête à l'endroit le plus beau.
Le commandeur voulait la scène plus exacte;
Le vicomte, indigné, sortait au second acte;
L'un, défenseur zélé des bigots mis en jeu,
Pour prix de ses bons mots le condamnait au feu;

L'autre, fougueux marquis, lui déclarant la guerre,
Voulait venger la cour immolée au parterre.
Mais, sitôt que d'un trait de ses fatales mains
La Parque l'eut rayé du nombre des humains,
On reconnut le prix de sa Muse éclipsée.
L'aimable Comédie, avec lui terrassée,
En vain d'un coup si rude espéra revenir,
Et sur ses brodequins ne put plus se tenir.
Tel fut chez nous le sort du théâtre comique.

   Toi donc, qui t'élevant sur la scène tragique,
Suis les pas de Sophocle, et, seul de tant d'esprits,
De Corneille vieilli sais consoler Paris,
Cesse de t'étonner, si l'envie animée,
Attachant à ton nom sa rouille envenimée,
La calomnie en main, quelquefois te poursuit.
En cela, comme en tout, le Ciel qui nous conduit,
Racine, fait briller sa profonde sagesse.
Le mérite en repos s'endort dans la paresse;
Mais, par les envieux un génie excité,
Au comble de son art est mille fois monté;
Plus on veut l'affaiblir, plus il croît et s'élance;
Au *Cid* persécuté *Cinna* doit sa naissance;
Et, peut-être, ta plume, aux censeurs de Pyrrhus
Doit les plus nobles traits dont tu peignis Burrhus.

   Moi-même, dont la gloire ici moins répandue
Des pâles envieux ne blesse point la vue,
Mais qu'une humeur trop libre, un esprit peu soumis,
De bonne heure a pourvu d'utiles ennemis,
Je dois plus à leur haine, il faut que je l'avoue,
Qu'au faible et vain talent dont la France me loue.
Leur venin, qui sur moi brûle de s'épancher,
Tous les jours, en marchant, m'empêche de broncher;
Je songe, à chaque trait que ma plume hasarde,
Que d'un œil dangereux leur troupe me regarde;
Je sais sur leur avis corriger mes erreurs,
Et je mets à profit leurs malignes fureurs.
Sitôt que sur un vice ils pensent me confondre,
C'est en m'en guérissant que je sais leur répondre:
Et, plus en criminel ils pensent m'ériger,

Plus, croissant en vertu, je songe à me venger.
Imite mon exemple; et, lorsqu'une cabale,
Un flot de vains auteurs, follement te ravale,
Profite de leur haine et de leur mauvais sens.
Ris du bruit passager de leurs cris impuissants:
Que peut contre tes vers une ignorance vaine?
Le Parnasse français, ennobli par ta veine,
Contre tous ces complots saura te maintenir,
Et soulever pour toi l'équitable avenir.
Et qui, voyant un jour la douleur vertueuse
De Phèdre, malgré soi perfide, incestueuse,
D'un si noble travail justement étonné,
Ne bénira d'abord le siècle fortuné
Qui, rendu plus fameux par tes illustres veilles,
Vit naître sous ta main ces pompeuses merveilles?
    Cependant, laisse ici gronder quelques censeurs
Qu'aigrissent de tes vers les charmantes douceurs.
Et qu'importe à nos vers que Perrin les admire;
Que l'auteur du *Jonas* s'empresse pour les lire;
Qu'ils charment de Senlis le poète idiot,
Ou le sec traducteur du français d'Amyot;
Pourvu qu'avec éclat leurs rimes débitées
Soient du peuple, des grands, des provinces goûtées;
Pourvu qu'ils puissent plaire au plus puissant des rois;
Qu'à Chantilly Condé les souffre quelquefois;
Qu'Enghien en soit touché; que Colbert et Vivonne,
Que La Rochefoucauld, Marsillac, et Pomponne,
Et mille autres qu'ici je ne puis faire entrer,
A leurs traits délicats se laissent pénétrer?
Et, plût au ciel encor, pour couronner l'ouvrage,
Que Montausier voulût leur donner son suffrage!
    C'est à de tels lecteurs que j'offre mes écrits;
Mais, pour un tas grossier de frivoles esprits,
Admirateurs zélés de toute œuvre insipide,
Que, non loin de la place où Brioché préside
Sans chercher dans les vers ni cadence ni son,
Il s'en aille admirer le savoir de Pradon!

LA FONTAINE

Jean de La Fontaine (1621–1695), who made a fourth in this remarkable group of friends, was born at Château-Thierry in a house which with many others was deliberately destroyed by the modern Vandals in their retreat. He led an indolent irresponsible life, and it was not till he was forty-seven that he discovered his true bent in literature—the beast-fable. His love of animals and nature, his simplicity, his humorous malice, his exquisite workmanship, combine to make him the world's greatest fabulist.

LES ANIMAUX MALADES DE LA PESTE

Un mal qui répand la terreur,
Mal que le Ciel en sa fureur
Inventa pour punir les crimes de la terre,
La peste (puisqu'il faut l'appeler par son nom),
Capable d'enrichir en un jour l'Achéron,
Faisoit aux animaux la guerre.
Ils ne mouroient pas tous, mais tous étoient frappés:
On n'en voyoit point d'occupés
A chercher le soutien d'une mourante vie;
Nul mets n'excitoit leur envie;
Ni loups ni renards n'épioient
La douce et l'innocente proie;
Les tourterelles se fuyoient:
Plus d'amour, partant plus de joie.
Le Lion tint conseil, et dit: "Mes chers amis,
Je crois que le Ciel a permis
Pour nos péchés cette infortune.
Que le plus coupable de nous
Se sacrifie aux traits du céleste courroux;
Peut-être il obtiendra la guérison commune.
L'histoire nous apprend qu'en de tels accidens
On fait de pareils dévouemens.
Ne nous flattons donc point; voyons sans indulgence
L'état de notre conscience.
Pour moi, satisfaisant mes appétits gloutons,
J'ai dévoré force moutons.
Que m'avoient-ils fait? nulle offense;
Même il m'est arrivé quelquefois de manger
Le berger.

Je me dévouerai donc, s'il le faut: mais je pense
Qu'il est bon que chacun s'accuse ainsi que moi;
Car on doit souhaiter, selon toute justice,
      Que le plus coupable périsse.
— Sire, dit le Renard, vous êtes trop bon roi;
Vos scrupules font voir trop de délicatesse.
Eh bien! manger moutons, canaille, sotte espèce,
Est-ce un péché? Non, non. Vous leur fîtes, Seigneur,
      En les croquant, beaucoup d'honneur;
      Et quant au berger, l'on peut dire
      Qu'il étoit digne de tous maux,
Étant de ces gens-là qui sur les animaux
      Se font un chimérique empire."
Ainsi dit le Renard; et flatteurs d'applaudir.
      On n'osa trop approfondir
Du Tigre, ni de l'Ours, ni des autres puissances,
      Les moins pardonnables offenses:
Tous les gens querelleurs, jusqu'aux simples mâtins,
Au dire de chacun, étoient de petits saints.
L'Âne vint à son tour, et dit: "J'ai souvenance
      Qu'en un pré de moines passant,
La faim, l'occasion, l'herbe tendre, et, je pense,
      Quelque diable aussi me poussant,
Je tondis de ce pré la largeur de ma langue;
Je n'en avois nul droit, puisqu'il faut parler net."
A ces mots on cria haro sur le Baudet.
Un Loup, quelque peu clerc, prouva par sa harangue
Qu'il falloit dévouer ce maudit animal,
Ce pelé, ce galeux, d'où venoit tout leur mal.
Sa peccadille fut jugée un cas pendable.
Manger l'herbe d'autrui! quel crime abominable!
      Rien que la mort n'étoit capable
D'expier son forfait: on le lui fit bien voir.

Selon que vous serez puissant ou misérable,
Les jugements de cour vous rendront blanc ou noir.

LES DEUX PIGEONS

Deux Pigeons s'aimoient d'amour tendre:
L'un d'eux, s'ennuyant au logis,
Fut assez fou pour entreprendre
Un voyage en lointain pays.
L'autre lui dit: "Qu'allez-vous faire?
Voulez-vous quitter votre frère?
L'absence est le plus grand des maux;
Non pas pour vous, cruel! Au moins, que les travaux,
Les dangers, les soins du voyage,
Changent un peu votre courage.
Encor, si la saison s'avançoit davantage!
Attendez les zéphyrs: qui vous presse? un corbeau
Tout à l'heure annonçoit malheur à quelque oiseau.
Je ne songerai plus que rencontre funeste,
Que faucons, que réseaux. Hélas! dirai-je, il pleut:
Mon frère a-t-il tout ce qu'il veut,
Bon souper, bon gîte, et le reste?"
Ce discours ébranla le cœur
De notre imprudent voyageur:
Mais le désir de voir et l'humeur inquiète
L'emportèrent enfin. Il dit: "Ne pleurez point;
Trois jours au plus rendront mon âme satisfaite:
Je reviendrai dans peu conter de point en point
Mes aventures à mon frère;
Je le désennuierai. Quiconque ne voit guère
N'a guère à dire aussi. Mon voyage dépeint
Vous sera d'un plaisir extrême.
Je dirai: J'étois là; telle chose m'avint:
Vous y croirez être vous-même."
A ces mots, en pleurant, ils se dirent adieu.
Le voyageur s'éloigne: et voilà qu'un nuage
L'oblige de chercher retraite en quelque lieu.
Un seul arbre s'offrit, tel encor que l'orage
Maltraita le Pigeon en dépit du feuillage.
L'air devenu serein, il part tout morfondu,
Sèche du mieux qu'il peut son corps chargé de pluie;
Dans un champ à l'écart voit du blé répandu,
Voit un pigeon auprès: cela lui donne envie;

5—2

Il y vole, il est pris: ce blé couvroit d'un las
   Les menteurs et traîtres appas.
Le las étoit usé; si bien que, de son aile,
De ses pieds, de son bec, l'oiseau le rompt enfin:
Quelque plume y périt; et le pis du destin
Fut qu'un certain vautour, à la serre cruelle,
Vit notre malheureux, qui, traînant la ficelle
Et les morceaux du las qui l'avoit attrapé,
   Sembloit un forçat échappé.
Le vautour s'en alloit le lier, quand des nues
Fond à son tour un aigle aux ailes étendues.
Le Pigeon profita du conflit des voleurs,
S'envola, s'abattit auprès d'une masure,
   Crut, pour ce coup, que ses malheurs
   Finiroient par cette aventure;
Mais un fripon d'enfant (cet âge est sans pitié)
Prit sa fronde, et du coup tua plus d'à moitié
   La volatile malheureuse,
  Qui, maudissant sa curiosité,
   Traînant l'aile, et tirant le pied,
   Demi-morte et demi-boiteuse,
   Droit au logis s'en retourna:
   Que bien, que mal, elle arriva
   Sans autre aventure fâcheuse.
Voilà nos gens rejoints; et je laisse à juger
De combien de plaisirs ils payèrent leurs peines.

Amants, heureux amants, voulez-vous voyager?
   Que ce soit aux rives prochaines.
Soyez-vous l'un à l'autre un monde toujours beau,
   Toujours divers, toujours nouveau;
Tenez-vous lieu de tout, comptez pour rien le reste.
J'ai quelquefois aimé: je n'aurois pas alors,
   Contre le Louvre et ses trésors,
Contre le firmament et sa voûte céleste,
   Changé les bois, changé les lieux
Honorés par les pas, éclairés par les yeux
   De l'aimable et jeune Bergère
   Pour qui, sous le fils de Cythère,

Je servis, engagé par mes premiers serments.
Hélas! Quand reviendront de semblables moments!
Faut-il que tant d'objets si doux et si charmants
Me laissent vivre au gré de mon âme inquiète!
Ah! si mon cœur osoit encor se renflammer!
Ne sentirai-je plus de charme qui m'arrête?
    Ai-je passé le temps d'aimer?

CHATEAUBRIAND

FRANÇOIS-RENÉ DE CHATEAUBRIAND (1768–1848) was born at Saint-Malo. He visited America in 1791, spent seven years as a refugee in England, returned to France in 1800, published *Le Génie du Christianisme*, of which the incomparable *Atala* and *René* are episodes, in 1802, and *Les Martyrs* in 1809. The *Mémoires d'Outretombe* did not appear till after his death, but in his life-time he gave readings of them to a select company in Mme Récamier's salon. They are perhaps on the whole his finest work, for the central theme was the only one of which he never grew weary—himself. But all his writings are marked with the enchanter's wand. He conquered a new world for French prose, and his successors still reverence him as their Columbus. The following passage is taken from *Les Martyrs*, a prose epic on the persecution of the Christians in the reign of Diocletian. Augustin Thierry tells us that the war-song of the Franks made him a historian.

LES FRANCS

"La France est une contrée sauvage et couverte de forêts, qui commence au delà du Rhin, et occupe l'espace compris entre la Batavie à l'occident, le pays des Scandinaves au nord, la Germanie à l'orient, et les Gaules au midi. Les peuples qui habitent ce désert sont les plus féroces des barbares: ils ne se nourrissent que de la chair des bêtes sauvages; ils ont toujours le fer à la main; ils regardent la paix comme la servitude la plus dure dont on puisse leur imposer le joug. Les vents, la neige, les frimas, font leurs délices; ils bravent la mer, ils se rient des tempêtes; et l'on dirait qu'ils ont vu le fond de l'Océan à découvert, tant ils connaissent et méprisent ses écueils. Cette nation inquiète ne cesse de désoler les frontières de l'empire. Ce fut sous le règne de Gordien le Pieux qu'elle se montra pour la première fois aux Gaules épouvantées. Les deux Décius périrent dans une expédition contre elle; Probus, qui ne fit que la repousser, en prit le titre glorieux de Francique. Elle a paru à la fois si noble et si redoutable qu'on a fait en sa faveur une exception à la loi qui défend à la famille impériale de s'allier au sang des barbares, enfin, ces terribles Francs venaient de s'emparer de l'île de Batavie, et Constance avait rassemblé son armée, afin de les chasser de leur conquête.

"Après quelques jours de marche, nous entrâmes sur le sol marécageux des Bataves, qui n'est qu'une mince écorce de terre flottant sur un amas d'eau. Le pays, coupé par les bras du Rhin, baigné et souvent inondé par l'Océan, embarrassé par des forêts de pins et de bouleaux, nous présentait à chaque pas des difficultés insurmontables.

"Épuisé par les travaux de la journée, je n'avais durant la nuit que quelques heures pour délasser mes membres fatigués. Souvent il m'arrivait, pendant ce court repos, d'oublier ma nouvelle fortune; et, lorsque, aux premières blancheurs de l'aube, les trompettes du camp venaient à sonner l'air de Diane, j'étais étonné d'ouvrir les yeux au milieu des bois. Il y avait pourtant un charme à ce réveil du guerrier échappé aux périls de la nuit. Je n'ai jamais entendu sans une certaine joie belliqueuse la fanfare du clairon répétée par l'écho des rochers. J'aimais à voir le camp plongé dans le sommeil, les tentes encore fermées d'où sortaient quelques soldats à moitié vêtus, le centurion qui se promenait devant les faisceaux d'armes en balançant son cep de vigne, la sentinelle immobile qui, pour résister au sommeil, tenait un doigt levé dans l'attitude du silence; le cavalier qui traversait le fleuve coloré des feux du matin, le victimaire qui puisait l'eau du sacrifice, et souvent un berger appuyé sur sa houlette, qui regardait boire son troupeau.

"Cette vie des camps ne me fit point tourner les yeux avec regret vers les délices de Naples et de Rome, mais elle réveilla en moi une autre espèce de souvenirs. Plusieurs fois, pendant les longues nuits de l'automne, je me suis trouvé seul, placé en sentinelle, comme un simple soldat, aux avant-postes de l'armée. Tandis que je contemplais les feux réguliers des lignes romaines et les feux épars des hordes des Francs; tandis que, l'arc à demi tendu, je prêtais l'oreille au murmure de l'armée ennemie, au bruit de la mer et au cri des oiseaux sauvages qui volaient dans l'obscurité, je réfléchissais sur ma bizarre destinée. Je songeais que j'étais là, combattant pour les barbares, tyrans de la Grèce, contre d'autres barbares dont je n'avais reçu aucune injure. L'amour de la patrie se ranimait au fond de mon cœur; l'Arcadie se montrait à moi dans tous ses charmes. Que de fois, durant les marches pénibles, sous les pluies et dans les fanges de la Batavie; que de fois, à l'abri des huttes des bergers où nous passions la nuit; que de fois, autour du feu que nous allumions pour nos veilles à la tête du camp, que de fois, dis-je, avec de jeunes Grecs exilés comme moi, je me suis entretenu de notre cher pays! Nous racontions les jeux de notre enfance, les aventures de notre jeunesse, les histoires de nos familles. Un Athénien vantait les arts et la politesse d'Athènes, un Spartiate demandait la préférence pour Lacédémone, un Macédonien mettait la phalange bien au-dessus de la légion, et ne pouvait souffrir que l'on comparât César à Alexandre. 'C'est à ma patrie que vous devez Homère,' s'écriait un soldat de Smyrne; et à l'instant même il chantait ou le dénombrement des vaisseaux, ou le combat d'Ajax et d'Hector: ainsi les Athéniens, prisonniers à Syracuse, redisaient autrefois les vers d'Euripide, pour se consoler de leur captivité.

"Mais lorsque, jetant les yeux autour de nous, nous apercevions les horizons noirs et plats de la Germanie, ce ciel sans lumières qui semble vous écraser sous sa voûte abaissée, ce soleil impuissant qui ne peint les objets d'aucune couleur; quand nous venions à nous rappeler les paysages éclatants de la Grèce, la haute et riche bordure de leurs horizons, le parfum de nos orangers, la beauté de nos fleurs, l'azur velouté d'un ciel où se joue une lumière dorée, alors il nous prenait un désir si violent de revoir notre terre natale, que nous étions près d'abandonner les aigles. Il n'y avait qu'un Grec parmi nous qui blâmât ces sentiments, qui nous exhortât à remplir nos devoirs et à nous soumettre à notre destinée. Nous le prenions pour un lâche: quelque temps après il combattit et mourut en héros, et nous apprîmes qu'il était chrétien.

"Les Francs avaient été surpris par Constance: ils évitèrent d'abord le combat; mais, aussitôt qu'ils eurent rassemblé leurs guerriers, ils vinrent audacieusement au-devant de nous, et nous offrirent la bataille sur le rivage de la mer. On passa la nuit à se préparer de part et d'autre, et le lendemain, au lever du jour, les armées se trouvèrent en présence.

"La légion de Fer et la Foudroyante occupaient le centre de l'armée de Constance.

"En avant de la première ligne paraissaient les vexillaires, distingués par une peau de lion qui leur couvrait la tête et les épaules. Ils tenaient levés les signes militaires des cohortes, l'aigle, le dragon, le loup, le minotaure. Ces signes étaient parfumés et ornés de branches de pin, au défaut de fleurs.

"Les hastati, chargés de lances et de boucliers, formaient la première ligne après les vexillaires.

"Les princes, armés de l'épée, occupaient le second rang et les triarii venaient au troisième. Ceux-ci balançaient le pilum de la main gauche; leurs boucliers étaient suspendus à leurs piques plantées devant eux, et ils tenaient le genou droit en terre, en attendant le signal du combat.

Des intervalles ménagés dans la ligne des légions étaient remplis par des machines de guerre.

"À l'aile gauche de ces légions, la cavalerie des alliés déployait son rideau mobile. Sur des coursiers tachetés comme des tigres et prompts comme des aigles, se balançaient avec grâce les cavaliers de Numance, de Sagonte, et des bords enchantés du Bétis. Un léger chapeau de plumes ombrageait leur front, un petit manteau de laine noire flottait sur leurs épaules, une épée recourbée retentissait à leur côté. La tête penchée sur le cou de leurs chevaux, les rênes entre les dents, deux courts javelots à la main, ils volaient à l'ennemi. Le jeune Viriate entraînait après lui la fureur de ces cavaliers rapides. Des Germains d'une taille gigantesque étaient entremêlés çà et là, comme des tours, dans le brillant escadron. Ces barbares avaient la tête enveloppée d'un bonnet; ils maniaient d'une main une massue de chêne, et montaient à cru des étalons sauvages. Auprès d'eux, quelques cavaliers numides, n'ayant pour toute arme qu'un arc, pour tout vêtement qu'une chlamyde, frissonnaient sous un ciel rigoureux.

"A l'aile opposée de l'armée se tenait immobile la troupe superbe des chevaliers romains: leur casque était d'argent, surmonté d'une louve de vermeil; leur cuirasse étincelait d'or, et un large baudrier d'azur suspendait à leur flanc une lourde épée ibérienne. Sous leurs selles ornées d'ivoire s'étendait une housse de pourpre, et leurs mains, couvertes de gantelets, tenaient les rênes de soie qui leur servaient à guider de hautes cavales plus noires que la nuit.

"Les archers crétois, les vélites romains et les différents corps des Gaulois étaient répandus sur le front de l'armée. L'instinct de la guerre est si naturel chez ces derniers, que souvent, dans la mêlée, les soldats deviennent des généraux, rallient leurs compagnons dispersés, ouvrent un avis salutaire, indiquent le poste qu'il faut prendre. Rien n'égale l'impétuosité de leurs attaques: tandis que le Germain délibère, ils ont franchi les torrents et les monts; vous les croyez au pied de la citadelle, et ils sont au haut du retranchement emporté. En vain les cavaliers les plus légers voudraient les devancer à la charge, les Gaulois rient de leurs efforts, voltigent à la tête des chevaux, et semblent leur dire: 'Vous saisiriez plutôt les vents sur la plaine, ou les oiseaux dans les airs.'

"Tous ces barbares avaient la tête élevée, les couleurs vives, les yeux bleus, le regard farouche et menaçant; ils portaient de larges braies, et leur tunique était chamarrée de morceaux de pourpre; un ceinturon de cuir pressait à leur côté leur fidèle épée. L'épée du Gaulois ne le quitte jamais, mariée, pour ainsi dire, à son maître, elle l'accompagne pendant la vie, elle le suit sur le bûcher funèbre, et descend avec lui au tombeau. Tel était le sort qu'avaient jadis les épouses dans les Gaules, tel est aussi celui qu'elles ont encore au rivage de l'Indus.

"Enfin, arrêtée comme un nuage menaçant sur le penchant d'une colline, une légion chrétienne, surnommée la Pudique, formait derrière l'armée le corps de réserve et la garde de César. Elle remplaçait auprès de Constance la légion thébaine égorgée par Maximien. Victor, illustre guerrier de Marseille, conduisait au combat les milices de cette religion, qui porte aussi noblement la casaque du vétéran que le cilice de l'anachorète.

"Cependant l'œil était frappé d'un mouvement universel: on voyait les signaux de porte-étendard qui plantait le jalon des lignes, la course impétueuse du cavalier, les ondulations des soldats qui se nivelaient sous le cep du centurion. On entendait de toutes parts les grêles hennissements des coursiers, le cliquetis des chaînes, les sourds roulements des balistes et des catapultes, les pas réguliers de l'infanterie, la voix des chefs qui répétaient l'ordre, le bruit des piques qui s'élevaient et s'abaissaient au commandement des tribuns. Les Romains se formaient en bataille aux éclats de la trompette, de la corne et du lituus; et nous, Crétois, fidèles à la Grèce au milieu de ces peuples barbares, nous prenions nos rangs au son de la lyre.

"Mais tout l'appareil de l'armée romaine ne servait qu'à rendre l'armée des ennemis plus formidable, par le contraste d'une sauvage simplicité.

"Parés de la dépouille des ours, des veaux marins, des urochs et des sangliers, les Francs se montraient de loin comme un troupeau de bêtes féroces. Une tunique courte et serrée laissait voir toute la hauteur de leur taille, et ne leur cachait pas le genou. Les yeux de ces barbares ont la couleur d'une mer orageuse; leur chevelure blonde, ramenée en avant sur leur poitrine, et teinte d'une liqueur rouge, est semblable à du sang et à du feu. La plupart ne laissent croître leur barbe qu'au-dessus de la bouche, afin de donner à leurs lèvres plus de ressemblance avec le mufle des dogues et des loups. Les uns chargent leur main droite d'une longue framée, et leur main gauche d'un bouclier qu'ils tournent comme une roue rapide; d'autres, au lieu de ce bouclier, tiennent une espèce de javelot, nommé angon, où s'enfoncent deux fers recourbés; mais tous ont à la ceinture la redoutable francisque, espèce de hache à deux tranchants, dont le manche est recouvert d'un dur acier, arme funeste que le Franc jette en poussant un cri de mort, et qui manque rarement de frapper le but qu'un œil intrépide a marqué.

"Ces barbares, fidèles aux usages des anciens Germains, s'étaient formés en coin, leur ordre accoutumé de bataille. Le formidable triangle, où l'on ne distinguait qu'une forêt de framées, des peaux de bêtes et des corps demi-nus, s'avançait avec impétuosité, mais d'un mouvement égal, pour percer la ligne romaine. A la pointe de ce triangle étaient placés des braves qui conservaient une barbe longue et hérissée, et qui portaient au bras un anneau de fer. Ils avaient juré de ne quitter ces marques de servitude qu'après avoir sacrifié un Romain. Chaque chef, dans ce vaste corps, était environné des guerriers de sa famille, afin que, plus ferme dans le choc, il remportât la victoire ou mourût avec ses amis. Chaque tribu se ralliait sous un symbole: la plus noble d'entre elles se distinguait par des abeilles ou trois fers de lance. Le vieux roi des Sicambres, Pharamond, conduisait l'armée entière, et laissait une partie du commandement à son petit-fils Mérovée. Les cavaliers francs, en face de la cavalerie romaine, couvraient les deux côtés de leur infanterie: à leurs casques en forme de gueules ouvertes ombragées de deux ailes de vautour, à leurs corselets de fer, à leurs boucliers blancs, on les eût pris pour des fantômes ou pour ces figures bizarres que l'on aperçoit au milieu des nuages pendant une tempête. Clodion, fils de Pharamond et père de Mérovée, brillait à la tête de ces cavaliers menaçants.

"Sur une grève derrière cet essaim d'ennemis on apercevait leur camp, semblable à un marché de laboureurs et de pêcheurs; il était rempli de femmes et d'enfants, et retranché avec des bateaux de cuir et des chariots attelés de grands bœufs. Non loin de ce camp champêtre, trois sorcières en lambeaux faisaient sortir de jeunes poulains d'un bois sacré, afin de découvrir par leur course à quel parti Tuiston promettait la victoire. La mer d'un côté, des forêts de l'autre, formaient le cadre de ce grand tableau.

"Le soleil du matin, s'échappant des replis d'un nuage d'or, verse tout à coup sa lumière sur les bois, l'Océan et les armées. La terre paraît embrasée du feu des casques et des lances; les instruments guerriers sonnent l'air antique de Jules César partant pour les Gaules. La rage s'empare de tous les cœurs, les yeux roulent du sang, la main frémit sur l'épée. Les chevaux se cabrent, creusent l'arène, secouent leur crinière, frappent de leur bouche écumante leur poitrine enflammée, ou lèvent vers le ciel leurs naseaux brûlants, pour respirer les sons belliqueux. Les Romains commencent le chant de Probus:

"Quand nous aurons vaincu mille guerriers francs, combien "ne vaincrons-nous pas de millions de Perses?"

"Les Grecs répètent en chœur le Pæan, et les Gaulois l'hymne des druides. Les Francs répondent à ces cantiques de mort: ils serrent leurs boucliers contre leur bouche, et font entendre un mugissement semblable au bruit de la mer que le vent brise contre un rocher; puis tout à coup, poussant un cri aigu, ils entonnent le bardit à la louange de leurs héros:

"Pharamond! Pharamond! nous avons combattu avec l'épée.

"Nous avons lancé la francisque à deux tranchants; la sueur "tombait du front des guerriers et ruisselait le long de leurs bras. "Les aigles et les oiseaux aux pieds jaunes poussaient des cris de "joie; le corbeau nageait dans le sang des morts; tout l'Océan "n'était qu'une plaie: les vierges ont pleuré longtemps!

"Pharamond! Pharamond! nous avons combattu avec l'épée.

"Nos pères sont morts dans les batailles, tous les vautours en "ont gémi: nos pères les rassasiaient de carnage. Choisissons des "épouses dont le lait soit du sang, et qui remplissent de valeur le "cœur de nos fils. Pharamond, le bardit est achevé, les heures de "la vie s'écoulent, nous sourirons quand il faudra mourir!"

"Ainsi chantaient quarante mille barbares. Leurs cavaliers

haussaient et baissaient leurs boucliers blancs en cadence, et, à chaque refrain, ils frappaient du fer d'un javelot leur poitrine couverte de fer.

"Déjà les Francs sont à la portée du trait de nos troupes légères. Les deux armées s'arrêtent. Il se fait un profond silence. César, du milieu de la légion chrétienne, ordonne d'élever la cotte d'armes de pourpre, signal du combat; les archers tendent leurs arcs, le fantassins baissent leurs piques, les cavaliers tirent tous à la fois leurs épées, dont les éclairs se croisent dans les airs. Un cri s'élève du fond des légions: "Victoire à l'empereur!" Les barbares repoussent ce cri par un affreux mugissement; la foudre éclate avec moins de rage sur les sommets de l'Apennin, l'Etna gronde avec moins de violence lorsqu'il verse au sein des mers des torrents de feu, l'Océan bat ses rivages avec moins de fracas quand un tourbillon, descendu par l'ordre de l'Éternel, a déchaîné les cataractes de l'abîme.

"Les Gaulois lancent les premiers leurs javelots contre les Francs, mettent l'épée à la main et courent à l'ennemi. L'ennemi les reçoit avec intrépidité. Trois fois ils retournent à la charge; trois fois ils viennent se briser contre le vaste corps qui les repousse: tel un grand vaisseau, voguant par un vent contraire, rejette de ses deux bords les vagues qui fuient et murmurent le long de ses flancs. Non moins braves et plus habiles que les Gaulois, les Grecs font pleuvoir sur les Sicambres une grêle de flèches, et, reculant peu à peu, sans rompre nos rangs, nous fatiguons les deux lignes du triangle de l'ennemi. Comme un taureau vainqueur dans cent pâturages, fier de sa corne mutilée et des cicatrices de sa large poitrine, supporte avec impatience la piqûre du taon sous les ardeurs du midi, ainsi les Francs, percés de nos dards, deviennent furieux à ces blessures sans vengeance et sans gloire. Transportés d'une aveugle rage, ils brisent le trait dans leur sein, se roulent par terre et se débattent dans les angoisses de la douleur.

"La cavalerie romaine s'ébranle pour enfoncer les barbares: Clodion se précipite à sa rencontre. Le roi chevelu pressait une cavale stérile, moitié blanche, moitié noire, élevée parmi des troupeaux de rennes et de chevreuils, dans les haras de Pharamond. Les barbares prétendaient qu'elle était de la race de Rinfax, cheval de la Nuit, à la crinière gelée, et de Skinfax, cheval du Jour, à la crinière lumineuse. Lorsque, pendant l'hiver, elle emportait son maître sur son char d'écorce sans essieu et sans roues, jamais ses pieds ne s'enfonçaient dans les frimas; et, plus légère que la feuille de bouleau roulée par le vent, elle effleurait à peine la cime des neiges nouvellement tombées.

"Un combat violent s'engage entre les cavaliers sur les deux ailes des armées.

"Cependant la masse effrayante de l'infanterie des barbares vient toujours roulant vers les légions. Les légions s'ouvrent, changent leur front de bataille, attaquent à grands coups de piques les deux côtés du triangle de l'ennemi. Les vélites, les Grecs et les Gaulois se portent sur le troisième côté. Les Francs sont assiégés comme une vaste forteresse. La mêlée s'échauffe; un tourbillon de poussière rougie s'élève et s'arrête au milieu des combattants. Le sang coule comme les torrents grossis par les pluies de l'hiver, comme les flots de l'Euripe dans le détroit de l'Eubée. Le Franc, fier de ses larges blessures, qui paraissent avec plus d'éclat sur la blancheur d'un corps demi-nu, est un spectre déchaîné du monument, et rugissant au milieu des morts. Au brillant éclat des armes a succédé la sombre couleur de la poussière et du carnage. Les casques sont brisés, les panaches abattus, les boucliers fendus, les cuirasses percées. L'haleine enflammée de cent mille combattants, le souffle épais des chevaux, la vapeur des sueurs et du sang, forment sur le champ de bataille une espèce de météore que traverse de temps en temps la lueur d'un glaive, comme le trait brillant du foudre dans la livide clarté d'un orage. Au milieu des cris, des insultes, des menaces, du bruit des épées, des coups des javelots, du sifflement des flèches et des dards, du gémissement des machines de guerre, on n'entend plus la voix des chefs.

"Mérovée avait fait un massacre épouvantable des Romains. On le voyait debout sur un immense chariot, avec douze compagnons d'armes, appelés ses douze pairs, qu'il surpassait de toute la tête. Au-dessus du chariot flottait une enseigne guerrière surnommée l'Oriflamme. Le chariot, chargé d'horribles dépouilles, était traîné par trois taureaux dont les genoux dégouttaient de sang, et dont les cornes portaient des lambeaux affreux. L'héritier de l'épée de Pharamond avait l'âge, la beauté et la fureur de ce démon de la Thrace, qui n'allume le feu de ses autels qu'au feu des villes embrasées. Mérovée passait parmi les Francs pour être le fruit merveilleux du commerce secret de l'épouse de Clodion et d'un monstre marin; les cheveux blonds du jeune Sicambre, ornés d'une couronne de lis, ressemblaient au lin moelleux et doré qu'une bandelette virginale rattache à la quenouille d'une reine des barbares. On eût dit que ses joues étaient peintes du vermillon de ces baies d'églantiers qui brillent au milieu des neiges, dans les forêts de la Germanie. Sa mère avait noué autour de son cou un collier de coquillages, comme les Gaulois suspendent des reliques aux rameaux du plus beau rejeton d'un bois sacré. Quand de sa main droite Mérovée agitant un drapeau blanc appelait les fiers Sicambres au champ de l'honneur, ils ne pouvaient s'empêcher de pousser des cris de guerre et d'amour; ils ne se lassaient point d'admirer à leur tête trois générations de héros: l'aïeul, le père et le fils.

"Mérovée, rassasié de meurtres, contemplait, immobile, du haut de son char de victoire, les cadavres dont il avait jonché la plaine. Ainsi se repose un lion de Numidie, après avoir déchiré un troupeau de brebis; sa faim est apaisée, sa poitrine exhale l'odeur du carnage; il ouvre et ferme tour à tour sa gueule fatiguée, qu'embarrassent des flocons de laine; enfin il se couche au milieu des agneaux égorgés; sa crinière, humectée d'une rosée de sang, retombe des deux côtés de son cou; il croise ses griffes puissantes; il allonge la tête sur ses ongles; et, les yeux à demi fermés, il lèche encore les molles toisons étendues autour de lui.

"Le chef des Gaulois aperçut Mérovée dans ce repos insultant et superbe. Sa fureur s'allume, il s'avance vers le fils de Pharamond; il lui crie d'un ton ironique:

"Chef à la longue chevelure, je vais t'asseoir autrement sur "le trône d'Hercule le Gaulois. Jeune brave, tu mérites d'emporter "la marque du fer au palais de Teutatès. Je ne veux point te laisser "languir dans une honteuse vieillesse.

"—Qui es-tu? répondit Mérovée avec un sourire amer: es-tu "d'une race noble et antique? Esclave romain, ne crains-tu point "ma framée?

"—Je ne crains qu'une chose, repartit le Gaulois frémissant "de courroux, c'est que le ciel tombe sur ma tête.

"—Cède-moi la terre, dit l'orgueilleux Sicambre.

"—La terre que je te céderai, s'écria le Gaulois, tu la garderas "éternellement."

"A ces mots, Mérovée, s'appuyant sur sa framée, s'élance du char par-dessus les taureaux, tombe à leurs têtes, et se présente au Gaulois qui venait à lui.

"Toute l'armée s'arrête pour regarder le combat des deux chefs. Le Gaulois fond l'épée à la main sur le jeune Franc, le presse, le frappe, le blesse à l'épaule, et le contraint de reculer jusque sous les cornes des taureaux. Mérovée à son tour lance son angon, qui, par ses deux fers recourbés, s'engage dans le bouclier du Gaulois. Au même instant le fils de Clodion bondit comme un léopard, met le pied sur le javelot, le presse de son poids, le fait descendre vers la terre, et abaisse avec lui le bouclier de son ennemi. Ainsi forcé de se découvrir, l'infortuné Gaulois montre la tête. La hache de Mérovée part, siffle, vole, et s'enfonce dans le front du Gaulois, comme la cognée d'un bûcheron dans la cime d'un pin. La tête du guerrier se partage; sa cervelle se répand des deux côtés, ses yeux roulent à terre. Son corps reste encore un moment debout, étendant des mains convulsives, objet d'épouvante et de pitié.

"A ce spectacle les Gaulois poussent un cri de douleur. Leur chef était le dernier descendant de ce Vercingétorix qui balança si longtemps la fortune de Jules. Il semblait que par cette mort l'empire des Gaules, en échappant aux Romains, passait aux Francs: ceux-ci, pleins de joie, entourent Mérovée, l'élèvent sur un bouclier, et le proclament roi avec ses pères, comme le plus brave des Sicambres. L'épouvante commence à s'emparer des légions. Constance, qui, du milieu du corps de réserve, suivait de l'œil les mouvements des troupes, aperçoit le découragement des cohortes. Il se tourne vers la légion chrétienne: "Braves soldats, "la fortune de Rome est entre vos mains. Marchons à l'ennemi."

"Aussitôt les fidèles abaissent devant César leurs aigles, surmontées de l'étendard du salut. Victor commande: la légion s'ébranle, et descend en silence de la colline. Chaque soldat porte sur son bouclier une croix entourée de ces mots: "Tu vaincras par ce signe." Tous les centurions étaient des martyrs couverts des cicatrices du fer et du feu. Que pouvait contre de tels hommes la crainte des blessures et de la mort? O touchante fidélité! ces guerriers allaient répandre pour leurs princes les restes d'un sang dont ces princes avaient presque tari la source! Aucune frayeur, mais aussi aucune joie, ne paraissait sur le visage des héros chrétiens. Leur valeur tranquille était pareille à un lis sans tache. Lorsque la légion s'avança dans la plaine, les Francs se sentirent arrêtés au milieu de leur victoire. Ils ont conté qu'ils voyaient à la tête de cette légion une colonne de feu et de nuées, et un cavalier vêtu de blanc, armé d'une lance et d'un bouclier d'or. Les Romains qui fuyaient tournent le visage; l'espérance revient au cœur du plus faible et du moins courageux: ainsi, après un orage de nuit, quand le soleil du matin paraît dans l'orient, le laboureur rassuré admire l'astre qui répand un doux éclat sur la nature; sous les lierres de la cabane antique, le jeune passereau pousse des cris de joie; le vieillard vient s'asseoir sur le seuil de la porte: il entend des bruits charmants au-dessus de sa tête, et il bénit l'Éternel.

"A l'approche des soldats du Christ, les barbares serrent leurs rangs, les Romains se rallient. Parvenu sur le champ de bataille, la légion s'arrête, met un genou en terre, et reçoit de la main d'un ministre de paix la bénédiction du Dieu des armées. Constance lui-même ôte sa couronne de laurier et s'incline. La troupe sainte se relève, et, sans jeter ses javelots, elle marche l'épée haute à l'ennemi. Le combat recommence de toutes parts. La légion chrétienne ouvre une large brèche dans les rangs des barbares; Romains, Grecs et Gaulois, nous entrons tous à la suite de Victor dans l'enceinte des Francs rompus. Aux attaques d'une armée disciplinée succèdent des combats à la manière des héros d'Ilion. Mille groupes de guerriers se heurtent, se choquent, se pressent, se repoussent; partout règne la douleur, le désespoir, la fuite. Filles des Francs, c'est en vain que vous préparerez le baume pour des plaies que vous ne pourrez guérir! L'un est frappé au cœur du fer d'une javeline, et sent s'échapper de ce cœur les images chères et sacrées de la patrie; l'autre a les deux bras brisés du coup d'une massue, et ne pressera plus sur son sein le fils qu'une épouse porte encore à la mamelle. Celui-ci regrette son palais, celui-là sa chaumière; le premier ses plaisirs, le second ses douleurs: car l'homme s'attache à la vie par ses misères autant que par ses prospérités. Ici, environné de ses compagnons, un soldat païen expire en vomissant des imprécations contre César et contre les dieux. Là, un soldat chrétien meurt isolé, d'une main retenant ses entrailles, de l'autre pressant un crucifix, et priant Dieu pour son empereur. Les Sicambres, tous frappés par devant et couchés sur le dos, conservaient dans la mort un air si farouche, que le plus intrépide osait à peine les regarder.

"Je ne vous oublierai pas, couple généreux, jeunes Francs que je rencontrai au milieu du champ du carnage! Ces fidèles amis, plus tendres que prudents, afin d'avoir dans le combat la même destinée, s'étaient attachés ensemble par une chaîne de fer. L'un était tombé mort sous la flèche d'un Crétois; l'autre, atteint d'une blessure cruelle, mais encore vivant, se tenait à demi soulevé auprès de son frère d'armes. Il lui disait: "Guerrier, tu dors après "les fatigues de la bataille. Tu n'ouvriras plus les yeux à ma voix, "mais la chaîne de notre amitié n'est point rompue, elle me retient "à tes côtés."

"En achevant ces mots, le jeune Franc s'incline et meurt sur le corps de son ami. Leurs belles chevelures se mêlent et se confondent, comme les flammes ondoyantes d'un double trépied qui s'éteint sur un autel, comme les rayons humides et tremblants de l'étoile des Gémeaux qui se couche dans la mer. Le trépas ajoute ses chaînes indestructibles aux liens qui unissaient les deux amis.

"Cependant les bras fatigués portent des coups ralentis; les clameurs deviennent plus déchirantes et plus plaintives. Tantôt une grande partie des blessés, expirant à la fois, laisse régner un affreux silence; tantôt la voix de la douleur se ranime et monte en longs accents vers le ciel. On voit errer des chevaux sans maîtres, qui bondissent ou s'abattent sur des cadavres; quelques machines de guerre abandonnées brûlent çà et là comme les torches de ces immenses funérailles.

"La nuit vint couvrir de son obscurité ce théâtre des fureurs humaines. Les Francs vaincus, mais toujours redoutables, se retirèrent dans l'enceinte de leurs chariots. Cette nuit, si nécessaire à notre repos, ne fut pour nous qu'une nuit d'alarmes: à chaque instant nous craignions d'être attaqués. Les barbares jetaient des cris qui ressemblaient aux hurlements des bêtes féroces: ils pleuraient les braves qu'ils avaient perdus, et se préparaient eux-mêmes à mourir. Nous n'osions ni quitter nos armes ni allumer des feux. Les soldats romains frémissaient, se cherchaient dans les ténèbres; ils s'appelaient, ils se demandaient un peu de pain ou d'eau; ils pansaient leurs blessures avec leurs vêtements déchirés. Les sentinelles se répondaient, en se renvoyant de l'une à l'autre le cri des veilles.

FLAUBERT

Gustave Flaubert (1821–1880), born at Rouen, the son of a surgeon of an old Norman stock, was one of Chateaubriand's staunchest admirers. In 1857, nine years after Chateaubriand's death, he published his masterpiece, *Madame Bovary*, "un roman de mœurs contemporains." This was followed by *Salammbô* in 1862, and *L'Éducation sentimentale* in 1869. He also wrote *La Tentation de Saint-Antoine* and *Trois Contes*. He lived for his art, sparing no pains to express with absolute fidelity the vision of his inward eye. In the following passage, which is taken from *Par les champs et par les grèves*, published after his death, he pays a fine tribute to his great predecessor.

LE TOMBEAU DE CHATEAUBRIAND

En face des remparts, à cent pas de la ville, l'îlot du Grand-Bay se lève au milieu des flots. Là se trouve la tombe de Chateaubriand; ce point blanc taillé dans le rocher est la place qu'il a destinée à son cadavre.

Nous y allâmes un soir, à marée basse. Le soleil se couchait. L'eau coulait encore sur le sable. Au pied de l'île, les varechs dégouttelants s'épandaient comme des chevelures de femmes antiques le long d'un grand tombeau.

L'île est déserte; une herbe rare y pousse où se mêlent de petites touffes de fleurs violettes et de grandes orties. Il y a sur le sommet une casemate délabrée avec une cour dont les vieux murs s'écroulent. En dessous de ce débris, à mi-côté, on a coupé à même la pente un espace de quelque dix pieds carrés, au milieu duquel s'élève une dalle de granit surmontée d'une croix latine. Le tombeau est fait de trois morceaux, un pour le socle, un pour la dalle, un pour la croix.

Il dormira là-dessous, la tête tournée vers la mer; dans ce sépulcre bâti sur un écueil, son immortalité sera comme fut sa vie, déserte des autres et tout entourée d'orages. Les vagues avec les siècles murmureront longtemps autour de ce grand souvenir; dans les tempêtes elles bondiront jusqu'à ses pieds, ou les matins d'été, quand les voiles blanches se déploient et que l'hirondelle arrive d'au delà des mers, longues et douces, elles lui apporteront la volupté mélancolique des horizons et la caresse des larges brises. Et les jours ainsi s'écoulant, pendant que les flots de la grève natale iront se balançant toujours entre son berceau et son tombeau, le cœur de René devenu froid, lentement, s'éparpillera dans le néant, au rythme sans fin de cette musique éternelle.

MME RÉCAMIER

Massot

SAINTE-BEUVE

CHARLES-AUGUSTIN SAINTE-BEUVE (1804–1869) was born at Boulogne, the son of a government *employé*. He wrote a novel, *Volupté*, and three volumes of verse, but it is by his criticism that he lives. This fills forty volumes, of which the most mature and most characteristic are the *Causeries du Lundi*, containing the weekly articles written first for *Le Constitutionnel* and then for *Le Moniteur* from 1849 to 1861. Sainte-Beuve had no critical system, but his guiding aim was the study of the individual who lay behind the author. Hence his method was largely psychological, and he pursued it with amazing thoroughness, penetration, and sympathy, and, in most cases, with judicial impartiality. For fourteen years he frequented the *salon* of Mme Récamier, whose life has been recently told so well and so authoritatively by M. Edmond Herriot, the distinguished Mayor of her birthplace, Lyons. Sainte-Beuve's article, which is taken from vol. 1 of the *Causeries du Lundi*, was written six months after her death in May, 1849.

MME RÉCAMIER

Au mois de mai dernier a disparu une figure unique entre les femmes qui ont régné par leur beauté et par leur grâce; un salon s'est fermé, qui avait réuni longtemps, sous une influence charmante, les personnages les plus illustres et les plus divers, où les plus obscurs même, un jour ou l'autre, avaient eu chance de passer. Les premiers en renommée, dans ce groupe de noms mémorables, ont été frappés par la mort presque en même temps que celle qui en faisait l'attrait principal et le lien. Quelques-uns à peine survivent, dispersés et inconsolés aujourd'hui; et ceux qui n'ont fait que traverser un moment ce monde d'élite, ont le droit et presque le devoir d'en parler comme d'une chose qui intéresse désormais chacun et qui est devenue de l'histoire.

Le salon de Mme Récamier était bien autre chose encore, mais il était aussi, à le prendre surtout dans les dernières années, un centre et un foyer littéraire. Ce genre de création sociale, qui eut tant d'action en France et qui exerça un empire si réel (le salon même de Mme Récamier en est la preuve), ne remonte pas au delà du XVIIᵉ siècle. C'est au célèbre hôtel de Rambouillet qu'on est convenu de fixer l'établissement de la société polie, de cette société où l'on se réunissait pour causer entre soi des belles choses et de celles de l'esprit en particulier. Mais la solennité de ce cercle Rambouillet convient peu à l'idée que je voudrais réveiller en ce moment, et j'irais plutôt chercher dans des coins de monde

84   SAINTE-BEUVE

plus discrets et plus réservés les véritables *précédents* du genre de
salons dont le dernier sous nos yeux vient de finir. Vers le milieu
du XVIIᵉ siècle, au haut du faubourg Saint-Jacques, dans les
dehors du monastère de Port-Royal, se retirait une personne
célèbre par son esprit et par le long éclat de ses succès, la marquise
de Sablé. Dans cette demi-retraite, qui avait un jour sur le couvent
et une porte encore entr'ouverte au monde, cette ancienne amie
de M. de La Rochefoucauld, toujours active de pensée, et s'in-
téressant à tout, continua de réunir autour d'elle, jusqu'à l'année
1678, où elle mourut, les noms les plus distingués et les plus divers,
d'anciens amis restés fidèles, qui venaient de bien loin de la ville
ou de la Cour, pour la visiter, des demi-solitaires, gens du monde
comme elle, dont l'esprit n'avait fait que s'embellir et s'aiguiser
dans la retraite, des solitaires de profession, qu'elle arrachait par
moments, à force d'obsession gracieuse, à leur vœu de silence.
Ces solitaires, quand ils s'appelaient Arnauld ou Nicole, ne devaient
pas être trop désagréables en effet, et Pascal, une ou deux fois,
dut être de ce nombre. Ce petit salon de Mme de Sablé, si clos,
si visité, et qui, à l'ombre du cloître, sans trop s'en ressentir,
combinait quelque chose des avantages des deux mondes, me paraît
être le type premier de ce que nous avons vu être de nos jours le
salon de l'Abbaye-aux-Bois. Je n'ai à parler ici que de ce
dernier.

M. de Chateaubriand y régnait, et, quand il était présent, tout
se rapportait à lui; mais il n'y était pas toujours, et même alors
il y avait des places, des degrés, des *à-parte* pour chacun. On y
causait de toutes choses, mais comme en confidence et un peu
moins haut qu'ailleurs. Tout le monde, ou du moins bien du monde
allait dans ce salon, et il n'avait rien de banal; on y respirait, en
entrant, un air de discrétion et de mystère. La bienveillance,
mais une bienveillance sentie et nuancée, je ne sais quoi de particulier qui s'adressait à chacun, mettait aussitôt à l'aise, et
tempérait le premier effet de l'initiation dans ce qui semblait tant
soit peu un sanctuaire. On y trouvait de la distinction et de la
familiarité, ou du moins du naturel, une grande facilité dans le
choix des sujets, ce qui est très-important pour le jeu de l'entretien,
une promptitude à entrer dans ce qu'on disait, qui n'était pas
seulement de complaisance et de bonne grâce, mais qui témoignait
d'un intérêt plus vrai. Le regard rencontrait d'abord un sourire

qui disait si bien: *Je comprends*, et qui éclairait tout avec douceur. On n'en sortait pas même une première fois sans avoir été touché à un endroit singulier de l'esprit et du cœur, qui faisait qu'on était flatté et surtout reconnaissant. Il y eut bien des salons distingués au xviiie siècle, ceux de Mme Geoffrin, de Mme d'Houdetot, de Mme Suard. Mme Récamier les connaissait tous et en parlait très-bien; celui qui auiait voulu en écrire avec goût aurait dû en causer auparavant avec elle; mais aucun ne devait ressembler au sien.

C'est qu'aussi elle ne ressemblait à personne. M. de Chateaubriand était l'orgueil de ce salon, mais elle en était l'âme, et c'est elle qu'il faudrait tâcher de montrer à ceux qui ne l'ont pas connue; car vouloir la rappeler aux autres est inutile, et la leur peindre est impossible. Je me garderai bien d'essayer ici de donner d'elle une biographie; les femmes ne devraient jamais avoir de biographie, vilain mot à l'usage des hommes, et qui sent son étude et sa recherche. Même quand elles n'ont rien d'essentiel à cacher, les femmes ne sauraient que perdre en charme au texte d'un récit continu. Est-ce qu'une vie de femme se raconte? Elle se sent, elle passe, elle apparaît. J'aurais bien envie même de ne pas mettre du tout de date, car les dates en tel sujet, c'est peu élégant. Sachons seulement, puisqu'il le faut, que Jeanne-Françoise-Julie-Adélaïde Bernard était née à Lyon, dans cette patrie de Louise Labé, le 3 décembre 1777. De tous ces noms de baptême que je viens d'énumérer, le seul qui lui fût resté dans l'habitude était celui de *Julie* transformé en *Juliette*, quoiqu'il ne dût jamais y avoir de Roméo. Elle fut mariée à Paris dans sa seizième année (le 24 avril 1793) à Jacques-Rose Récamier, riche banquier ou qui tarda peu à le devenir. Au début du Consulat, on la trouve brillante, fêtée, applaudie, la plus jeune reine des élégances, donnant le ton à la mode, inventant avec art des choses simples qui n'allaient qu'à la suprême beauté. Nous qui n'y étions pas, nous ne pouvons parler qu'avec une extrême réserve de cette époque comme mythologique de Mme Récamier, où elle nous apparaît de loin telle qu'une jeune déesse sur les nuées; nous n'en pouvons parler comme il siérait, non pas qu'il y ait rien à cacher sous le nuage, mais parce qu'une telle beauté tendre et naissante avait de ces finesses qui ne se peuvent rendre si on ne les a du moins aperçues. Qui s'aviserait de vouloir peindre l'aurore, s'il n'avait jamais vu que le couchant? Pourtant, comme on ne peut bien comprendre le caractère et le doux génie de Mme Récamier, cette ambition de cœur qui, en elle, a montré tant de force et de persistance sous la délicatesse; comme on ne peut bien saisir, disons-nous, son esprit et toute sa personne sans avoir une opinion très-nette sur ce qui l'inspirait en ce temps-là, et qui ne différait pas tellement de ce qui l'inspira jusqu'à la fin, j'essaierai de toucher en courant quelques traits réels à travers la légende, qui pour elle, comme pour tous les êtres doués de féerie, recouvre déjà la vérité. Quand on veut juger Mme de Sévigné ou Mme de Maintenon, et se rendre compte de leur nature, on est bien obligé d'avoir une idée générale et une *théorie* sur elles. Pour bien entendre, par exemple, ce qu'était Mme de Maintenon auprès de Louis XIV, ou Mme de Sévigné auprès de sa fille, et quel genre de sentiment ou de passion elles y apportaient, il faut s'être posé sur la jeunesse de ces deux femmes plusieurs questions, ou plus simplement il faut s'en être posé une, la première et presque la seule toujours qu'on ait à se faire en parlant d'une femme: A-t-elle aimé? et comment a-t-elle aimé?

Je poserai donc la question, ou plutôt elle se pose d'elle-même malgré moi pour Mme Récamier; et pour elle comme pour Mme de Maintenon, comme pour Mme de Sévigné (la Mme de Sévigné non encore mère), je répondrai hardiment: *Non*. Non, elle n'a jamais aimé, aimé de passion et de flamme; mais cet immense besoin d'aimer que porte en elle toute âme tendre se changeait pour elle en un infini besoin de plaire, ou mieux d'être aimée, et en une volonté active, en un fervent désir de payer tout cela en bonté. Nous qui l'avons vue dans ses dernières années, et qui avons saisi au passage quelques rayons de cette bonté divine, nous savons si elle avait de quoi y suffire, et si l'amitié ne retrouva pas en définitive chez elle de cette flamme que n'avait jamais eue l'amour.

Il faut noter deux époques très-distinctes dans la vie de Mme Récamier: sa vie de jeunesse, de triomphe et de beauté, sa longue matinée de soleil qui dura bien tard jusqu'au couchant; puis le soir de sa vie après le soleil couché, je ne me déciderai jamais à dire sa vieillesse. Dans ces deux époques si tranchées de couleur, elle fut la même au fond, mais elle dut paraître bien différente. Elle fut la même par deux traits essentiels et qui seuls l'expliquent, en ce que jeune, au plus fort des ravissements et du tourbillon, elle resta toujours pure; en ce que, retirée à l'ombre et recueillie, elle garda toujours son désir de conquête et sa douce adresse à gagner les cœurs, disons le mot, sa coquetterie; mais (que les docteurs orthodoxes me pardonnent l'expression) c'était une coquetterie angélique.

Il y a des natures qui naissent pures et qui ont reçu *quand même* le don d'innocence. Elles traversent, comme Aréthuse, l'onde amère; elles résistent au feu, comme ces enfants de l'Écriture que leur bon Ange sauva, et qu'il rafraîchit même d'une douce rosée dans la fournaise. Mme Récamier, jeune, eut besoin de cet Ange à côté d'elle et en elle, car le monde qu'elle traversa et où elle vécut était bien mêlé et bien ardent, et elle ne se ménagea point à le tenter. Pour être vrai, j'ai besoin de baisser un peu le ton, de descendre un moment de cette hauteur idéale de Laure et de Béatrix où l'on s'est accoutumé à la placer, de causer d'elle enfin plus familièrement et en prose. En définitive, je l'espère, elle n'y perdra pas.

Au moment où elle apparaît brillante sous le Consulat, nous la voyons aussitôt entourée, admirée et passionnément aimée. Lucien, le frère du Consul, est le premier personnage historique qui l'aime (car je ne puis compter Barrère, qui l'avait connue enfant autrefois). Lucien aime, il n'est pas repoussé, il ne sera jamais accueilli. Voilà la nuance. Il en sera ainsi de tous ceux qui vont se presser alors, comme de tous ceux qui succéderont. Je voyais dernièrement, dans le palais du feu roi de Hollande, à La Haye, une fort belle statue d'Ève. Ève, dans sa première fleur de jeunesse, est en face du serpent qui lui montre la pomme: elle la regarde, elle se retourne à demi vers Adam, elle a l'air de le consulter. Ève est dans cet extrême moment d'innocence où l'on joue avec le danger, où l'on en cause tout bas avec soi-même ou avec un autre. Eh bien! ce moment indécis, qui chez Ève ne dura point et qui tourna mal, recommença souvent et se prolongea en mille retours dans la jeunesse brillante et parfois imprudente dont nous parlons; mais toujours il fut contenu à temps et dominé par un sentiment plus fort, par je ne sais quelle secrète vertu. Cette jeune femme, en face de ces passions qu'elle excitait et qu'elle ignorait, avait des imprudences, des confiances, des curiosités presque d'une enfant ou d'une pensionnaire. Elle allait au péril en souriant, avec sécurité, avec charité, un peu comme ces rois très-chrétiens du vieux temps, un jour de semaine sainte, allaient à certains malades pour les guérir. Elle ne doutait pas de son fait, de sa douce magie, de sa vertu. Elle tenait presque à vous blesser d'abord le cœur, pour se donner ensuite le plaisir et le miracle de vous guérir. Quand on se plaignait ou qu'on s'irritait, elle vous disait avec une désespérante clémence: "Venez, et je vous guérirai." Et elle y a réussi pour quelques-uns, pour le plus grand nombre. Tous ses amis, à bien peu d'exceptions près, avaient commencé par l'aimer d'amour. Elle en avait beaucoup, et elle les avait presque tous gardés. M. de Montlosier lui disait un jour qu'elle pouvait dire comme le Cid: *Cinq cents de mes amis*. Elle était véritablement magicienne à convertir insensiblement l'amour en amitié, en laissant à celle-ci toute la fleur, tout le parfum du premier sentiment. Elle aurait voulu tout arrêter en *avril*. Son cœur en était resté là, à ce tout premier printemps où le verger est couvert de fleurs blanches et n'a pas de feuilles encore.

Je pourrais ici raconter de souvenir bien des choses, si ma plume savait être assez légère pour passer sur ces fleurs sans les faner. A ses nouveaux amis (comme elle voulait bien quelquefois les appeler), Mme Récamier parlait souvent et volontiers des années anciennes et des personnes qu'elle avait connues. "C'est une manière, disait-elle, de mettre du passé devant l'amitié."

Sa liaison avec Mme de Staël, avec Mme Moreau, avec les blessés et les vaincus, la jeta de bonne heure dans l'opposition à l'Empire, mais il y eut un moment où elle n'avait pas pris encore de couleur. Fouché, voyant cette jeune puissance, eut l'idée de s'en faire un instrument. Il voulut faire entrer Mme Récamier, à l'origine, comme dame d'honneur dans la maison impériale; il n'aimait pas la noblesse, et aurait désiré avoir là quelqu'un d'influent et de dévoué. Elle ne voulut pas se prêter à un tel rôle. Bientôt elle fut dans l'opposition, surtout par ses amis et par l'idée qu'on se faisait d'elle.

Elle n'y était pas encore, un jour qu'elle dînait chez une des sœurs de Bonaparte. On avait voulu la faire rencontrer avec le premier Consul; il y était en effet. A table, elle devait être placée à côté de lui; mais, par un malentendu qui eut lieu au moment de s'asseoir, elle se trouva placée à côté de Cambacérès, et Bonaparte dit à celui-ci en plaisantant: "Eh bien! consul Cambacérès, toujours auprès de la plus jolie!"

Le père de Mme Récamier, M. Bernard, était dans les postes et royaliste; il fut compromis sous le Consulat, arrêté et mis au secret. Elle apprit cela subitement, ayant à dîner chez elle Mme Bacciochi, sœur de Bonaparte. Celle-ci promit de tout faire pour intéresser le Consul. Après le dîner, Mme Récamier sortit et voulut voir Fouché, qui refusa de la recevoir, "de peur d'être touché, disait-il, et dans une affaire d'État." Elle courut rejoindre, au Théâtre-Français, Mme Bacciochi, qui était avec sa sœur Pauline, laquelle était tout occupée du casque de Lafon: "Mais voyez, disait-elle, comme ce casque est mal mis, comme il est de côté!" Mme Récamier était au supplice; Mme Bacciochi voulait rester jusqu'à la fin de la tragédie, peut-être à cause de sa sœur Pauline. Bernadotte était dans la loge; il vit l'air altéré de Mme Récamier; il lui offrit son bras pour la reconduire, et de voir lui-même à l'instant le Consul. C'est de ce moment que date le vif sentiment de Bernadotte pour elle; il ne la connaissait point auparavant. Il obtint la grâce du père. Ce qui est dit dans le *Mémorial de Sainte-Hélène*, à ce sujet, est inexact. Mme Récamier ne vit pas Bonaparte à cette occasion; ce fut Bernadotte qui se chargea de tout.

Bernadotte l'aima donc, et fut un de ses chevaliers. Les Montmorency, rentrés alors de l'émigration, ne l'étaient pas moins. Mathieu de Montmorency, qui fut depuis un saint, Adrien (depuis duc de Laval), bien plus tard le fils d'Adrien, qui se trouvait ainsi le rival de son père, tous l'aimaient de passion. Henri de Laval se rencontrait souvent chez elle avec le duc de Laval son père; il tenait bon et ne sortait pas, ce dont le bon duc enrageait, et, comme il avait de l'esprit, il écrivait à Mme Récamier le plus agréablement du monde: "Mon fils lui-même est épris de vous, vous savez si je le suis; c'est au reste le sort des Montmorency:

Ils ne mouraient pas tous, mais tous étaient frappés."

Mme Récamier était la première à raconter ces choses, et elle en souriait avec gaieté. Elle a conservé presque jusqu'à la fin ce rire enfant, ce geste jeune qui lui faisait porter son mouchoir à la bouche comme pour ne pas éclater. Mais, dans la jeunesse, cette enfance de sentiments, avec le gracieux manège qui s'y mêlait,

amena plus d'une fois (peut-on s'en étonner?) des complications
sérieuses. Tous ces hommes attirés et épris n'étaient pas si faciles
à conduire et à éluder que cette dynastie pacifiée des Montmorency.
Il dut y avoir autour d'elle, à de certaines heures, bien des violences
et des révoltes dont cette douce main avait peine ensuite à triom-
pher. En jouant avec ces passions humaines qu'elle ne voulait
que charmer et qu'elle irritait plus qu'elle ne croyait, elle ressemblait à la plus jeune des Grâces qui se serait amusée à atteler des
lions et à les agacer. Imprudente comme l'innocence, je l'ai dit,
elle aimait le péril, le péril des autres, sinon le sien; et pourquoi
ne le dirai-je pas aussi? à ce jeu hasardeux et trop aisément cruel,
elle a troublé, elle si bonne, bien des cœurs; elle en a ulcéré, sans
le vouloir, quelques-uns, non-seulement d'hommes révoltés et
aigris, mais de pauvres rivales, sacrifiées sans qu'elle le sût et
blessées. C'est là un côté sérieux que sa charité finale n'a pas
été tout à fait sans comprendre; c'est une leçon que la gravité
suprême qui s'attache à sa noble mémoire n'interdit pas de rappeler. Avec son instinct de pureté et de bonté céleste, elle le sentait
bien elle-même: aussi, elle si admirée et si adorée, on ne la vit
point regretter la jeunesse, ni ses matinées de soleil, ni ses orages,
même les plus embellis. Elle ne concevait point de parfait bonheur
hors du devoir; elle mettait l'idéal du roman là où elle l'avait si
peu rencontré, c'est-à-dire dans le mariage; et plus d'une fois en
ses plus beaux jours, au milieu d'une fête dont elle était la reine,
se dérobant aux hommages, il lui arriva, disait-elle, de sortir un
moment pour pleurer.

Telle je la conçois dans le monde et dans le tourbillon, avant la
retraite. Il y aurait à son sujet une suite de chapitres à écrire et
que je ne puis même esquisser. L'un de ces chapitres serait celui
de ses relations et de son intimité avec Mme de Staël, deux brillantes
influences si distinctes, bien souvent croisées, presque jamais
rivales, et qui se complétaient si bien. Ce fut en 1807, au château de
Coppet, chez Mme de Staël, que Mme Récamier vit le prince
Auguste de Prusse, l'un des vaincus d'Iéna; elle l'eut bientôt
vaincu et conquis à son tour, prisonnier royal, par habitude assez
brusque et parfois embarrassant. Cette brusquerie même le tra-
hissait. Un jour qu'il voulait dire un mot à Mme Récamier dans
une promenade à cheval, il se retourna vers Benjamin Constant
qui était de la partie: "Monsieur de Constant, lui dit-il, si vous

faisiez un petit temps de galop?" Et celui-ci de rire de la finesse allemande.

Un autre chapitre traiterait de la conquête aisée que Mme Récamier fit à Lyon du doux Ballanche, lequel se donna du premier jour à elle, sans même le lui dire jamais. Un autre chapitre offrirait ses relations moins simples, moins faciles d'abord, mais finalement si établies avec M. de Chateaubriand. Mme Récamier l'avait vu pour la première fois chez Mme de Staël, en 1801; elle le revit pour la seconde fois en 1816 ou 1817, vers le temps de la mort de Mme de Staël, et chez celle-ci encore. Mais ce n'avaient été là que des rencontres, et la liaison véritable ne se noua que tard, dans le temps où M. de Chateaubriand sortit du ministère, et à l'Abbaye-aux-Bois.

Il y aurait aussi un chapitre à faire sur la liaison étroite avec Benjamin Constant, laquelle date seulement de 1814–1815. Les lettres de celui-ci, adressées à Mme Récamier, y aideraient beaucoup; mais elles seraient très-insuffisantes, au point de vue de la vérité, si l'on n'y ajoutait la contre-partie, ce qu'il écrivait pour lui seul au sortir de là, et que bien des gens ont lu, et enfin si l'on n'éclairait le tout par les explications de moraliste qui ne se trouvent point d'ordinaire dans les plaidoiries des avocats. Mais cela me rappelle qu'il y a tout un fâcheux procès entamé à ce sujet, et j'ai hâte de me taire.

Avant le chapitre de Benjamin Constant, il y aurait encore à faire celui du voyage d'Italie en 1813, le séjour à Rome, la liaison avec Canova, le marbre de celui-ci, qui cette fois, pour être idéal, n'eut qu'à copier le modèle; puis le séjour à Naples auprès de la reine Caroline et de Murat. Ce dernier, si je ne me trompe, resta quelque peu touché. Mais c'est assez de rapides perspectives.

Quand Mme Récamier vit s'avancer l'heure où la beauté baisse et pâlit, elle fit ce que bien peu de femmes savent faire: elle ne lutta point; elle accepta avec goût les premières marques du temps. Elle comprit qu'après de tels succès de beauté, le dernier moyen de paraître encore belle était de ne plus y prétendre. A une femme qui la revoyait après des années, et qui lui faisait compliment sur son visage: "Ah! ma chère amie, répondait-elle, il n'y a plus d'illusion à se faire. Du jour où j'ai vu que les petits Savoyards dans la rue ne se retournaient plus, j'ai compris que tout était fini." Elle disait vrai. Elle était sensible en effet à tout regard et à toute louange, à l'exclamation d'un enfant ou d'une femme du peuple tout comme à la déclaration d'un prince. Dans les foules, du bord de sa calèche élégante qui n'avançait qu'avec lenteur, elle remerciait chacun de son admiration par un signe de tête et par un sourire.

A deux époques, M. Récamier avait essuyé de grands revers de fortune: la première fois au début de l'Empire, la seconde fois dans les premières années de la Restauration. C'est alors que Mme Récamier se retira dans un appartement de l'Abbaye-aux-Bois, en 1819. Elle ne tint jamais plus de place dans le monde que quand elle fut dans cet humble asile, à une extrémité de Paris. C'est de là que son doux génie, dégagé des complications trop vives, se fit de plus en plus sentir avec bienfaisance. On peut dire qu'elle perfectionna l'art de l'amitié et lui fit faire un progrès nouveau: ce fut comme un bel art de plus qu'elle avait introduit dans la vie, et qui décorait, ennoblissait et distribuait tout autour d'elle. L'esprit de parti était alors dans sa violence. Elle désarmait les colères, elle adoucissait les aspérités; elle vous ôtait la rudesse et vous inoculait l'indulgence. Elle n'avait point de repos qu'elle n'eût fait se rencontrer chez elle ses amis de bord opposé, qu'elle ne les eût conciliés sous une médiation clémente. C'est par de telles influences que la société devient société autant que possible, et qu'elle acquiert tout son liant et toute sa grâce. C'est ainsi qu'une femme, sans sortir de sa sphère, fait œuvre de civilisation au plus haut degré, et qu'Eurydice remplit à sa manière le rôle d'Orphée. Celui-ci apprivoisait la vie sauvage; l'autre termine et couronne la vie civilisée.

Un jour, en 1802, pendant cette courte paix d'Amiens, non pas dans le brillant hôtel de la rue du Mont-Blanc, que Mme Récamier occupait alors, mais dans le salon du château de Clichy où elle passait l'été, des hommes venus de bien des côtés différents étaient réunis, Adrien et Mathieu de Montmorency, le général Moreau, des Anglais de distinction, M. Fox, M. Erskine et beaucoup d'autres: on était en présence, on s'observait; c'était à qui ne commencerait pas. M. de Narbonne, présent, essayait d'engager la conversation, et, malgré son esprit, il n'avait pu y réussir. Mme Récamier entra: elle parla d'abord à M. Fox, elle dit un mot à chacun, elle présenta chaque personne à l'autre avec une louange appropriée; et à l'instant la conversation devint générale, le lien naturel fut trouvé.

Ce qu'elle fit là un jour, elle le fit tous les jours. Dans son petit salon de l'Abbaye, elle pensait à tout, elle étendait au loin son réseau de sympathie. Pas un talent, pas une vertu, pas une distinction qu'elle n'aimât à connaître, à convier, à obliger, à mettre en lumière, à mettre surtout en rapport et en harmonie autour d'elle, à marquer au cœur d'un petit signe qui était sien. Il y a là de l'ambition, sans doute; mais quelle ambition adorable, surtout quand, s'adressant aux plus célèbres, elle ne néglige pas même les plus obscurs, et quand elle est à la recherche des plus souffrants! C'était le caractère de cette âme si multipliée de Mme Récamier d'être à la fois universelle et très-particulière, de ne rien exclure, que dis-je? de tout attirer, et d'avoir pourtant le choix.

Ce choix pouvait même sembler unique. M. de Chateaubriand, dans les vingt dernières années, fut le grand centre de son monde, le grand intérêt de sa vie, celui auquel je ne dirai pas qu'elle sacrifiait tous les autres (elle ne sacrifiait personne qu'elle-même), mais auquel elle subordonnait tout. Il avait ses antipathies, ses aversions et même ses amertumes, que les *Mémoires d'outretombe* aujourd'hui déclarent assez. Elle tempérait et corrigeait tout cela. Comme elle était ingénieuse à le faire parler quand il se taisait, à supposer de lui des paroles aimables, bienveillantes pour les autres, qu'il lui avait dites sans doute tout à l'heure dans l'intimité, mais qu'il ne répétait pas toujours devant des témoins! Comme elle était coquette pour sa gloire! Comme elle réussissait parfois aussi à le rendre réellement gai, aimable, tout à fait content, éloquent, toutes choses qu'il était si aisément dès qu'il le voulait! Elle justifiait bien par sa douce influence auprès de lui le mot de Bernardin de Saint-Pierre: "Il y a dans la femme une gaieté légère qui dissipe la tristesse de l'homme." Et ici à quelle tristesse elle avait affaire! tristesse que René avait apportée du ventre de sa mère, et qui s'augmentait en vieillissant! Jamais Mme de Maintenon ne s'ingénia à désennuyer Louis XIV autant que Mme Récamier pour M. de Chateaubriand. "J'ai toujours remarqué, disait Boileau en revenant de Versailles, que, quand la conversation ne roulait pas sur ses louanges, le Roi s'ennuyait d'abord, et était prêt ou à bâiller ou à s'en aller." Tout grand

poëte vieillissant est un peu Louis XIV sur ce point. Elle avait
chaque jour mille inventions gracieuses pour lui renouveler et
rafraîchir la louange. Elle lui ralliait de toutes parts des amis, des
admirateurs nouveaux. Elle nous avait tous enchaînés aux pieds
de sa statue avec une chaîne d'or.

Une personne d'un esprit aussi délicat que juste, et qui l'a bien
connue, disait de Mme Récamier: "Elle a dans le caractère ce que
Shakspeare appelle *milk of human kindness* (le lait de la bonté
humaine), une douceur tendre et compatissante. Elle voit les
défauts de ses amis, mais elle les soigne en eux comme elle soignerait
leurs infirmités physiques." Elle était donc la sœur de Charité de
leurs peines, de leurs faiblesses, et un peu de leurs défauts.

Que dans ce procédé habituel il n'y eût quelques inconvénients
à la longue, mêlés à un grand charme; que dans cet air si tiède et si
calmant, en donnant aux esprits toute leur douceur et tout leur
poli, elle ne les amollît un peu et ne les inclinât à la complaisance,
je n'oserai le nier, d'autant plus que je crois l'avoir, peut-être,
éprouvé moi-même. C'était certainement un salon, où non seulement la politesse, mais la charité nuisait un peu à la vérité. Il y
avait décidément des choses qu'elle ne voulait pas voir et qui
pour elle n'existaient pas. Elle ne croyait pas au mal. Dans son
innocence obstinée, je tiens à le faire sentir, elle avait gardé de
l'enfance. Faut-il s'en plaindre? Après tout, y aura-t-il encore
un autre lieu dans la vie où l'on retrouve une bienveillance si
réelle au sein d'une illusion si ornée et si embellie? Un moraliste
amer, La Rochefoucauld, l'a dit: "On n'aurait guère de plaisir
si on ne se flattait jamais."

J'ai entendu des gens demander si Mme Récamier avait de
l'esprit. Mais il me semble que nous le savons déjà. Elle avait au
plus haut degré non cet esprit qui songe à briller pour lui-même,
mais celui qui sent et met en valeur l'esprit des autres. Elle
écrivait peu; elle avait pris de bonne heure cette habitude d'écrire
le moins possible; mais ce peu était bien et d'un tour parfait.
En causant, elle avait aussi le tour net et juste, l'expression à
point. Dans ses souvenirs elle choisissait de préférence un trait
fin, un mot aimable ou gai, une situation piquante, et négligeait
le reste; elle se souvenait avec goût.

Elle écoutait avec séduction, ne laissant rien passer de ce qui
était bien dans vos paroles sans témoigner qu'elle le sentît. Elle

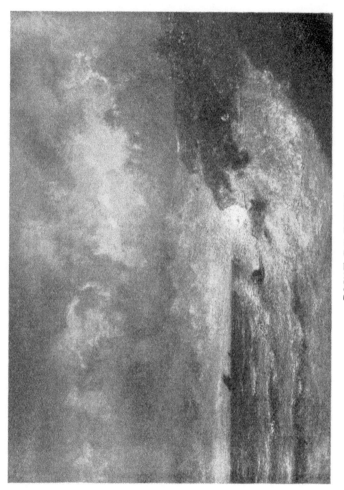

POINT DE DUNES

Dupré

questionnait avec intérêt, et était tout entière à la réponse. Rien qu'à son sourire et à ses silences, on était intéressé à lui trouver de l'esprit en la quittant.

Quant à la jeunesse, à la beauté de son cœur, s'il a été donné à tous de l'apprécier, c'est à ceux qui en ont joui de plus près qu'il appartient surtout d'en parler un jour. Après la mort de M. Ballanche et de M. de Chateaubriand, quoiqu'elle eût encore M. Ampère, le duc de Noailles, et tant d'autres affections autour d'elle, elle ne fit plus que languir et achever de mourir. Elle expira le 11 mai 1849, dans sa soixante-douzième année. Cette personne unique, et dont la mémoire vivra autant que la société française, a été peinte avec bien de la grâce par Gérard dans sa fraîcheur de jeunesse. Son buste a été sculpté par Canova dans son idéal de beauté. Achille Deveria a tracé d'elle, le jour de sa mort, une esquisse fidèle qui exprime la souffrance et le repos.

VICTOR HUGO

VICTOR-MARIE HUGO (1802–1885), son of a Napoleonic soldier who became a general and of a *bourgeoise* of Nantes, was born at Besançon, the old capital of Franche-Comté. His plays and his novels have faded, but the splendour of his poetry remains undimmed. As an artist in verse he is supreme, and when he is simple and sincere he is a great poet, great in satire, greater in epic, greatest of all in lyric. *Les Châtiments* (1853), the first series of *La Légende des Siècles* (1859), and *Les Contemplations* (1856), all published during his exile, first in Jersey and then in Guernsey, best represent these different sides of his genius. There is much truth in Péguy's remark that no one, not even Victor Hugo himself, was of greater service to Victor Hugo than Napoleon III. Of the three following poems, the first comes from *Les Châtiments*, the second from the Fourth Book—*Pauca meae*—of *Les Contemplations*, written in memory of his daughter Léopoldine, who with her husband, Auguste Vacquerie, was drowned in the Seine at Villequier on September 4, 1846; and the third from *Les Rayons et les Ombres* (1840).

CHANSON

Nous nous promenions parmi les décombres,
    A Rozel-Tower,
Et nous écoutions les paroles sombres
    Que disait la mer.

L'énorme Océan—car nous entendîmes
   Ses vagues chansons—
Disait, "Paraissez, vérités sublimes
   Et bleus horizons!

"Le monde captif, sans lois et sans règles,
   Est aux oppresseurs;
Volez dans les cieux, ailes des grands aigles,
   Esprits des penseurs!

"Naissez, levez-vous sur les flots sonores,
   Sur les flots vermeils,
Faites dans la nuit poindre vos aurores,
   Peuples et soleils!

"Vous—laissez passer le foudre et la brume,
   Les vents et les cris,
Affrontez l'orage, affrontez l'écume,
   Rochers et proscrits!"

ELLE ÉTAIT PÂLE, ET POURTANT ROSE

Elle était pâle, et pourtant rose,
Petite avec de grands cheveux.
Elle disait souvent: "Je n'ose,"
Et ne disait jamais: "Je veux."

Le soir, elle prenait ma Bible
Pour y faire épeler sa sœur,
Et, comme une lampe paisible,
Elle éclairait ce jeune cœur.

Sur le saint livre que j'admire
Leurs yeux purs venaient se fixer;
Livre où l'une apprenait à lire,
Où l'autre apprenait à penser!

Sur l'enfant, qui n'eût pas lu seule,
Elle penchait son front charmant,
Et l'on aurait dit une aïeule,
Tant elle parlait doucement!

GRACE BEFORE MEAT

Chardin

THE MUSIC PARTY

Watteau

Elle lui disait: "Sois bien sage!"
Sans jamais nommer le démon;
Leurs mains erraient de page en page
Sur Moïse et sur Salomon,

Sur Cyrus qui vint de la Perse,
Sur Moloch et Léviathan,
Sur l'enfer que Jésus traverse,
Sur l'Éden où rampe Satan!

Moi, j'écoutais... —O joie immense
De voir la sœur près de la sœur!
Mes yeux s'enivraient en silence
De cette ineffable douceur.

Et dans la chambre humble et déserte
Où nous sentions, cachés tous trois,
Entrer par la fenêtre ouverte
Les souffles des nuits et des bois,

Tandis que, dans le texte auguste,
Leurs cœurs, lisant avec ferveur,
Puisaient le beau, le vrai, le juste,
Il me semblait, à moi, rêveur,

Entendre chanter des louanges
Autour de nous, comme au saint lieu,
Et voir sous les doigts de ces anges
Tressaillir le livre de Dieu!

GUITARE

Gastibelza, l'homme à la carabine,
          Chantait ainsi:
"Quelqu'un a-t-il connu doña Sabine,
          Quelqu'un d'ici?
Dansez, chantez, villageois! la nuit gagne
          Le mont Falù.—
Le vent qui vient à travers la montagne
          Me rendra fou!

"Quelqu'un de vous a-t-il connu Sabine,
   Ma Señora?
Sa mère était la vieille Maugrabine
   D'Antequera,
Qui chaque nuit criait dans la Tour-Magne
   Comme un hibou... —
Le vent qui vient à travers la montagne
   Me rendra fou!

"Dansez, chantez! Des biens que l'heure envoie
   Il faut user.
Elle était jeune, et son œil plein de joie
   Faisait penser.—
A ce vieillard qu'un enfant accompagne
   Jetez un sou!... —
Le vent qui vient à travers la montagne
   Me rendra fou!

"Vraiment, la reine eût près d'elle été laide
   Quand, vers le soir,
Elle passait sur le pont de Tolède
   En corset noir.
Un chapelet du temps de Charlemagne
   Ornait son cou... —
Le vent qui vient à travers la montagne
   Me rendra fou!

"Le roi disait, en la voyant si belle,
   A son neveu:
'Pour un baiser, pour un sourire d'elle,
   'Pour un cheveu,
'Infant don Ruy, je donnerais l'Espagne
   'Et le Pérou!'—
Le vent qui vient à travers la montagne
   Me rendra fou!

" Je ne sais pas si j'aimais cette dame,
   Mais je sais bien
Que, pour avoir un regard de son âme,
   Moi, pauvre chien,

J'aurais gaiement passé dix ans au bagne
　　　　Sous le verrou... —
Le vent qui vient à travers la montagne
　　　　Me rendra fou!

"Un jour d'été que tout était lumière,
　　　　Vie et douceur,
Elle s'en vint jouer dans la rivière
　　　　Avec sa sœur;
Je vis le pied de sa jeune compagne
　　　　Et son genou... —
Le vent qui vient à travers la montagne
　　　　Me rendra fou!

"Quand je voyais cette enfant, moi la pâtre
　　　　De ce canton,
Je croyais voir la belle Cléopâtre,
　　　　Qui, nous dit-on,
Menait César, empereur d'Allemagne,
　　　　Par le licou... —
Le vent qui vient à travers la montagne
　　　　Me rendra fou!

"Dansez, chantez, villageois, la nuit tombe!
　　　　Sabine un jour
A tout vendu, sa beauté de colombe,
　　　　Et son amour,
Pour l'anneau d'or du comte de Saldagne,
　　　　Pour un bijou... —
Le vent qui vient à travers la montagne
　　　　Me rendra fou!

"Sur ce vieux banc souffrez que je m'appuie,
　　　　Car je suis las.
Avec ce comte elle s'est donc enfuie!
　　　　Enfuie, hélas!
Par le chemin qui va vers la Cerdagne,
　　　　Je ne sais où... —
Le vent qui vient à travers la montagne
　　　　Me rendra fou!

"Je la voyais passer de ma demeure,
        Et c'était tout.
Mais à présent je m'ennuie à toute heure,
        Plein de dégoût,
Rêveur oisif, l'âme dans la campagne,
        La dague au clou... —
Le vent qui vient à travers la montagne
        M'a rendu fou!"

RONSARD

PIERRE DE RONSARD (1524–1585) was born at his father's château of La Poissonnière in the Vendômois. Compelled by deafness to abandon a diplomatic career he devoted himself to poetry, became the leader of a new poetic school, of which the chief writers were known as *La Pléiade*, and from 1555 to his death was widely honoured as the "prince of French poets." His services to French poetry were very great. Building on the work of Marot, he enriched its vocabulary and metrical resources and gave it a dignity and distinction which it had hitherto lacked. He is, after Victor Hugo, the most considerable poet of France.

A CASSANDRE

Mignonne, allons voir si la rose
Qui ce matin avoit desclose
Sa robe de pourpre au soleil,
A point perdu ceste vesprée,
Les plis de sa robe pourprée,
Et son teint au vostre pareil.

Las! voyez comme en peu d'espace,
Mignonne, elle a dessus la place,
Las! las! ses beautez laissé cheoir!
O vrayment marastre Nature,
Puis qu'une telle fleur ne dure
Que du matin jusques au soir!

Donc, si vous me croyez, mignonne,
Tandis que vostre âge fleuronne
En sa plus verte nouveauté,
Cueillez, cueillez vostre jeunesse:
Comme à ceste fleur, la vieillesse
Fera ternir vostre beauté.

SONNET

Je vous envoye un bouquet que ma main
Vient de trier de ces fleurs épanies;
Qui ne les eust à ce vespre cueillies,
Cheutes à terre elles fussent demain.

Cela vous soit un exemple certain
Que vos beautez, bien qu'elles soient fleuries,
En peu de temps seront toutes flaitries,
Et, comme fleurs, periront tout soudain.

Le temps s'en va, le temps s'en va, ma dame,
Las ! le temps, non, mais nous nous en allons,
Et tost serons estendus sous la lame.

Et des amours desquelles nous parlons
Quand serons morts n'en sera plus nouvelle.
Pour ce aymez-moy ce pendant qu'estes belle.

SONNET

Quand vous serez bien vieille, au soir, à la chandelle,
Assise auprès du feu, devidant et filant,
Direz, chantant mes vers, et vous esmerveillant:
Ronsard me celebroit du temps que j'estois belle.

Lors vous n'aurez servante oyant telle nouvelle,
Desja sous le labeur à demy sommeillant,
Qui, au bruit de Ronsard, ne s'aille réveillant,
Benissant vostre nom de louange immortelle.

Je seray sous la terre, et, fantosme sans os,
Par les ombres myrteux je prendray mon repos;
Vous serez au fouyer une vieille accroupie,

Regrettant mon amour et vostre fier desdain.
Vivez, si m'en croyez, n'attendez à demain;
Cueillez dés aujourd'huy les roses de la vie.

HEREDIA

José-Marie de Heredia (1842–1906) was born in Cuba, his father being a Spaniard, a descendant from one of the *conquistadores* of the New World, and his mother a Frenchwoman. His only publication was *Les Trophées* (1893), a volume of poems for the most part sonnets, in which every line is chiselled to the utmost perfection.

SUR LE LIVRE DES AMOURS DE PIERRE DE RONSARD

Jadis plus d'un amant, aux jardins de Bourgueil,
A gravé plus d'un nom dans l'écorce qu'il ouvre,
Et plus d'un cœur, sous l'or des hauts plafonds du Louvre,
A l'éclair d'un sourire a tressailli d'orgueil.

Qu'importe? Rien n'a dit leur ivresse ou leur deuil;
Ils gisent tout entiers entre quatre ais de rouvre
Et nul n'a disputé, sous l'herbe qui les couvre,
Leur inerte poussière à l'oubli du cercueil.

Tout meurt. Marie, Hélène et toi, fière Cassandre,
Vos beaux corps ne seraient qu'une insensible cendre,
— Les roses et les lys n'ont pas de lendemain —

Si Ronsard, sur la Seine ou sur la blonde Loire,
N'eût tressé pour vos fronts, d'une immortelle main,
Aux myrtes de l'Amour le laurier de la Gloire.

LES BERGERS

Viens. Le sentier s'enfonce aux gorges du Cyllène.
Voici l'antre et la source, et c'est là qu'il se plaît
A dormir sur un lit d'herbe et de serpolet
A l'ombre du grand pin où chante son haleine.

Attache à ce vieux tronc moussu la brebis pleine.
Sais-tu qu'avant un mois, avec son agnelet,
Elle lui donnera des fromages, du lait?
Les Nymphes fileront un manteau de sa laine.

Sois-nous propice, Pan! ô Chèvre-pied, gardien
Des troupeaux que nourrit le mont Arcadien,
Je t'invoque... Il entend! J'ai vu tressaillir l'arbre.

Partons. Le soleil plonge au couchant radieux.
Le don du pauvre, ami, vaut un autel de marbre,
Si d'un cœur simple et pur l'offrande est faite aux Dieux.

LES BERGERS D'ARCADIE

Poussin

LOUISE LABÉ

Louise Labé (1525 or 1526–1566), *la belle Cordière*, was born and lived at Lyons. She was the daughter of a well-to-do ropemaker, and her husband was of the same trade. Her sonnets are remarkable for the sincerity of their intense passion.

NE REPRENEZ, DAMES, SI J'AY AYMÉ

Ne reprenez, Dames, si j'ay aymé;
Si j'ay senti mile torches ardantes,
Mile travaus, mile douleurs mordantes:
Si en pleurant j'ay mon tems consumé,

Las! que mon nom n'en soit par vous blasmé.
Si j'ay failli, les peines sont presentes;
N'aigrissez point leurs pointes violentes:
Mais estimez qu'Amour, à point nommé,

Sans votre ardeur d'un Vulcan excuser,
Sans la beauté d'Adonis acuser,
Pourra, s'il veut, plus vous rendre amoureuses:

En ayant moins que moi d'ocasion,
Et plus d'estrange et forte passion.
Et gardez-vous d'estre plus malheureuses.

MAROT

A LA BOUCHE DE DIANE

Bouche de coral precieux,
Qui à baiser semblez semondre;
Bouche qui d'un cueur gracieux
Sçavez tant bien dire et respondre,
Respondez-moy: doit mon cueur fondre
Devant vous, comme au feu la cyre?
Voulez-vous bien celuy occire
Qui crainct vous estre desplaisant?
Ha! bouche que tant je désire,
Dictes nenny en me baisant.

GAUTIER

THÉOPHILE GAUTIER (1811–1872) was born at Tarbes under the Pyrenees, but spent nearly his whole life at Paris. He began to study painting, but, having been drawn into the Romantic movement, he exchanged the brush for the pen and became an unusually prolific writer. His best and most characteristic works in prose are *Voyage en Espagne*, *Constantinople*, and *Voyage en Russie*, which give full scope to his genius for describing the outward aspect of things. He also wrote novels—*Mademoiselle de Maupin*, *Le Capitaine Fracasse*—short stories, and many miscellaneous volumes, the fruit of over thirty years' labour as literary, dramatic, and art critic to various journals. His vocabulary is as rich and learned as Victor Hugo's, and his syntax is impeccable. Of his three volumes of verse by far the best is *Émaux et Camées* (1852). The following poem, which is taken from it, is at once an expression and an illustration of the author's artistic creed.

L'ART

Oui, l'œuvre sort plus belle
D'une forme au travail
    Rebelle,
Vers, marbre, onyx, émail.

Point de contraintes fausses !
Mais que pour marcher droit
    Tu chausses,
Muse, un cothurne étroit.

Fi du rhythme commode,
Comme un soulier trop grand,
    Du mode
Que tout pied quitte et prend !

Statuaire, repousse
L'argile que pétrit
    Le pouce
Quand flotte ailleurs l'esprit;

Lutte avec le carrare,
Avec le paros dur
    Et rare,
Gardiens du contour pur;

Emprunte à Syracuse
Son bronze où fermement
  S'accuse
Le trait fier et charmant;

D'une main délicate
Poursuis dans un filon
  D'agate
Le profil d'Apollon.

Peintre, fuis l'aquarelle,
Et fixe la couleur
  Trop frêle
Au four de l'émailleur.

Fais les sirènes bleues,
Tordant de cent façons
  Leurs queues,
Les monstres des blasons;

Dans son nimbe trilobe
La Vierge et son Jésus,
  Le globe
Avec la croix dessus.

Tout passe. — L'art robuste
Seul a l'éternité.
  Le buste
Survit à la cité.

Et la médaille austère
Que trouve un laboureur
  Sous terre
Révèle un empereur.

Les dieux eux-mêmes meurent.
Mais les vers souverains
  Demeurent
Plus forts que les airains.

Sculpte, lime, cisèle;
Que ton rêve flottant
  Se scelle
Dans le bloc résistant !

BAUDELAIRE

CHARLES BAUDELAIRE (1821–1867) was born and died at Paris. He is always an original poet, and, at his best, a great one. His poetry is largely inspired by two beliefs, that man is naturally perverse, and that our highly artificial civilisation can only be expressed by subtle thoughts and bizarre emotions. He himself preferred artificiality to nature—the scent of musk to that of a rose—and though he was a sincere Catholic and had a horror of vice, he sinned from sheer perversity. Besides his chief volume of verse, *Les Fleurs du Mal*, he made a splendid translation of Poe, and wrote some striking *Poèmes en prose*. Of the three poems which follow the first illustrates his idealism, and the second his imaginative symbolism, while the third testifies to his love for cats.

ÉLÉVATION

Au-dessus des étangs, au-dessus des vallées,
Des montagnes, des bois, des nuages, des mers,
Par delà le soleil, par delà les éthers,
Par delà les confins des sphères étoilées,

Mon esprit, tu te meus avec agilité,
Et, comme un bon nageur qui se pâme dans l'onde,
Tu sillonnes gaîment l'immensité profonde
Avec une indicible et mâle volupté.

Envole-toi bien loin de ces miasmes morbides,
Va te purifier dans l'air supérieur,
Et bois, comme une pure et divine liqueur,
Le feu clair qui remplit les espaces limpides.

Derrière les ennuis et les vastes chagrins
Qui chargent de leur poids l'existence brumeuse,
Heureux celui qui peut d'une aile vigoureuse
S'élancer vers les champs lumineux et sereins;

Celui dont les pensers, comme des alouettes,
Vers les cieux le matin prennent un libre essor,
Qui plane sur la vie, et comprend sans effort
Le langage des fleurs et des choses muettes!

HYMNE

A la très-chère, à la très-belle
Qui remplit mon cœur de clarté,
A l'ange, à l'idole immortelle,
Salut en immortalité!

Elle se répand dans ma vie
Comme un air imprégné de sel,
Et dans mon âme inassouvie
Verse le goût de l'éternel.

Sachet toujours frais qui parfume
L'atmosphère d'un cher réduit,
Encensoir oublié qui fume
En secret à travers la nuit,

Comment, amour incorruptible,
T'exprimer avec vérité?
Grain de musc qui gis, invisible,
Au fond de mon éternité!

A la très-bonne, à la très-belle
Qui fait ma joie et ma santé,
A l'ange, à l'idole immortelle,
Salut en immortalité!

LES CHATS

Les amoureux fervents et les savants austères
Aiment également, dans leur mûre saison,
Les chats puissants et doux, orgueil de la maison,
Qui comme eux sont frileux et comme eux sédentaires.

Amis de la science et de la volupté,
Ils cherchent le silence et l'horreur des ténèbres;
L'Érèbe les eût pris pour ses coursiers funèbres,
S'ils pouvaient au servage incliner leur fierté.

Ils prennent en songeant les nobles attitudes
Des grands sphinx allongés au fond des solitudes,
Qui semblent s'endormir dans un rêve sans fin;

Leurs reins féconds sont pleins d'étincelles magiques,
Et des parcelles d'or, ainsi qu'un sable fin,
Étoilent vaguement leurs prunelles mystiques.

HARAUCOURT

EDMOND HARAUCOURT was born in 1857 at Beaumont on the Meuse (Haute-Marne). He has written plays, novels and poetry. He married a daughter of the poet Heredia, and is Director of the Musée de Cluny.

RONDEL DE L'ADIEU

Partir, c'est mourir un peu,
C'est mourir à ce qu'on aime:
On laisse un peu de soi-même
En toute heure et dans tout lieu.

C'est toujours le deuil d'un vœu,
Le dernier vers d'un poème:
Partir, c'est mourir un peu.
Et l'on part, et c'est un jeu,

Et jusqu'à l'adieu suprême
C'est son âme que l'on sème,
Que l'on sème à chaque adieu:
Partir, c'est mourir un peu.

HOTMAN (?)

THE Latin life of Gaspard de Coligny (1517–1572), the famous Huguenot leader, from the French translation of which the following passage is taken, is ascribed with considerable probability to François Hotman (1524–1590), the well-known jurist and publicist.

COLIGNY

Aussitost qu'il estoit sorti du lict, assez matin, ayant pris sa robe de chambre, et s'estant mis à genoux, comme aussi tous les autres assistants, il faisoit luy-mesme sa prière, en la forme accoustumée aux églises de France: apres laquelle, attendant l'heure du presche, qui se faisoit de deux jours l'un, avec le chant des pseaumes, il donnoit audience aux deputez des Eglises qui luy estoient envoyés, ou employoit le temps aux affaires publiques; dont il continuoit encores un peu à traitter apres le presche jusques à l'heure du disner. Lequel estant prest, ses serviteurs domestiques, hormis ceux qui estoient empeschez aux choses necessaires pour le repas, se trouvoient en la salle, où la table estoit dressée; aupres de laquelle estant debout et sa femme à son costé, s'il n'y

COLIGNY

Clouet

avoit point eu de presche, l'on chantoit un pseaume; et puis on
disoit la benediction ordinaire, ce qu'une infinité, non seulement
de François, mais aussi de capitaines et Colonnels Allemands, qui
on esté souvent priez de manger avec luy, peuvent témoigner,
qu'il a fait observer sans intermission d'un seul jour, non seulement en sa maison, et en son repos, mais aussi dans l'armée.
La nappe estant ostée, se levant, et tenant debout, avec sa femme,
et les assistants, ou il rendoit graces luy-mesme, ou les faisoit
rendre par son ministre. Le mesme se pratiquoit au souper. Et
voyant que tous ceux de sa maison se trouvoient mal-aisément
à la priere du soir, au temps qu'il falloit reposer, et qui à cause des
diverses occupations estoit incertain, il ordonna que chacun vinst
à l'issue du souper, et qu'apres le chant du pseaume la priere se
fist. Et ne se peut dire le nombre de ceux d'entre la Noblesse
Françoise, qui ont commencé d'establir en leurs familles cette
religieuse regle, à l'exemple de l'Amiral: qui les exhortoit souvent
à la veritable pratiqué de la pieté, n'estant pas assez, que le
pere de famille vescust saintement et religieusement, si par son
exemple il ne reduisoit les siens à la mesme regle. Or il est certain,
que sa pieté et saincteté ont esté tellement admirées, mesmes de
ceux du parti catholique, que sans la crainte et l'horreur des
tourments et massacres, la plus grande partie de la France se
fut convertie à la mesme Religion et discipline. Lors que le temps
de la Cene du Seigneur s'approchoit, il appelloit tous ceux de sa
maison, leur representant, qu'il ne luy falloit pas seulement
rendre compte à Dieu de sa vie, mais aussi de leur deportements:
et les reconcilioit ensemble, s'il y avoit quelque dissension entre
eux. Et si quelqu'un ne luy sembloit pas assez preparé pour
bien entendre et venerer ce mystère, il prenoit le soin de le faire
mieux instruire: et s'il en voyoit d'obstinez, il leur declaroit
ouvertement qu'il lui valoit mieux demeurer seul, que de nourir
une suitte de meschans. D'avantage, il estimoit que l'institution
des colleges, et l'instruction des enfans, estoit un singulier bien fait
de Dieu: et l'appelloit un seminaire de l'Eglise, et un apprentissage
de pieté: que l'ignorance des lettres avoit apporté non seulement
à la Republique, mais aussi à l'Eglise, d'espaisses tenebres, dans
lesquelles l'autorité du Pape avoit pris sa naissance et son accroissement....Ce qui l'obligea de faire bastir à grands frais un College à
Chastillon, en un bel air et sain, où il entretenoit de tres-doctes

professeurs, en la langue Hebraique, Grecque, et Latine, et plusieurs escoliers.

. . . .

L'Amiral a vescu cinquante ans, six mois, et huict jours. Sa taille estoit moyenne, sa couleur vermeille, ses membres bien proportionnez, son visage calme et serain, sa voix agreable et douce, mais sa parole un peu tardive et lente, sa complexion bonne, son geste et son marcher avec bienseance, et une gracieuse gravité. Il beuvoit peu de vin, et mangeoit peu, et ne dormoit au plus que sept heures. Et depuis la derniere paix, ne laissa passer un seul jour, que devant de se coucher il n'eust escrit de sa main, dans son papier journal, les choses dignes de memoire, qui estoient arrivées durant les troubles. Ce qui ayant esté trouvé apres sa mort, et porté au conseil du Roy, ses plus capitaux ennemis eurent en grande admiration la douceur et tranquillité de son esprit. D'avantage, depuis la paix, s'estant retiré à la Rochelle, il ne se passa point de jour, qu'il ne leust, soir et matin, un des sermons de Calvin sur le livre de Job, disant ordinairement, que cette histoire estoit sa consolation, et son remede general en tous ses maux.

HENRI IV

HENRI IV (1553–1610), born leader of men, bold statesman, and good Frenchman, wrote delightful letters, especially those which he dashed off between saddle and supper when he was in command of the Huguenot forces. They are eminently characteristic of the man, of his mobile temperament, his lively imagination, his power of winning hearts, his faculty for saying the right thing.

A MONSIEUR DE LAUNAY D'ENTRAIGUES

Monsieur de Launay d'Entraigues, Dieu aidant, j'espère que vous êtes à l'heure qu'il est rétabli de la blessure que vous reçûtes à Coutras, combattant si vaillamment à mon côté; et si ce est, comme je l'espère, ne faites faute (car Dieu aidant, dans peu nous aurons à découdre, et ainsi grand besoin de vos services) de partir aussitôt pour me venir joindre. Sans doute vous n'aurez manqué, ainsi que vous l'avez annoncé à Mornay, de vendre vos bois de Mezilac et Cuze, et ils auront produit quelques mille pistoles. Si ce est, ne faites faute de m'en apporter tout ce que vous pourrez; car de ma vie je ne fus en pareille disconvenue, et je ne sais quand, ni d'où, si jamais, je pourrai vous les rendre; mais je vous promets force honneur et gloire: et argent n'est pas pâture pour des gentils-hommes comme vous et moi.

La Rochelle, ce 25ᵉ octobre 1588

A SES TROUPES
AVANT IVRY

Vous êtes François; je suis votre Roi; voilà l'ennemi! Enfans, gardez bien vos rangs. Si l'étendard vous manque, voici le signe du ralliement; suivez mon panache, vous le verrez toujours au chemin de l'honneur et de la victoire.

AU DUC DE LONGUEVILLE
APRÈS IVRY

Mon cousin, nous avons à louer Dieu: il nous a donné une belle victoire. La bataille s'est donnée, les choses ont été en branle; Dieu a déterminé selon son équité: toute l'armée ennemie en route, l'infanterie tant étrangère que françoise rendue, les Reîtres pour la plupart défaits, les Bourguignons bien écartés, la cornette blanche et le canon pris, la poursuite jusques aux portes de Mantes. Je puis dire que j'ai été très-bien servi, mais surtout évidemment assisté de Dieu, qui a montré à mes ennemis qu'il lui est égal de vaincre en petit ou grand nombre. Sur les particularités, je vous dépêcherai au premier jour; mais pour ce qui est question d'user de la victoire, je vous prie, incontinent la présente reçue, de vous avancer avec toutes vos forces sur la rivière de Seine, vers Pontoise ou Meulan, ou tel autre lieu que jugerez propre, pour vous joindre avec moi; et croyez, mon cousin, que c'est la paix de ce royaume et la ruine de la Ligue, à laquelle il faut convier tous les bons François à courir sus. Venez donc, je vous prie, et amenez avec vous vos étrangers, que je pense vous être joints à cette heure. Je prie Dieu, mon cousin, vous avoir en sa garde. De Rosny, à une lieue de Mantes, le 14ᵉ mars 1590.

STANCES

Charmante Gabrielle,
Percé de mille dards,
Quand la gloire m'appelle
A la suite de Mars,

Cruelle départie,
Malheureux jour !
Que ne suis-je sans vie
Ou sans amour !

L'amour sans nulle peine
M'a, par vos doux regards,
Comme un grand capitaine,
Mis sous ses étendards.
Cruelle départie....

Si votre nom célèbre
Sur mes drapeaux brilloit,
Jusqu'au delà de l'Ebre,
L'Espagne me craindroit.
Cruelle départie....

Je n'ai pu, dans la guerre,
Qu'un royaume gaignier;
Mais sur toute la terre
Vos yeux doivent reignier.
Cruelle départie....

Partagez ma couronne,
Le prix de ma valeur;
Je la tiens de Bellone,
Tenez-là de mon cœur.
Cruelle départie....

Bel astre que je quitte !
Ah ! cruel souvenir !
Ma douleur s'en irrite.
Vous revoir ou mourir.
Cruelle départie....

Je veux que mes trompettes,
Mes fifres, les échos,
A tous momens répètent
Ces doux et tristes mots:
Cruelle départie....

D'AUBIGNÉ

THÉODORE-AGRIPPA D'AUBIGNÉ (1552–1630) devoted his whole life, which began near Pons in Saintonge and ended at Geneva, alike with sword and pen to the Huguenot cause. His chief work in verse, *Les Tragiques*, is a sort of Huguenot epic; his chief prose work, *Histoire Universelle*, is a Huguenot history of the Religious Wars. He is an unequal writer, but he has passages both of verse and prose in which the inspiration and the execution are of the highest quality. Everyone should read his *Vie à ses enfants*, the concise and entertaining narrative of an adventurous career.

PORTRAITS DU DUC DE MAYENNE ET D'HENRI IV

Le duc de Mayenne avoit une probité humaine, une facilité et libéralité qui le rendoit très agréable aux siens; c'estoit un esprit judicieux, et qui se servoit de ses expériences, qui mesuroit tout à la raison, un courage plus ferme que gaillard, et en tout se pouvoit dire capitaine excellent.

Le roi avoit toutes ces choses, horsmis la libéralité. Mais, en la place de cette pièce, sa qualité arboroit des espérances de l'avenir, qui faisoyent avaler les duretez du present. Mais il avoit par-dessus le duc de Mayenne une promptitude et vivacité miraculeuse, et par de là le commun. Nous l'avons veu mille fois en sa vie faire des responses à propos, sans ouïr ce que le requérant vouloit proposer et aller au-devant des demandes sans se tromper. Le duc de Mayenne estoit incommodé d'une grande masse de corps qui ne pouvoit supporter ni les armes ni les courvées. L'autre, ayant mis tous les siens sur les dents, faisoit cercher des chiens et des chevaux pour commencer une chasse, et, quand les chevaux n'en pouvoyent plus, forçoit une sandrille à pied. Le premier faisoit part de cette pesanteur et de ses maladies à son armée, n'entreprenant qu'au prix que sa personne pouvoit supporter. L'autre faisoit part aux siens de sa gayeté, et ses capitaines le contrefaisoyent par complaisance et par émulation.

Les deux sens externes, principaux officiers des actions, estoyent merveilleux en ce prince: premièrement la veue, laquelle, mariée avec l'expérience, jugeoit de loin, non seulement les quantitez des troupes, mais aussi les qualitez, et, à leur mouvement, s'ils bransloyent ou marchoyent résolus; et c'est sur quoi il a exécuté à

propos. Mais l'ouïe estoit monstrueuse, par laquelle il apprenoit
des nouvelles d'autrui et de soi-mesme, parmi les bruits confus de
sa chambre, et mesmes en entretenant autrui. Un seul petit conte
vous en donnera un exemple pour tous.

Le roi estant couché à la Grenache, en une grande chambre
royale, et son lict, outre les rideaux ordinaires, bardé d'un tour
de lict de grosse bure, Frontenac et moi à l'autre coin de la chambre,
en un lict qui estoit fait de mesme, comme nous drapions nostre
maistre, ayant les lèvres sur son oreille et mesnageant ma voix,
lui respondoit souvent: Que dis-tu? Le roi repartit: "Sourd que
vous estes, n'entendez-vous pas qu'il dit que je veux faire plusieurs
gendres de ma sœur?" Nous en fusmes quittes pour dire qu'il
dormist, et que nous en avions bien d'autres à dire à ses despens.

MAROT

DE L'AMOUR DU SIÈCLE ANTIQUE

Au bon vieulx temps un train d'amour regnoit
Qui sans grand art et dons se demenoit,
Si qu'un bouquet donné d'amour profonde,
C'estoit donné toute la terre ronde,
Car seulement au cueur on se prenoit.

Et si par cas à jouyr on venoit,
Sçavez-vous bien comme on s'entretenoit?
Vingt ans, trente ans: cela duroit un monde
        Au bon vieulx temps.

Or est perdu ce qu'amour ordonnoit:
Rien que pleurs fainctz, rien que changes on n'oyt.
Qui vouldra donc qu'à aymer je me fonde,
Il fault premier que l'amour on refonde,
Et qu'on la meine ainsi qu'on la menoit
        Au bon vieulx temps.

MONTAIGNE

Michel de Montaigne (1533–1592), the son of a country gentleman named
Pierre Eyquem, took his surname from his ancestral estate. He was
educated at Bordeaux and for fifteen years served as a magistrate in the
Parliament of Bordeaux. Retiring in 1571, he spent a considerable portion
of the rest of his life in the seclusion of his library, which was in a tower
separate from the château, reading his books, and writing his world-renowned
Essays. He combined the rich and riotous imagination of the sixteenth
century with the psychological moralising of the seventeenth; he was a
John-a-dreams, but the basis of his character was common-sense; he loved
pleasure, but he was never a slave to it; he was a good Catholic, but he
preached and practised a pagan morality; he was an egotist, but his favourite
study was man—*un subject merveilleusement vain, divers et ondoyant*. From
Shakespeare and Bacon downwards he has always had friends in this country.
The following extract is from the Essay, *Du repentir* (Book iii, ch. ii).

POURQUOI MONTAIGNE SE PEINT LUI-MÊME

Les aultres forment l'homme: je le recite; et en represente un
particulier, bien mal formé: et lequel si j'avois à façonner de nouveau, je ferois vrayement bien aultre qu'il n'est: meshuy, c'est
fait. Or, les traits de ma peinture ne se fourvoyent point,
quoyqu'ils se changent et diversifient. Le monde n'est qu'une
branloire perenne. Toutes choses y branlent sans cesse, la terre,
les rochers du Caucase, les pyramides d'Aegypte, et du branle
public et du leur; la constance mesme n'est aultre chose qu'un
branle plus languissant. Je ne puis asseurer mon object; il va
trouble et chancelant, d'une yvresse naturelle: je le prends en ce
poinct, comme il est en l'instant que je m'amuse à luy: je ne peinds
pas l'estre, je peinds le passage; non un passage d'aage en aultre,
ou, comme dict le peuple, de sept en sept ans, mais de jour en
jour, de minute en minute: il fault accommoder mon histoire à
l'heure. Je pourray tantost changer, non de fortune seulement,
mais aussi d'intention. C'est un contrerolle de divers et muables
accidents, et d'imaginations irresoluës, et, quand il y eschet,
contraires; sois que je sois aultre moy-mesme, soit que je saisisse
les subjects par aultres circonstances et considerations. Tant y a
que je me contredis bien à l'adventure, mais la verité, comme
disoit Demades, je ne la contredy point. Si mon ame pouvoit
prendre pied, je ne m'essaierois pas, je me resoudrois: elle est
tousjours en apprentissage et en espreuve.

Je propose une vie basse et sans lustre. C'est tout un. On attache aussi bien toute la philosophie morale à une vie populaire et privee, qu'à une vie de plus riche estoffe. Chasque homme porte la forme entiere de l'humaine condition. Les autheurs se communiquent au peuple par quelque marque speciale et estrangere: moy, le premier, par mon estre universel; comme Michel de Montaigne: non comme grammairien, ou poëte, ou jurisconsulte. Si le monde se plaint dequoy je parle trop de moy, je me plains dequoy il ne pense seulement pas à soy. Mais est-ce raison que, si particulier en usage, je pretende me rendre public en cognoissance? est il aussi raison, que je produise au monde, où la façon et l'art ont tant de credit et de commandement, des effects de nature et crus et simples, et d'une nature encores bien foiblette? est-ce pas faire une muraille sans pierre, ou chose semblable, que de bastir des livres sans science? Les fantasies de la musique sont conduictes par art, les miennes, par sort. Aumoins j'ay cecy selon la discipline, que jamais homme ne traicta subject qu'il entendist ne cogneust mieulx, que je fais celuy que j'ay entrepris: et qu'en celuy là je suis le plus sçavant homme qui vive. Secondement, Que jamais aucun ne penetra en sa matiere plus avant, ny en espelucha plus distinctement les membres et suittes: et n'arriva plus exactement et plus plainement à la fin qu'il s'estoit proposé à sa besongne. Pour la parfaire, je n'ay besoing d'y apporter que la fidelité: celle là y est, la plus sincere et pure qui se treuve. Je dis vray, non pas tout mon saoul: mais autant que je l'ose dire. Et l'ose un peu plus en vieillissant: car il semble que la coustume concede à cet aage plus de liberté de bavasser, et d'indiscretion à parler de soy. Il ne peult advenir ici, ce que je veois advenir souvent, que l'artizan et sa besongne se contrarient. Un homme de si honneste conversation, a il faict un si sot escrit? ou, des escripts si sçavans, sont ils partis d'un homme de si foible conversation? Qui a un entretien commun, et ses escrits rares, c'est à dire que sa capacité est en lieu d'où il l'emprunte, et non en luy. Un personnage sçavant n'est pas sçavant par tout. Mais le suffisant est par tout suffisant, et à ignorer mesme. Icy nous allons conformement, et tout d'un train, mon livre et moy. Ailleurs, on peut recommander et accuser l'ouvrage, à part de l'ouvrier: icy, non: qui touche l'un, touche l'aultre. Celuy qui en jugera sans le cognoistre, se fera plus de tort qu'à moy: celuy qui l'aura cogneu, m'a du tout satisfaict. Heureux outre mon merite, si j'ay seulement cette part à l'approbation publique, que je face sentir aux gents d'entendement, que j'estois capable de faire mon profit de la science, si j'en eusse eu: et que je meritois que la memoire me secourust mieulx.

Excusons ici ce que je dis souvent, que je me repens rarement, et que ma conscience se contente de soy: non comme de la conscience d'un ange ou d'un cheval, mais comme de la conscience d'un homme. Adjoustant tousjours ce refrein, non un refrein de cerimonie, mais de naifve et essentielle submission: Que je parle enquerant et ignorant, me rapportant de la resolution, purement et simplement, aux creances communes et legitimes. Je n'enseigne point, je raconte.

PASCAL

BLAISE PASCAL (1623–1662), born at Clermont-Ferrand, the son of a magistrate, was a great mathematician and a distinguished physicist. He was also the founder of modern French prose, and the author of the wittiest and most effective polemic ever written, *Les Provinciales*, and of an unfinished and fragmentary apology for Christianity—*Les Pensées*—which has consoled and strengthened many a faint and doubting heart. He was an admiring, if unsympathetic, reader of Montaigne—*Quel sot projet qu'il a de se peindre*—but he repudiated, without wholly comprehending, the Epicurean and sceptical side of his philosophy. For him the perplexing contrast between the grandeur and the misery of man had its only possible explanation in the Christian religion. The following passage forms the greater part of one of the most famous fragments of *Les Pensées*.

LA PETITESSE DE L'HOMME

Que l'homme contemple donc la nature entière dans sa haute et pleine majesté, qu'il éloigne sa vue des objets bas qui l'environnent. Qu'il regarde cette éclatante lumière, mise comme une lampe éternelle pour éclairer l'univers, que la terre lui paraisse comme un point au prix du vaste tour que cet astre décrit, et qu'il s'étonne de ce que ce vaste tour lui-même n'est qu'une pointe très délicate à l'égard de celui que les astres qui roulent dans le firmament embrassent. Mais si notre vue s'arrête là, que l'imagination passe outre; elle se lassera plutôt de concevoir, que la nature de fournir. Tout ce monde visible n'est qu'un trait imperceptible dans l'ample sein de la nature. Nulle idée n'en approche. Nous avons beau enfler nos conceptions, au delà des espaces imaginables, nous n'enfantons que des atomes, au prix de la réalité des choses. C'est une sphère dont le centre est partout, la circonférence nulle part. Enfin c'est le plus grand caractère sensible de la toute-puissance de Dieu, que notre imagination se perde dans cette pensée.

Que l'homme, étant revenu à soi, considère ce qu'il est au prix de ce qui est; qu'il se regarde comme égaré dans ce canton détourné de la nature; et que de ce petit cachot où il se trouve logé, j'entends l'univers, il apprenne à estimer la terre, les royaumes, les villes et soi-même son juste prix. Qu'est-ce qu'un homme dans l'infini?

Mais pour lui présenter un autre prodige aussi étonnant, qu'il recherche dans ce qu'il connaît les choses les plus délicates. Qu'un ciron lui offre dans la petitesse de son corps des parties incomparablement plus petites, des jambes avec des jointures, des veines dans ces jambes, du sang dans ces veines, des humeurs dans ce sang, des gouttes dans ces humeurs, des vapeurs dans ces gouttes; que, divisant encore ces dernières choses, il épuise ses forces en ces conceptions, et que le dernier objet où il peut arriver soit maintenant celui de notre discours; il pensera peut-être que c'est là l'extrême petitesse de la nature. Je veux lui faire voir là dedans un abîme nouveau. Je lui veux peindre non-seulement l'univers visible, mais l'immensité qu'on peut concevoir de la nature, dans l'enceinte de ce raccourci d'atome. Qu'il y voie une infinité d'univers, dont chacun a son firmament, ses planètes, sa terre, en la même proportion que le monde visible; dans cette terre, des animaux, et enfin des cirons, dans lesquels il retrouvera ce que les premiers ont donné; et trouvant encore dans les autres la même chose sans fin et sans repos, qu'il se perde dans ces merveilles, aussi étonnantes dans leur petitesse que les autres par leur étendue; car qui n'admirera que notre corps, qui tantôt n'était pas perceptible dans l'univers, imperceptible lui-même dans le sein du tout, soit à présent un colosse, un monde, ou plutôt un tout, à l'égard du néant où l'on ne peut arriver?

Qui se considérera de la sorte s'effrayera de soi-même, et, se considérant soutenu dans la masse que la nature lui a donnée, entre ces deux abîmes de l'infini et du néant, il tremblera dans la vue de ces merveilles; et je crois que sa curiosité se changeant en admiration, il sera plus disposé à les contempler en silence qu'à les rechercher avec présomption.

Car enfin qu'est-ce que l'homme dans la nature? Un néant à l'égard de l'infini, un tout à l'égard du néant, un milieu entre rien et tout. Infiniment éloigné de comprendre les extrêmes, la fin des choses et leur principe sont pour lui invinciblement cachés dans un secret impénétrable, également incapable de voir le néant d'où il est tiré, et l'infini où il est englouti.

Que fera-t-il donc, sinon d'apercevoir quelque apparence du milieu des choses, dans un désespoir éternel de connaître ni leur principe ni leur fin? Toutes choses sont sorties du néant et portées jusqu'à l'infini. Qui suivra ces étonnantes démarches? L'auteur de ces merveilles les comprend. Tout autre ne le peut faire.

Manque d'avoir contemplé ces infinis, les hommes se sont portés témérairement à la recherche de la nature, comme s'ils avaient quelque proportion avec elle. C'est une chose étrange qu'ils ont voulu comprendre les principes des choses, et de là arriver jusqu'à connaître tout, par une présomption aussi infinie que leur objet. Car il est sans doute qu'on ne peut former ce dessein sans une présomption ou sans une capacité infinie, comme la nature.

Quand on est instruit, on comprend que la nature ayant gravé son image et celle de son auteur dans toutes choses, elles tiennent presque toutes de sa double infinité. C'est ainsi que nous voyons que toutes les sciences sont infinies en l'étendue de leurs recherches, car qui doute que la géométrie, par exemple, a une infinité d'infinités de propositions à exposer? Elles sont aussi infinies dans la multitude et la délicatesse de leurs principes; car qui ne voit que ceux qu'on propose pour les derniers ne se soutiennent pas d'eux-mêmes, et qu'ils sont appuyés sur d'autres qui, en ayant d'autres pour appui, ne souffrent jamais de dernier? Mais nous faisons des derniers qui paraissent à la raison comme on fait dans les choses matérielles, où nous appelons un point invisible celui au delà duquel nos sens n'aperçoivent plus rien, quoique divisible infiniment et par sa nature.

De ces deux infinis de sciences, celui de grandeur est bien plus sensible, et c'est pourquoi il est arrivé à peu de prétendre connaître toutes choses. "Je vais parler de tout," disait Démocrite.

Mais l'infinité en petitesse est bien moins visible. Les philosophes ont bien plutôt prétendu d'y arriver, et c'est là où tous ont achoppé. C'est ce qui a donné lieu à ces titres si ordinaires, *Des principes des choses, Des principes de la philosophie*, et aux semblables, aussi fastueux en effet, quoique moins en apparence, que cet autre qui crève les yeux, *De omni scibili*.

On se croit naturellement bien plus capable d'arriver au centre des choses que d'embrasser leur circonférence; l'étendue visible du monde nous surpasse visiblement; mais comme c'est nous qui surpassons les petites choses, nous nous croyons plus capables de les posséder, et cependant il ne faut pas moins de capacité pour aller jusqu'au néant que jusqu'au tout; il la faut infinie pour l'un et l'autre, et il me semble que qui aurait compris les derniers principes des choses pourrait aussi arriver jusqu'à connaître l'infini. L'un dépend de l'autre, et l'un conduit à l'autre. Ces extrémités se touchent et se réunissent à force de s'être éloignées, et se retrouvent en Dieu, et en Dieu seulement.

Connaissons donc notre portée; nous sommes quelque chose, et ne sommes pas tout; ce que nous avons d'être nous dérobe la connaissance des premiers principes, qui naissent du néant; et le peu que nous avons d'être nous cache la vue de l'infini.

Notre intelligence tient dans l'ordre des choses intelligibles le même rang que notre corps dans l'étendue de la nature.

Bornés en tout genre, cet état qui tient le milieu entre deux extrêmes se trouve en toutes nos impuissances. Nos sens n'aperçoivent rien d'extrême, trop de bruit nous assourdit, trop de lumière éblouit, trop de distance et trop de proximité empêche la vue, trop de longueur et trop de brièveté de discours l'obscurcit, trop de vérité nous étonne (j'en sais qui ne peuvent comprendre que qui de zéro ôte 4 reste zéro), les premiers principes ont trop d'évidence pour nous, trop de plaisir incommode, trop de consonances déplaisent dans la musique; et trop de bienfaits irritent, nous voulons avoir de quoi surpayer la dette: *Beneficia eo usque læta sunt dum videntur exsolvi posse; ubi multum antevenere, pro gratia odium redditur.* Nous ne sentons ni l'extrême chaud ni l'extrême froid. Les qualités excessives nous sont ennemies, et non pas sensibles: nous ne les sentons plus, nous les souffrons. Trop de jeunesse et trop de vieillesse empêchent l'esprit, trop et trop peu d'instruction; enfin les choses extrêmes sont pour nous comme si elles n'étaient point, et nous ne sommes point à leur égard: elles nous échappent, ou nous à elles.

Voilà notre état véritable; c'est ce qui nous rend incapables de savoir certainement et d'ignorer absolument. Nous voguons sur un milieu vaste, toujours incertains et flottants, poussés d'un bout vers l'autre. Quelque terme où nous pensions nous attacher et nous affermir, il branle et nous quitte; et si nous le suivons, il échappe à nos prises, nous glisse et fuit d'une fuite éternelle. Rien ne s'arrête pour nous. C'est l'état qui nous est naturel, et toutefois le plus contraire à notre inclination; nous brûlons de désir de trouver une assiette ferme, et une dernière base constante pour y édifier une tour qui s'élève à l'infini, mais tout notre fondement craque, et la terre s'ouvre jusqu'aux abîmes.

Ne cherchons donc point d'assurance et de fermeté. Notre raison est toujours déçue par l'inconstance des apparences, rien ne peut fixer le fini entre les deux infinis, qui l'enferment et le fuient.

SULLY PRUDHOMME

René-François-Armand Prudhomme, called Sully Prudhomme (1839–1907), was born at Paris. He lost his father when he was only two and was brought up by an anxious and devoted mother. He tried many professions, but his real bent was towards philosophy and poetry. In form he was strongly influenced by Leconte de Lisle and the Parnassians, but his thought is the sincere expression of his own austere, melancholy, and delicate temperament. He published several volumes of verse, but he never attained to a real mastery of his medium. The Nobel prize for Literature was awarded to him in 1901. After 1888 he wrote little poetry; his prose works include *La vraie religion selon Pascal*.

Of the two poems which follow, the first is from a group called *Le Doute* in the volume *Les Épreuves* (1866), and the second is inspired by the war of 1870, from which the poet's health permanently suffered.

ROUGE OU NOIRE

Pascal! pour mon salut à quel Dieu dois-je croire?
—Tu doutes? crois au mien, c'est le moins hasardeux.
Il est ou non: forcé d'avouer l'un des deux,
Parie. A l'infini court la rouge ou la noire.

Tu risques le plaisir pour l'immortelle gloire;
Contre l'éternité, le plus grand des enjeux,
N'exposer qu'une vie est, certe, avantageux:
La plus sûre vaut moins qu'un ciel aléatoire.

Pitié! maître, j'avance et retire ma main;
Joueur que le tapis sollicite et repousse,
J'hésite, tant la vie est légitime et douce!

Tout mon être répugne à ce choix inhumain;
Le cœur a ses raisons où la raison s'abîme,
Et ton calcul est faux si je m'en sens victime.

RÉPENTIR

J'aimais froidement ma patrie,
Au temps de la sécurité;
De son grand renom mérité
J'étais fier sans idolâtrie.

Je m'écriais avec Schiller:
" Je suis un citoyen du monde;
En tous lieux où la vie abonde,
Le sol m'est doux et l'homme cher.

"Des plages où le jour se lève
Aux pays du soleil couchant,
Mon ennemi c'est le méchant,
Mon drapeau l'azur de mon rêve.

"Où règne en paix le droit vainqueur,
Où l'art me sourit et m'appelle,
Où la race est polie et belle,
Je naturalise mon cœur;

"Mon compatriote, c'est l'homme!"
Naguère ainsi je dispersais
Sur l'univers ce cœur français:
J'en suis maintenant économe.

J'oubliais que j'ai tout reçus,
Mon foyer et tout ce qui m'aime,
Mon pain, et mon idéal même,
Du peuple dont je suis issu,

Et que j'ai goûté dès l'enfance,
Dans les yeux qui m'ont caressé,
Dans ceux mêmes qui m'ont blessé,
L'enchantement du ciel de France!

Je ne l'avais pas bien senti;
Mais depuis nos sombres journées,
De mes tendresses détournées
Je me suis enfin répenti;

Ces tendresses, je les ramène
Étroitement sur mon pays,
Sur les hommes que j'ai trahis
Par amour de l'espèce humaine,

Sur tous ceux dont le sang coula
Pour mes droits et pour mes chimères:
Si tous les hommes sont mes frères,
Que me désormais sont ceux-là?

Sur le pavé des grandes routes,
Dans les ravins, sur les talus,
De ce sang, qu'on ne lavait plus,
Je baiserai les moindres gouttes;

Je ramasserai dans les tours
Et les fossés des citadelles
Les miettes noires, mais fidèles,
Du pain sans blé des derniers jours;

Dans nos champs défoncés encore,
Pélerin, je recueillerai,
Ainsi qu'un monument sacré,
Le moindre lambeau tricolore;

Car je t'aime dans tes malheurs,
O France, depuis ce guerre,
En enfant, comme le vulgaire
Qui sait mourir pour tes couleurs!

J'aime avec lui tes vieilles vignes,
Ton soleil, ton sol admiré
D'où nos ancêtres ont tiré
Leur force et leur génie insignes.

Quand j'ai de tes clochers tremblants
Vu les aigles noires voisines,
J'ai senti frémir les racines
De ma vie entière en tes flancs.

Pris d'une piété jalouse
Et navré d'un tardif remords,
J'assume ma part de tes torts;
Et ta misère, je l'épouse.

124

RENAN

Ernest Renan (1823–1892) was born at Tréguier in Brittany. From an early age he was destined for the Church and after completing his courses of classics and philosophy he entered the famous seminary of Saint-Sulpice in 1843, only to leave it two years later, a searcher after truth, but no longer a Christian. His supple character led him, like Montaigne, into many contradictions. He was an eloquent champion of the scientific spirit, yet in his most ambitious work, *Les Origines du Christianisme*, he gave full rein to his imagination. He was an optimist and an idealist, but from fear of being duped he left a corner of his mind for scepticism and dilettantism. His influence, once very great, is now on the decline, but the charm of his style abides. Sober, delicate, supple, without any arresting features, it finally acquired in the fascinating *Souvenirs d'enfance et de jeunesse* that indescribable mixture of grace, precision, and lucidity, which is so characteristic of the French genius. The following passage is the conclusion of the speech which on his admission to the French Academy he delivered in honour of his predecessor, the great physiologist, Claude Bernard.

CLAUDE BERNARD

Claude Bernard n'ignorait pas que les problèmes qu'il soulevait touchaient aux plus graves questions de l'ordre philosophique. Il n'en fut jamais ému. Il ne croyait pas qu'il fût permis au savant de s'occuper des conséquences qui peuvent sortir de ses recherches. Il était, à cet égard, d'une impassibilité absolue. Peu lui importait qu'on l'appelât de tel ou tel nom de secte. Il n'était d'aucune secte. Il cherchait la vérité, et voulà tout. Les héros de l'esprit humain sont ceux qui savent ainsi ignorer pour que l'avenir sache. Tous n'ont pas ce courage. Il est difficile de s'abstenir dans des questions où c'est éminemment de nous qu'il s'agit. Ignorer si l'univers a un but idéal, ou si, fils du hasard, il va au hasard, sans qu'une conscience aimante le suive dans son évolution; ignorer si, à l'origine, quelque chose fut mis en lui, et si, à la fin, un soir plus consolant lui est réservé; ignorer si nos instincts profonds de justice sont un leurre ou la dictée impérieuse d'une vérité qui s'impose, on est excusable de ne pas s'y résigner. Il est des sujets où l'on aime mieux déraisonner que de se taire. Vérité ou chimère, le rêve de l'infini nous attirera toujours, et, comme ce héros d'un conte celtique qui, ayant vu en songe une beauté ravissante, court le monde toute sa vie pour la trouver, l'homme qui un moment s'est assis pour réfléchir sur sa destinée porte au cœur une flèche qu'il ne s'arrache plus. En pareille matière, la puérilité même des efforts est touchante. Il ne faut pas demander de logique aux solutions que l'homme imagine pour se rendre quelque raison du sort étrange qui lui est échu. Invinciblement porté à croire à la justice et jeté dans un monde qui est et sera toujours l'injustice même, ayant besoin de l'éternité pour ses revendications et brusquement arrêté par le fossé de la mort, que voulez-vous qu'il fasse? Il se révolte contre le cercueil, il rend la chair à l'os décharné, la vie au cerveau plein de pourriture, la lumière à l'œil éteint; il imagine des sophismes dont il rirait chez un enfant, pour ne pas avouer que la nature a pu pousser l'ironie jusqu'à lui imposer le fardeau du devoir sans compensation.

Si parfois, à ces confins extrêmes où toutes nos pensées tournent à l'éblouissement, la philosophie de notre illustre confrère parut un peu contradictoire, ce n'est pas moi qui l'en blâmerai. J'estime qu'il est des sujets sur lesquels il est bon de se contredire; car aucune vue partielle n'en saurait épuiser les intimes replis. Les vérités de la conscience sont des phares à feux changeants. A certaines heures, ces vérités paraissent évidentes; puis on s'étonne qu'on ait pu y croire. Ce sont choses que l'on aperçoit furtivement, et qu'on ne peut plus revoir telles qu'on les a entrevues. Vingt fois l'humanité les a niées et affirmées; vingt fois l'humanité les niera et les affirmera encore. La vraie religion de l'âme est-elle ébranlée par ces alternatives? Non, Messieurs. Elle réside dans un empyrée où le mouvement de tous les autres cercles ne saurait l'atteindre. Le monde roulera durant l'éternité sans que la sphère du réel et la sphère de l'idéal se touchent. La plus grande faute que puissent commettre la philosophie et la religion est de faire dépendre leurs vérités de telle ou telle théorie scientifique et historique; car les théories passent, et les vérités nécessaires doivent rester. L'objet de la religion n'est pas de nous donner des leçons de physiologie, de géologie, de chronologie; qu'elle n'affirme rien en ces matières, et elle ne sera pas blessée. Qu'elle n'attache pas son sort à ce qui peut périr. La réalité dépasse toujours les idées qu'on s'en fait; toutes nos imaginations sont basses auprès de ce qui est. De même que la science, en détruisant un monde matériel enfantin, nous a rendu un monde mille fois plus beau, de même la disparition de quelques rêves ne fera que donner au monde idéal plus de sublimité. Pour moi, j'ai une confiance invincible en la bonté de la pensée qui a fait l'univers. "Enfants! disons-nous des hommes antiques, enfants! qui n'avaient point d'yeux pour voir ce que nous voyons!"—"Enfants! dira de nous l'avenir, qui pleuraient sur la ruine d'un *millènium* chimérique et ne voyaient pas le soleil de la vérité nouvelle blanchir derrière eux les sommets de l'horizon ! ''

Vous résolvez ces graves problèmes, Messieurs, par la tolérance, par votre bonne confraternité, en vous aimant, en vous estimant. Vous ne vous effrayez pas de luttes qui sont aussi vieilles que le monde, de contradictions qui dureront autant que l'esprit humain, d'erreurs même qui sont la condition de la vérité. Votre philosophie est indulgente et optimiste, parce qu'elle est fondée sur une connaissance étendue de l'esprit humain. Ce désintéressement qu'un observateur superficiel se croit en droit de nier dans les choses humaines, vous savez le voir, vous à qui l'étude de la société apprend la justice et la modération. Ne trouvez-vous pas, Messieurs, que les hommes sont trop sévères les uns pour les autres ? On s'anathématise, on se traite de haut en bas, quand souvent, de part et d'autre, c'est l'honnêteté qui insulte l'honnêteté, la vérité qui injurie la vérité. Oh ! le bon être que l'homme ! Comme il a travaillé ! Quelle somme de dévouement il a dépensée pour le vrai, pour le bien ! Et quand on pense que, ces sacrifices à un Dieu inconnu, il les a faits, pauvre, souffrant, jeté sur la terre comme un orphelin, à peine sûr du lendemain, âh ! je ne peux souffrir qu'on l'insulte, cet être de douleur, qui, entre le gémissement de la naissance et celui de l'agonie, trouve moyen de créer l'art, la science, la vertu. Qu'importent les malentendus aux yeux de la vérité éternelle ? Le culte le plus pur de la Divinité se cache parfois derrière d'apparentes négations ; le plus parfait idéaliste est souvent celui qui croit devoir à une certaine franchise de se dire matérialiste. Combien de saints sous l'apparence d'irréligion ! Combien, parmi ceux qui nient l'immortalité, mériteraient une belle déception ! La raison triomphe de la mort, et travailler pour elle, c'est travailler pour l'éternité. Toute perdue qu'elle est dans le chœur des millions d'êtres qui chantent l'hymne éternel, chaque voix a compté et comptera toujours. La joie, la gaieté que donnent ces pensées est un signe qu'elles ne sont pas vaines. Elles ont l'éclat ; elles rajeunissent ; elles prêtent au talent, le créent et l'appellent. Vous qui jugez des choses par l'étincelle qui en jaillit, par le talent qu'elles provoquent, vous avez, après tout, un bon moyen de discernement. Le talent qu'inspire une doctrine est, à beaucoup d'égards, la mesure de sa vérité. Ce n'est pas sans raison qu'on ne peut être grand poète qu'avec l'idéalisme, grand artiste qu'avec la foi et l'amour, bon écrivain qu'avec la logique, éloquent orateur qu'avec la passion du bien et de la liberté.

THE CORONATION OF VOLTAIRE

VOLTAIRE

Françoıs-Marıe Arouet, called Voltaire (1694–1778), was born and died at Paris. He was educated from the age of ten to that of seventeen at the Jesuit College of Louis-le-Grand. Then he was sent to study law, but speedily deserted it for literature. His influence on French thought, especially during the last forty years of his life, between his death and the Revolution, and from 1815 to 1848, has been very great, and his admirable style, with its ease, precision, and clarity has helped to form French prose. His numerous writings, which fill fifty-two volumes in Moland's edition of 1883, are no longer read to the extent they used to be, but his *Siècle de Louis XIV*, and his voluminous *Correspondance* are enduring monuments to his fame, while the *Histoire de Charles XII*, the *Essai sur les mœurs et l'esprit des nations*, the *Lettres philosophiques* (written in London), the *Dictionnaire philosophique*, his lighter verse, and above all his *Contes*, of which the best known are *Zadig* and *Candide*, still find readers and admirers.

L'AFFAIRE CALAS ET L'AFFAIRE SIRVEN

Au château de Ferney, 1er mars [1765].

J'ai dévoré, mon cher ami, le nouveau mémoire de M. de Beaumont sur l'innocence des Calas; je l'ai admiré, j'ai répandu des larmes, mais il ne m'a rien appris; il y a longtemps que j'étais convaincu; et j'avais eu le bonheur de fournir les premières preuves.

Vous voulez savoir comment cette réclamation de toute l'Europe contre le meurtre juridique du malheureux Calas, roué à Toulouse, a pu venir d'un petit coin de terre ignoré, entre les Alpes et le mont Jura, à cent lieues du théâtre où se passa cette scène épouvantable.

Rien ne fera peut-être mieux voir la chaîne insensible qui lie tous les événements de ce malheureux monde.

Sur la fin de mars 1762, un voyageur qui avait passé par le Languedoc, et qui vint dans ma retraite à deux lieues de Genève, m'apprit le supplice de Calas, et m'assura qu'il était innocent. Je lui répondis que son crime n'était pas vraisemblable, mais qu'il était moins vraisemblable encore que des juges eussent, sans aucun intérêt, fait périr un innocent par le supplice de la roue.

J'appris le lendemain qu'un des enfants de ce malheureux père s'était réfugié en Suisse, assez près de ma chaumière. Sa fuite me fit présumer que la famille était coupable. Cependant je fis réflexion que le père avait été condamné au supplice comme ayant seul assassiné son fils pour la religion, et que ce père était mort âgé de soixante-neuf ans. Je ne me souviens pas d'avoir jamais lu qu'aucun vieillard eût été possédé d'un si horrible fanatisme. J'avais toujours remarqué que cette rage n'attaquait d'ordinaire que la jeunesse, dont l'imagination ardente, tumultueuse et faible, s'enflamme par la superstition. Les fanatiques des Cévennes étaient des fous de vingt à trente ans, stylés à prophétiser dès l'enfance. Presque tous les convulsionnaires que j'avais vus à Paris en très grand nombre étaient de petites filles et de jeunes garçons....Les fameux assassins, armés par le fanatisme, ont tous été de jeunes gens, de même que tous ceux qui ont prétendu être possédés; jamais on n'a vu exorciser un vieillard. Cette idée me fit douter d'un crime qui d'ailleurs n'est guère dans la nature. J'en ignorais les circonstances.

Je fis venir le jeune Calas chez moi. Je m'attendais à voir un énergumène tel que son pays en a produit quelquefois. Je vis un enfant simple, ingénu, de la physionomie la plus douce et la plus intéressante, et qui, en me parlant, faisait des efforts inutiles pour retenir ses larmes. Il me dit qu'il était à Nîmes en apprentissage chez un fabricant, lorsque la voix publique lui avait appris qu'on allait condamner dans Toulouse toute sa famille au supplice; que presque tout le Languedoc la croyait coupable, et que, pour se dérober à des opprobres si affreux, il était venu se cacher en Suisse.

Je lui demandai si son père et sa mère étaient d'un caractère violent: il me dit qu'ils n'avaient jamais battu un seul de leurs enfants, et qu'il n'y avait point de parents plus indulgents et plus tendres.

J'avoue qu'il ne m'en fallut pas davantage pour présumer fortement l'innocence de la famille. Je pris de nouvelles informations de deux négociants de Genève, d'une probité reconnue, qui avaient logé à Toulouse chez Calas. Ils me confirmèrent dans mon opinion. Loin de croire la famille Calas fanatique et parricide, je crus voir que c'étaient des fanatiques qui l'avaient accusée et perdue. Je savais depuis longtemps de quoi l'esprit de parti et la calomnie sont capables.

Mais quel fut mon étonnement lorsque, ayant écrit en Languedoc sur cette étrange aventure, catholiques et protestants me répon-

dirent qu'il ne fallait pas douter du crime des Calas! Je ne me
rebutai point. Je pris la liberté d'écrire à ceux mêmes qui avaient
gouverné la province, à des commandants de provinces voisines,
à des ministres d'État; tous me conseillèrent unanimement de ne
me point mêler d'une si mauvaise affaire; tout le monde me
condamna, et je persistai; voici le parti que je pris.

La veuve Calas, à qui, pour comble de malheur et d'outrage,
on avait enlevé ses filles, était retirée dans une solitude où elle se
nourrissait de ses larmes, où elle attendait la mort. Je ne m'in-
formai point si elle était attachée ou non à la religion protestante,
mais seulement si elle croyait un Dieu rémunérateur de la vertu
et vengeur des crimes. Je lui fis demander si elle signerait au nom
de ce Dieu que son mari était mort innocent; elle n'hésita pas.
Je n'hésitai pas non plus. Je priai M. Mariette de prendre au
conseil du roi sa défense. Il fallait tirer Mme Calas de sa retraite,
et lui faire entreprendre le voyage de Paris.

On vit alors que s'il y a de grands crimes sur la terre, il y a
autant de vertus; et que si la superstition produit d'horribles
malheurs, la philosophie les répare.

Une dame dont la générosité égale la haute naissance, qui
était alors à Genève pour faire inoculer ses filles, fut la première
qui secourut cette famille infortunée. Des Français retirés en ce
pays la secondèrent; des Anglais qui voyageaient se signalèrent;
et, comme le dit M. de Beaumont, il y eut un combat de générosité
entre ces deux nations, à qui secourrait le mieux la vertu si cruellement opprimée.

Le reste, qui le sait mieux que vous? qui a servi l'innocence avec
un zèle plus constant et plus intrépide? combien n'avez-vous pas
encouragé la voix des orateurs, qui a été entendue de toute la
France et de l'Europe attentive? Nous avons vu renouveler les
temps où Cicéron justifiait, devant une assemblée de législateurs,
Amerinus accusé de parricide....

La raison remporte donc de grandes victoires parmi nous?
Mais croiriez-vous, mon cher ami, que la famille des Calas, si bien
secourue, si bien vengée, n'était pas la seule alors que la religion
accusât d'un parricide, n'était pas la seule immolée aux fureurs
du préjugé? Il y en a une plus malheureuse encore, parce qu'éprou-
vant les mêmes horreurs, elle n'a pas eu les mêmes consolations;
elle n'a point trouvé des Mariette, des Beaumont et des Loiseau.

Il semble qu'il y ait dans le Languedoc une furie infernale amenée autrefois par les inquisiteurs à la suite de Simon de Montfort, et que depuis ce temps elle secoue quelquefois son flambeau.

Un feudiste de Castres, nommé Sirven, avait trois filles. Comme la religion de cette famille est la prétendue réformée, on enlève, entre les bras de sa femme, la plus jeune de leurs filles. On la met dans un couvent, on la fouette pour lui mieux apprendre son catéchisme; elle devient folle; elle va se jeter dans un puits, à une lieue de la maison de son père. Aussitôt les zélés ne doutent pas que le père, la mère et les sœurs n'aient noyé cet enfant. Il passait pour constant, chez les catholiques de la province, qu'un des points capitaux de la religion protestante est que les pères et mères sont tenus de pendre, d'égorger ou de noyer tous leurs enfants qu'ils soupçonneront avoir quelque penchant pour la religion romaine. C'était précisément le temps où les Calas étaient aux fers, et où l'on dressait leur échafaud.

L'aventure de la fille noyée parvient incontinent à Toulouse. Voilà un nouvel exemple, s'écrie-t-on, d'un père et d'une mère parricides. La fureur publique s'en augmente; on roue Calas, et on décrète Sirven, sa femme et ses filles. Sirven épouvanté n'a que le temps de fuir avec toute sa famille malade. Ils marchent à pied, dénués de tout secours, à travers des montagnes escarpées, alors couvertes de neige. Une de ses filles accouche parmi les glaçons; et, mourante, elle emporte son enfant mourant dans ses bras: ils prennent enfin leur chemin vers la Suisse.

Le même hasard qui m'amena les enfants de Calas veut encore que les Sirven s'adressent à moi. Figurez-vous, mon ami, quatre moutons que des bouchers accusent d'avoir mangé un agneau; voilà ce que je vis. Il m'est impossible de vous peindre tant d'innocence et tant de malheurs. Que devais-je faire, et qu'eussiez-vous fait à ma place? Faut-il s'en tenir à gémir sur la nature humaine? Je prends la liberté d'écrire à M. le premier président de Languedoc, homme vertueux et sage; mais il n'était point à Toulouse. Je fais présenter par un de vos amis un placet à M. le vice-chancelier. Pendant ce temps-là, on exécute vers Castres, en effigie, le père, la mère, les deux filles; leur bien est confisqué, dévasté, il n'en reste plus rien.

Voilà toute une famille honnête, innocente, vertueuse, livrée à l'opprobre et à la mendicité chez les étrangers: ils trouvent de la pitié sans doute; mais qu'il est dur d'être jusqu'au tombeau un objet de pitié! On me répond enfin qu'on pourra leur obtenir des lettres de grâce. Je crus d'abord que c'était de leurs juges qu'on me parlait, et que ces lettres étaient pour eux. Vous croyez bien que la famille aimerait mieux mendier son pain de porte en porte, et expirer de misère, que de demander une grâce qui supposerait un crime trop horrible pour être graciable; mais aussi comment obtenir justice? comment s'aller remettre en prison dans sa patrie, où la moitié du peuple dit encore que le meurtre de Calas était juste? Ira-t-on une seconde fois demander une évocation au conseil? tentera-t-on d'émouvoir la pitié publique, que l'infortune des Calas a peut-être épuisée, et qui se lassera d'avoir des accusations de parricide à réfuter, des condamnés à réhabiliter, et des juges à confondre?

Ces deux événements tragiques, arrivés coup sur coup, ne sont-ils pas, mon ami, des preuves de cette fatalité inévitable à laquelle notre misérable espèce est soumise? Vérité terrible, tant enseignée dans Homère et dans Sophocle; mais vérité utile, puisqu'elle nous apprend à nous résigner et à savoir souffrir.

Vous dirai-je que, tandis que le désastre étonnant des Calas et des Sirven affligeait ma sensibilité, un homme, dont vous devinerez l'état à ses discours, me reprocha l'intérêt que je prenais à deux familles qui m'étaient étrangères? "De quoi vous mêlez-vous? me dit-il; laissez les morts ensevelir leurs morts." Je lui répondis: "J'ai trouvé dans mes déserts l'Israélite baigné dans son sang, souffrez que je répande un peu d'huile et de vin sur ses blessures: vous êtes lévite, laissez-moi être Samaritain...."

Vos passions sont l'amour de la vérité, l'humanité, la haine de la calomnie. La conformité de nos caractères a produit notre amitié. J'ai passé ma vie à chercher, à publier cette vérité que j'aime. Quel autre des historiens modernes a défendu la mémoire d'un grand prince contre les impostures atroces de je ne sais quel écrivain qu'on peut appeler le *calomniateur des rois, des ministres et des grands capitaines*, et qui cependant aujourd'hui ne peut trouver un lecteur?

Je n'ai donc fait, dans les horribles désastres des Calas et des Sirven, que ce que font tous les hommes; j'ai suivi mon penchant. Celui d'un philosophe n'est pas de plaindre les malheureux, c'est de les servir.

Je sais avec quelle fureur le fanatisme s'élève contre la philosophie. Elle a deux filles qu'il voudrait faire périr comme Calas, ce sont la *Vérité* et la *Tolérance*; tandis que la philosophie ne veut que désarmer les enfants du fanatisme, le *Mensonge* et la *Persécution*.

ALFRED DE MUSSET

ALFRED DE MUSSET (1810–1857), the son of Musset-Pathay, author of a life of J.-J. Rousseau, was born at Paris. At an early age he became a disciple of the Romantic movement, but he soon developed an independent line. He had neither the strength of will nor the depth of imagination to become a great creator, but he could give poetical expression to his emotional experiences with rare intensity and sincerity. He had great natural gifts alike for verse, prose and drama, and if his style is often careless, it has the charm of spontaneity.

Of his poems, *Les Nuits*, inspired by his unhappy passion for George Sand, and of his plays, *On ne badine pas avec l'amour* and *Fantasio* may be cited as among the finest examples of his genius. Of the two following poems, the first is from the comedy *Le Chandelier*, while the second springs from the same source of inspiration as *Les Nuits*.

CHANSON DE FORTUNIO

Si vous croyez que je vais dire
Qui j'ose aimer,
Je ne saurais, pour un empire,
Vous la nommer.

Nous allons chanter à la ronde,
Si vous voulez,
Que je l'adore et qu'elle est blonde
Comme les blés.

Je fais ce que sa fantaisie
Veut m'ordonner,
Et je puis, s'il lui faut ma vie,
La lui donner.

Du mal qu'une amour ignorée
 Nous fait souffrir,
J'en porte l'âme déchirée
 Jusqu'à mourir.

Mais j'aime trop pour que je die
 Qui j'ose aimer,
Et je veux mourir pour ma mie
 Sans la nommer.

LETTRE A LAMARTINE

Lorsque le grand Byron allait quitter Ravenne
Et chercher sur les mers quelque plage lointaine
Où finir en héros son immortel ennui,
Comme il était assis aux pieds de sa maîtresse,
Pâle, et déjà tourné du côté de la Grèce,
Celle qu'il appelait alors sa Guiccioli
Ouvrit un soir un livre où l'on parlait de lui.

Avez-vous de ce temps conservé la mémoire,
Lamartine, et ces vers au prince des proscrits,
Vous souvient-il encor qui les avait écrits?
Vous étiez jeune alors, vous, notre chère gloire.
Vous veniez d'essayer pour la première fois
Ce beau luth éploré qui vibre sous vos doigts.
La Muse que le ciel vous avait fiancée
Sur votre front rêveur cherchait votre pensée,
Vierge craintive encore, amante des lauriers.
Vous ne connaissiez pas, noble fils de la France,
Vous ne connaissiez pas, sinon par sa souffrance,
Ce sublime orgueilleux à qui vous écriviez.
De quel droit osiez-vous l'aborder et le plaindre?
Quel aigle, Ganymède, à ce Dieu vous portait?
Pressentiez-vous qu'un jour vous le pourriez atteindre,
Celui qui de si haut alors vous écoutait?
Non, vous aviez vingt ans, et le cœur vous battait.
Vous aviez lu *Lara*, *Manfred* et *le Corsaire*,
Et vous aviez écrit sans essuyer vos pleurs;

Le souffle de Byron vous soulevait de terre,
Et vous alliez à lui, porté par ses douleurs.
Vous appeliez de loin cette âme désolée;
Pour grand qu'il vous parût, vous le sentiez ami,
Et, comme le torrent dans la verte vallée,
L'écho de son génie en vous avait gémi.

Et lui, lui dont l'Europe, encore toute armée,
Écoutait en tremblant les sauvages concerts;
Lui qui depuis dix ans fuyait sa renommée,
Et de sa solitude emplissait l'univers;
Lui, le grand inspiré de la Mélancolie,
Qui, las d'être envié, se changeait en martyr;
Lui, le dernier amant de la pauvre Italie,
Pour son dernier exil s'apprêtant à partir;
Lui qui, rassasié de la grandeur humaine,
Comme un cygne, à son chant sentant sa mort prochaine,
Sur terre autour de lui cherchait pour qui mourir…
Il écouta ces vers que lisait sa maîtresse,
Ce doux salut lointain d'un jeune homme inconnu.
Je ne sais si du style il comprit la richesse;
Il laissa dans ses yeux sourire sa tristesse:
Ce qui venait du cœur lui fut le bienvenu.

Poète, maintenant que ta muse fidèle,
Par ton pudique amour sûre d'être immortelle,
De la verveine en fleur t'a couronné le front,
A ton tour, reçois-moi comme le grand Byron.
De t'égaler jamais je n'ai pas l'espérance;
Ce que tu tiens du ciel, nul ne me l'a promis,
Mais de ton sort au mien plus grande est la distance.
Meilleur en sera Dieu qui peut nous rendre amis.
Je ne t'adresse pas d'inutiles louanges,
Et je ne songe point que tu me répondras;
Pour être proposés, ces illustres échanges
Veulent être signés d'un nom que je n'ai pas.
J'ai cru pendant longtemps que j'étais las du monde;
J'ai dit que je niais, croyant avoir douté,
Et j'ai pris, devant moi, pour une nuit profonde
Mon ombre qui passait pleine de vanité.

Poète, je t'écris pour te dire que j'aime,
Qu'un rayon du soleil est tombé jusqu'à moi,
Et qu'en un jour de deuil et de douleur suprême,
Les pleurs que je versais m'ont fait penser à toi.

Qui de nous, Lamartine, et de notre jeunesse,
Ne sait par cœur ce chant, des amants adoré,
Qu'un soir, au bord d'un lac, tu nous as soupiré?
Qui n'a lu mille fois, qui ne relit sans cesse
Ces vers mystérieux où parle ta maîtresse,
Et qui n'a sangloté sur ces divins sanglots,
Profonds comme le ciel et purs comme les flots?
Hélas! ces longs regrets des amours mensongères,
Ces ruines du temps qu'on trouve à chaque pas,
Ces sillons infinis de lueurs éphémères,
Qui peut se dire un homme et ne les connaît pas?

Quiconque aima jamais porte une cicatrice;
Chacun l'a dans le sein, toujours prête à s'ouvrir;
Chacun la garde en soi, cher et secret supplice,
Et mieux il est frappé, moins il en veut guérir.
Te le dirai-je, à toi, chantre de la souffrance,
Que ton glorieux mal, je l'ai souffert aussi?
Qu'un instant, comme toi, devant ce ciel immense,
J'ai serré dans mes bras la vie et l'espérance,
Et qu'ainsi que le tien, mon rêve s'est enfui?
Te dirai-je qu'un soir, dans la brise embaumée,
Endormi, comme toi, dans la paix du bonheur,
Aux célestes accents d'une voix bien-aimée,
J'ai cru sentir le temps s'arrêter dans mon cœur?
Te dirai-je qu'un soir, resté seul sur la terre,
Dévoré, comme toi, d'un affreux souvenir,
Je me suis étonné de ma propre misère,
Et de ce qu'un enfant peut souffrir sans mourir?
Ah! ce que j'ai senti dans cet instant terrible,
Oserai-je m'en plaindre et te le raconter?
Comment exprimerai-je une peine indicible?
Après toi, devant toi, puis-je encor le tenter?
Oui, de ce jour fatal, plein d'horreur et de charmes,
Je veux fidèlement te faire le récit;

Ce ne sont pas des chants, ce ne sont que des larmes,
Et je ne te dirai que ce que Dieu m'a dit.

Lorsque le laboureur, regagnant sa chaumière,
Trouve le soir son champ rasé par le tonnerre,
Il croit d'abord qu'un rêve a fasciné ses yeux,
Et, doutant de lui-même, interroge les cieux.
Partout la nuit est sombre, et la terre enflammée.
Il cherche autour de lui la place accoutumée
Où sa femme l'attend sur le seuil entr'ouvert;
Il voit un peu de cendre au milieu d'un désert.
Ses enfants demi-nus sortent de la bruyère,
Et viennent lui conter comme leur pauvre mère
Est morte sous le chaume avec des cris affreux;
Mais maintenant au loin tout est silencieux.
Le misérable écoute et comprend sa ruine.
Il serre, désolé, ses fils sur sa poitrine;
Il ne lui reste plus, s'il ne tend pas la main,
Que la faim pour ce soir et la mort pour demain.
Pas un sanglot ne sort de sa gorge oppressée;
Muet et chancelant, sans force et sans pensée,
Il s'assoit à l'écart, les yeux sur l'horizon,
Et, regardant s'enfuir sa moisson consumée,
Dans les noirs tourbillons de l'épaisse fumée
L'ivresse du malheur emporte sa raison.

Tel, lorsque abandonné d'une infidèle amante,
Pour la première fois j'ai connu la douleur,
Transpercé tout à coup d'une flèche sanglante,
Seul, je me suis assis dans la nuit de mon cœur.
Ce n'était pas au bord d'un lac au flot limpide,
Ni sur l'herbe fleurie au penchant des coteaux;
Mes yeux noyés de pleurs ne voyaient que le vide,
Mes sanglots étouffés n'éveillaient point d'échos.
C'était dans une rue obscure et tortueuse
De cet immense égout qu'on appelle Paris;
Autour de moi criait cette foule railleuse
Qui des infortunés n'entend jamais les cris.
Sur le pavé noirci les blafardes lanternes
Versaient un jour douteux plus triste que la nuit,

Et, suivant au hasard ces feux vagues et ternes,
L'homme passait dans l'ombre, allant où va le bruit.
Partout retentissait comme une joie étrange;
C'était en février, au temps du carnaval.
Les masques avinés, se croisant dans la fange,
S'accostaient d'une injure ou d'un refrain banal.
Dans un carrosse ouvert une troupe entassée
Paraissait par moments sous le ciel pluvieux,
Puis se perdait au loin dans la ville insensée,
Hurlant un hymne impur sous la résine en feux.
Cependant des vieillards, des enfants et des femmes
Se barbouillaient de lie au fond des cabarets,
Tandis que de la nuit les prêtresses infâmes
Promenaient çà et là leurs spectres inquiets.

On eut dit un portrait de la débauche antique,
Un de ces soirs fameux chers au peuple romain,
Où des temples secrets la Vénus impudique
Sortait échevelée, une torche à la main.
Dieu juste! pleurer seul par une nuit pareille!
O mon unique amour! que vous avais-je fait?
Vous m'aviez pu quitter, vous qui juriez la veille
Que vous étiez ma vie et que Dieu le savait?
Ah! toi, le savais-tu, froide et cruelle amie,
Qu'à travers cette honte et cette obscurité,
J'étais là, regardant de ta lampe chérie,
Comme une étoile au ciel, la tremblante clarté?
Non, tu n'en savais rien, je n'ai pas vu ton ombre;
Ta main n'est pas venue entr'ouvrir ton rideau.
Tu n'as pas regardé si le ciel était sombre;
Tu ne m'as pas cherché dans cet affreux tombeau!

Lamartine, c'est là, dans cette rue obscure,
Assis sur une borne, au fond d'un carrefour,
Les deux mains sur mon cœur, et serrant ma blessure,
Et sentant y saigner un invincible amour;
C'est là, dans cette nuit d'horreur et de détresse,
Au milieu des transports d'un peuple furieux
Qui semblait en passant crier à ma jeunesse:
"Toi qui pleures ce soir, n'as-tu pas ri comme eux?"

C'est là, devant ce mur, où j'ai frappé ma tête,
Où j'ai posé deux fois le fer sur mon sein nu;
C'est là, le croiras-tu? chaste et noble poète,
Que de tes chants divins je me suis souvenu.

O toi qui sais aimer, réponds, amant d'Élvire,
Comprends-tu que l'on parte et qu'on se dise adieu?
Comprends-tu que ce mot, la main puisse l'écrire,
Et le cœur le signer, et les lèvres le dire,
Les lèvres, qu'un baiser vient d'unir devant Dieu?
Comprends-tu qu'un lien qui, dans l'âme immortelle,
Chaque jour plus profond, se forme à notre insu;
Qui déracine en nous la volonté rebelle,
Et nous attache au cœur son merveilleux tissu;
Un lien tout-puissant dont les nœuds et la trame
Sont plus durs que la roche et que les diamants;
Qui ne craint ni le temps, ni le fer, ni la flamme,
Ni la mort elle-même, et qui fait des amants
Jusque dans le tombeau s'aimer les ossements;
Comprends-tu que dix ans ce lien nous enlace,
Qu'il ne fasse dix ans qu'un seul être de deux,
Puis tout à coup se brise, et, perdu dans l'espace,
Nous laisse épouvantés d'avoir cru vivre heureux?

O poète! il est dur que la nature humaine,
Qui marche à pas comptés vers une fin certaine,
Doive encor s'y traîner en portant une croix,
Et qu'il faille ici-bas mourir plus d'une fois.
Car de quel autre nom peut s'appeler sur terre
Cette nécessité de changer de misère,
Qui nous fait, jour et nuit, tout prendre et tout quitter,
Si bien que notre temps se passe à convoiter?
Ne sont-ce pas des morts, et des morts effroyables,
Que tant de changements d'êtres si variables,
Qui se disent toujours fatigués d'espérer,
Et qui sont toujours prêts à se transfigurer?
Quel tombeau que le cœur, et quelle solitude!
Comment la passion devient-elle habitude,
Et comment se fait-il que, sans y trébucher,
Sur ses propres débris l'homme puisse marcher?

Il y marche pourtant; c'est Dieu qui l'y convie.
Il va semant partout et prodiguant sa vie:
Désir, crainte, colère, inquiétude, ennui,
Tout passe et disparaît, tout est fantôme en lui.
Son misérable cœur est fait de telle sorte,
Qu'il faut incessamment qu'une ruine en sorte;
Que la mort soit son terme, il ne l'ignore pas,
Et, marchant à la mort, il meurt à chaque pas.
Il meurt dans ses amis, dans son fils, dans son père.
Il meurt dans ce qu'il pleure et dans ce qu'il espère;
Et, sans parler des corps qu'il faut ensevelir,
Qu'est-ce donc qu'oublier, si ce n'est pas mourir?
Ah! c'est plus que mourir, c'est survivre à soi-même.
L'âme remonte au ciel quand on perd ce qu'on aime.
Il ne reste de nous qu'un cadavre vivant;
Le désespoir l'habite, et le néant l'attend.

Eh bien! bon ou mauvais, inflexible ou fragile,
Humble ou fier, triste ou gai, mais toujours gémissant,
Cet homme, tel qu'il est, cet être fait d'argile,
Tu l'as vu, Lamartine, et son sang est ton sang.
Son bonheur est le tien; sa douleur est la tienne;
Et des maux qu'ici-bas il lui faut endurer,
Pas un qui ne te touche et qui ne t'appartienne;
Puisque tu sais chanter, ami, tu sais pleurer.
Dis-moi, qu'en penses-tu dans tes jours de tristesse?
Que t'a dit le malheur, quand tu l'as consulté?
Trompé par tes amis, trahi par ta maîtresse,
Du ciel et de toi-même as-tu jamais douté?

Non, Alphonse, jamais. La triste expérience
Nous apporte la cendre, et n'éteint pas le feu.
Tu respectes le mal fait par la Providence,
Tu le laisses passer et tu crois à ton Dieu.
Quelqu'il soit, c'est le mien; il n'est pas deux croyances.
Je ne sais pas son nom, j'ai regardé les cieux;
Je sais qu'ils sont à lui, je sais qu'ils sont immenses,
Et que l'immensité ne peut pas être à deux.

J'ai connu, jeune encor, de sévères souffrances;
J'ai vu verdir les bois, et j'ai tenté d'aimer.
Je sais ce que la terre engloutit d'espérances,
Et, pour y recueillir, ce qu'il y faut semer.
Mais ce que j'ai senti, ce que je veux t'écrire,
C'est ce que m'ont appris les anges de douleur;
Je le sais mieux encore et puis mieux te le dire,
Car leur glaive, en entrant, l'a gravé dans mon cœur.

Créature d'un jour qui t'agites une heure,
De quoi viens-tu te plaindre et qui te fait gémir?
Ton âme t'inquiète, et tu crois qu'elle pleure:
Ton âme est immortelle, et tes pleurs vont tarir.

Tu te sens le cœur pris d'un caprice de femme,
Et tu dis qu'il se brise à force de souffrir.
Tu demandes à Dieu de soulager ton âme:
Ton âme est immortelle, et ton cœur va guérir.

Le regret d'un instant te trouble et te dévore;
Tu dis que le passé te voile l'avenir.
Ne te plains pas d'hier; laisse venir l'aurore:
Ton âme est immortelle, et le temps va s'enfuir.

Ton corps est abattu du mal de ta pensée;
Tu sens ton front peser et tes genoux fléchir.
Tombe, agenouille-toi, créature insensée:
Ton âme est immortelle, et la mort va venir.

Tes os dans le cercueil vont tomber en poussière,
Ta mémoire, ton nom, ta gloire vont périr,
Mais non pas ton amour, si ton amour t'est chère:
Ton âme est immortelle, et va s'en souvenir.

LAMARTINE

<small>ALPHONSE DE LAMARTINE (1790–1869) was born at Mâcon, the son of a country gentleman who had a small estate in the neighbourhood. He owed much to his mother, a woman of excellent sense and deep piety. He began by writing verse after the eighteenth century pattern, till a brief love affair, which ended with the lady's death, turned him into a true poet. His slender volume, *Les Méditations* (1820), opened a new era in French poetry, and his later volumes of verse never surpassed the first. "He is our most authentic</small>

THE ANGELUS

Millet

LAMARTINE # LAMARTINE

poet," says a French critic. In 1833 he entered the Chamber of Deputies, became a great orator, and for a brief moment, when he stayed the rising flood of revolution by his courageous eloquence, held the destinies of France in his hand. But he failed in his candidature for the Presidentship, and spent the remaining twenty years of his life in vainly trying to free himself from debt by literary toil. His poetical vein was exhausted, but he could still pour forth fluent and harmonious prose. He is represented here by (1) a passage from *Les Laboureurs*, a magnificent episode of his long narrative poem, *Jocelyn*, (2) *L'Isolement*, the poem which stands at the head of *Les Méditations*.

LES LABOUREURS

Ils ont quitté leur arbre et repris leur journée.
Du matin au couchant l'ombre déjà tournée
S'allonge au pied du chêne et sur eux va pleuvoir;
Le lac, moins éclatant, se ride au vent du soir;
De l'autre bord du champ le sillon se rapproche.
Mais quel son a vibré dans les feuilles? La cloche,
Comme un soupir des eaux qui s'élève du bord,
Répand dans l'air ému l'imperceptible accord,
Et, par des mains d'enfants au hameau balancée,
Vient donner de si loin son coup à la pensée:
C'est l'Angelus qui tinte, et rappelle en tout lieu
Que le matin des jours et le soir sont à Dieu.
A ce pieux appel le laboureur s'arrête,
Il se tourne au clocher, il découvre sa tête,
Joint ses robustes mains d'où tombe l'aiguillon,
Élève un peu son âme au-dessus du sillon,
Tandis que les enfants, à genoux sur la terre,
Joignent leurs petits doigts dans les mains de leur mère.

Prière! ô voix surnaturelle
Qui nous précipite à genoux;
Instinct du ciel qui nous rappelle
Que la patrie est loin de nous;
Vent qui souffle sur l'âme humaine,
Et de la paupière trop pleine
Fait déborder l'eau de ses pleurs,
Comme un vent qui, par intervalles,
Fait pleuvoir les eaux virginales
Du calice incliné des fleurs:

Sans toi, que serait cette fange?
Un monceau d'un impur limon,
Où l'homme après la brute mange
Les herbes qu'il tond du sillon.
Mais par toi son aile cassée
Soulève encore sa pensée
Pour respirer au vrai séjour,
La désaltérer dans sa course,
Et lui faire boire à sa source
L'eau de la vie et de l'amour!

Le cœur des mères te soupire,
L'air sonore roule ta voix,
La lèvre d'enfant te respire,
L'oiseau t'écoute aux bords des bois;
Tu sors de toute la nature,
Comme un mystérieux murmure
Dont les anges savent le sens;
Et ce qui souffre, et ce qui crie,
Et ce qui chante, et ce qui prie,
N'est qu'un cantique aux mille accents.

O saint murmure des prières,
Fais aussi dans mon cœur trop plein,
Comme des ondes sur des pierres,
Chanter mes peines dans mon sein;
Que le faible bruit de ma vie
En extase intime ravie
S'élève en aspirations;
Et fais que ce cœur que tu brises,
Instrument des célestes brises,
Éclate en bénédictions!

Un travail est fini, l'autre aussitôt commence.
Voilà partout la terre ouverte à la semence:
Aux corbeilles de jonc puisant à pleine main,
En nuage poudreux la femme épand de grain;
Les enfants, enfonçant les pas dans son ornière,
Sur sa trace, en jouant, ramassent la poussière
Que de leur main étroite ils laissent retomber,
Et que les passereaux viennent leur dérober.

Le froment répandu, l'homme attelle la herse,
Le sillon raboteux la cahote et la berce:
En groupe sur ce char les enfants réunis
Effacent sous leur poids les sillons aplanis.
Le jour tombe, et le soir sur les herbes s'essuie;
Et les vents chauds d'automne amèneront la pluie;
Et les neiges d'hiver, sous leur tiède tapis,
Couvriront d'un manteau de duvet les épis;
Et les soleils dorés en jauniront les herbes,
Et les filles des champs viendront nouer les gerbes,
Et, tressant sur leurs fronts les bleuets, les pavots,
Iront danser en chœur autour des tas nouveaux;
Et la meule broiera le froment sous les pierres;
Et, choisissant la fleur, la femme des chaumières,
Levée avant le jour pour battre le levain,
De ses petits enfants aura pétri le pain;
Et les oiseaux du ciel, le chien, le misérable,
Ramasseront en paix les miettes de la table;
Et tous béniront Dieu, dont les fécondes mains
Au festin de la terre appellent les humains!

            C'est ainsi que ta providence
            Sème et cueille l'humanité,
            Seigneur, cette noble semence
            Qui germe pour l'éternité.
            Ah! sur les sillons de la vie
            Que ce pur froment fructifie!
            Dans les vallons de ses douleurs,
            O Dieu, verse-lui ta rosée!
            Que l'argile fertilisée
            Germe des hommes et des fleurs!

L'ISOLEMENT

Souvent sur la montagne, à l'ombre du vieux chêne,
Au coucher du soleil, tristement je m'assieds;
Je promène au hasard mes regards sur la plaine,
Dont le tableau changeant se déroule à mes pieds.

Ici gronde le fleuve aux vagues écumantes;
Il serpente, et s'enfonce en un lointain obscur;
Là le lac immobile étend ses eaux dormantes
Où l'étoile du soir se lève dans l'azur.

Au sommet de ces monts couronnés de bois sombres,
Le crépuscule encor jette un dernier rayon;
Et le char vaporeux de la reine des ombres
Monte, et blanchit déjà les bords de l'horizon.

Cependant, s'élançant de la flèche gothique,
Un son religieux se répand dans les airs:
Le voyageur s'arrête, et la cloche rustique
Aux derniers bruits du jour mêle de saints concerts.

Mais à ces doux tableaux mon âme indifférente
N'éprouve devant eux ni charme ni transports;
Je contemple la terre ainsi qu'une ombre errante:
Le soleil des vivants n'échauffe plus les morts.

De colline en colline en vain portant ma vue,
Du sud à l'aquilon, de l'aurore au couchant,
Je parcours tous les points de l'immense étendue,
Et je dis: "Nulle part le bonheur ne m'attend."

Que me font ces vallons, ces palais, ces chaumières,
Vains objets dont pour moi le charme est envolé?
Fleuves, rochers, forêts, solitudes si chères,
Un seul être vous manque, et tout est dépeuplé!

Que le tour du soleil ou commence ou s'achève,
D'un œil indifférent je le suis dans son cours;
En un ciel sombre ou pur qu'il se couche ou se lève,
Qu'importe le soleil? je n'attends rien des jours.

Quand je pourrais le suivre en sa vaste carrière,
Mes yeux verraient partout le vide et les déserts:
Je ne désire rien de tout ce qu'il éclaire;
Je ne demande rien à l'immense univers.

Mais peut-être au delà des bornes de sa sphère,
Lieux où le vrai soleil éclaire d'autres cieux,
Si je pouvais laisser ma dépouille à la terre,
Ce que j'ai tant rêvé paraîtrait à mes yeux!

THE EMBARKATION FOR CYTHERA

Watteau

CENTAUR TAMED BY LOVE

Graeco-Roman sculpture

Là, je m'enivrerais à la source où j'aspire;
Là, je retrouverais et l'espoir et l'amour,
Et ce bien idéal que toute âme désire,
Et qui n'a pas de nom au terrestre séjour!

Que ne puis-je, porté sur le char de l'Aurore,
Vague objet de mes vœux, m'élancer jusqu'à toi!
Sur la terre d'exil pourquoi reste-je encore?
Il n'est rien de commun entre la terre et moi.

Quand la feuille des bois tombe dans la prairie,
Le vent du soir s'élève et l'arrache aux vallons;
Et moi, je suis semblable à la feuille flétrie:
Emportez-moi comme elle, orageux aquilons!

MAURICE DE GUÉRIN

MAURICE DE GUÉRIN (1810–1839), born at the château of Le Cayla in Languedoc, is chiefly known to Englishmen by an essay of Matthew Arnold, written in 1861, just after the publication of Guérin's *Reliquiae* with a notice by Sainte-Beuve. These remains included a journal (*Le Cahier Vert*), in which the various moods of Nature are portrayed with a loving and passionate sympathy, and a magnificent prose-poem, *Le Centaure*, which is a concrete and symbolical expression of the same mystical pantheism. Guérin has never had his due from French critics. In recent years M. Abel Lefranc (*Maurice de Guérin*, 1910) has rekindled an interest in him, but a new edition of his writings, incorporating the unpublished material, is still awaited by the faithful.

LE CENTAURE

J'ai reçu la naissance dans les antres de ces montagnes. Comme le fleuve de cette vallée dont les gouttes primitives coulent de quelque roche qui pleure dans une grotte profonde, le premier instant de ma vie tomba dans les ténèbres d'un séjour reculé et sans troubler son silence. Quand nos mères approchent de leur délivrance, elles s'écartent vers les cavernes, et dans le fond des plus sauvages, au plus épais de l'ombre, elles enfantent, sans élever une plainte, des fruits silencieux comme elles-mêmes. Leur lait puissant nous fait surmonter sans langueur ni lutte douteuse les premières difficultés de la vie; cependant nous sortons de nos cavernes plus tard que vous de vos berceaux. C'est qu'il est répandu parmi nous qu'il faut soustraire et envelopper les premiers temps de l'existence, comme des jours remplis par les dieux. Mon accroissement eut son cours presque entier dans les ombres où j'étais né. Le fond de mon séjour se trouvait si avancé dans l'épaisseur de la montagne, que j'eusse ignoré le côté de son issue, si, détournant quelquefois dans cette ouverture, les vents n'y eussent jeté des fraîcheurs et des troubles soudains. Quelquefois aussi, ma mère rentrait, environnée du parfum des vallées ou ruisselante des flots qu'elle fréquentait. Or, ces retours qu'elle faisait, sans m'instruire jamais des vallons ni des fleuves, mais suivie de leurs émanations, inquietaient mes esprits, et je rôdais tout agité dans mes ombres. Quels sont-ils, me disais-je, ces dehors où ma mère s'emporte, et qu'y règne-t-il de si puissant qui l'appelle à soi si fréquemment? Mais qu'y ressent-on de si opposé qu'elle en revienne chaque jour diversement émue? Ma mère rentrait, tantôt animée d'un joie profonde, et tantôt triste et traînante et comme blessée. La joie qu'elle rapportait se marquait de loin dans quelques traits de sa marche et s'épandait de ses regards. J'en éprouvais des communications dans tout mon sein; mais ses abattements me gagnaient bien davantage et m'entraînaient bien plus avant dans les conjectures où mon esprit se portait. Dans ces moments, je m'inquiétais de mes forces, j'y reconnaissais une puissance qui ne pouvait demeurer solitaire, et me prenant, soit à secouer mes bras, soit à multiplier mon galop dans les ombres spacieuses de la caverne, je m'efforçais de découvrir dans les coups que je frappais au vide, et par l'emportement des pas que j'y faisais, vers quoi mes bras devaient s'étendre et mes pieds m'emporter....Depuis, j'ai noué mes bras autour du buste des centaures et du corps des héros, et du tronc des chênes; mes mains ont tenté les rochers, les eaux, les plantes innombrables et les plus subtiles impressions de l'air, car je les élève dans les nuits aveugles et calmes pour qu'elles surprennent les souffles et en tirent des signes pour augurer mon chemin; mes pieds, voyez, ô Mélampe! comme ils sont usés! Et cependant, tout glacé que je suis dans ces extrémités de l'âge, il est des jours où, en pleine lumière, sur les sommets, j'agite de ces courses de ma jeunesse dans la caverne, et pour le même dessein, brandissant mes bras et employant tous les restes de ma rapidité.

Ces troubles alternaient avec de longues absences de tout

mouvement inquiet. Dès lors, je ne possédais plus d'autre sentiment dans mon être entier que celui de la croissance et des degrés
de vie qui montaient dans mon sein. Ayant perdu l'amour de
l'emportement, et retiré dans un repos absolu, je goûtais sans
altération le bienfait des dieux qui se répandait en moi. Le calme
et les ombres président au charme secret du sentiment de la vie.
Ombres qui habitez les cavernes de ces montagnes, je dois à vos
soins silencieux l'éducation cachée qui m'a si fortement nourri,
et d'avoir, sous votre garde, goûté la vie toute pure, et telle qu'elle
me venait, sortant du sein des dieux ! Quand je descendis de
votre asile dans la lumière du jour, je chancelai et ne la saluai
pas, car elle s'empara de moi avec violence, m'enivrant comme
eût fait une liqueur funeste soudainement versée dans mon sein,
et j'éprouvai que mon être, jusque-là si ferme et si simple,
s'ébranlait et perdait beaucoup de lui-même, comme s'il eût dû
se disperser dans les vents.

O Mélampe ! qui voulez savoir la vie des centaures, par quelle
volonté des dieux avez-vous été guidé vers moi, le plus vieux et
le plus triste de tous? Il y a longtemps que je n'exerce plus rien
de leur vie. Je ne quitte plus ce sommet de montagne où l'âge
m'a confiné. La pointe de mes flèches ne me sert plus qu'à
déraciner les plantes tenaces; les lacs tranquilles me connaissent
encore, mais les fleuves m'ont oublié. Je vous dirai quelques
points de ma jeunesse; mais ces souvenirs, issus d'une mémoire
altérée, se traînent comme les flots d'une libation avare en tombant
d'une urne endommagée. Je vous ai exprimé aisément les
premières années, parce qu'elles furent calmes et parfaites; c'était
la vie seule et simple qui m'abreuvait, cela se retient et se récite
sans peine. Un dieu, supplié de raconter sa vie, la mettrait en
deux mots, ô Mélampe !

L'usage de ma jeunesse fut rapide et rempli d'agitation. Je
vivais de mouvement et ne connaissais pas de borne à mes pas.
Dans la fierté de mes forces libres, j'errais m'étendant de toutes
parts dans ces déserts. Un jour que je suivais une vallée où
s'engagent peu les centaures, je découvris un homme qui côtoyait
le fleuve sur la rive contraire. C'était le premier qui s'offrît à
ma vue, je le méprisai. Voilà tout au plus, me dis-je, la moitié
de mon être. Que ses pas sont courts et sa démarche malaisée !
Ses yeux semblent mesurer l'espace avec tristesse. Sans doute

c'est un centaure renversé par les dieux et qu'ils ont réduit à se traîner ainsi.

Je me délassais souvent de mes journées dans le lit des fleuves. Une moitié de moi-même, cachée dans les eaux, s'agitait pour les surmonter, tandis que l'autre s'élevait tranquille et que je portais mes bras oisifs bien au-dessus des flots.

Je m'oubliais ainsi au milieu des ondes, cédant aux entraînements de leur cours qui m'emmenait au loin et conduisait leur hôte sauvage à tous les charmes des rivages. Combien de fois, surpris par la nuit, j'ai suivis les courants sous les ombres qui se répandaient, déposant jusque dans le fond des vallées l'influence nocturne des dieux ! Ma vie fougueuse se tempérait alors au point de ne laisser plus qu'un léger sentiment de mon existence répandu par tout mon être avec une égale mesure, comme, dans les eaux où je nageais, les lueurs de la déesse qui parcourt les nuits. Mélampe, ma vieillesse regrette les fleuves; paisibles la plupart et monotones, ils suivent leur destiné avec plus de calme que les centaures, et une sagesse plus bienfaisante que celle des hommes. Quand je sortais de leur sein, j'étais suivi de leurs dons qui m'accompagnaient des jours entiers et ne se retiraient qu'avec lenteur, à la manière des parfums.

Une inconstance sauvage et aveugle disposait de mes pas. Au milieu des courses les plus violentes, il m'arrivait de rompre subitement mon galop, comme si un abîme se fût rencontré à mes pieds, ou bien un dieu debout devant moi. Ces immobilités soudaines me laissaient ressentir ma vie tout émue par les emportements où j'étais. Autrefois j'ai coupé dans les forêts des rameaux qu'en courant j'élevais par-dessus ma tête; la vitesse de la course suspendait la mobilité du feuillage qui ne rendait plus qu'un frémissement léger; mais au moindre repos le vent et l'agitation rentraient dans le rameau, qui reprenait le cours de ses murmures. Ainsi ma vie, à l'interruption subite des carrières impétueuses que je fournissais à travers ces vallées, frémissait dans tout mon sein. Je l'entendais courir en bouillonnant et rouler le feu qu'elle avait pris dans l'espace ardemment franchi. Mes flancs animés luttaient contre ses flots dont ils étaient pressés intérieurement, et goûtaient dans ces tempêtes la volupté qui n'est connue que des rivages de la mer, de renfermer sans aucune perte une vie montée à son comble et irritée. Cependant, la tête inclinée au

vent qui m'apportait le frais, je considérais la cime des montagnes
devenues lointaines en quelques instants, les arbres des rivages
et les eaux des fleuves, celles-ci portées d'un cours traînant,
ceux-là attachés dans le sein de la terre, et mobiles seulement
par leurs branchages soumis aux souffles de l'air qui les font gémir.
"Moi seul, me disais-je, j'ai le mouvement libre, et j'emporte à
mon gré ma vie de l'un à l'autre bout de ces vallées. Je suis plus
heureux que les torrents qui tombent des montagnes pour n'y
plus remonter. Le roulement de mes pas est plus beau que les
plaintes des bois et que les bruits de l'onde; c'est le retentissement
du centaure errant et qui se guide lui-même." Ainsi, tandis que
mes flancs agités possédaient l'ivresse de la course, plus haut j'en
ressentais l'orgueil, et détournant la tête, je m'arrêtais quelque
temps à considérer ma croupe fumante.

La jeunesse est semblable aux forêts verdoyantes tourmentées
par les vents: elle agite de tous côtés les riches présents de la vie,
et toujours quelque profond murmure règne dans son feuillage.
Vivant avec l'abandon des fleuves, respirant sans cesse Cybèle,
soit dans le lit des vallées, soit à la cime des montagnes, je
bondissais partout comme une vie aveugle et déchaînée. Mais
lorsque la nuit, remplie du calme des dieux, me trouvait sur le
penchant des monts, elle me conduisait à l'entrée des cavernes
et m'y apaisait comme elle apaise les vagues de la mer, laissant
survivre en moi de légères ondulations qui écartaient le sommeil
sans altérer mon repos. Couché sur le seuil de ma retraite, les
flancs cachés dans l'antre et la tête sous le ciel, je suivais le
spectacle des ombres. Alors la vie étrangère qui m'avait pénétré
durant le jour se détachait de moi goutte à goutte, retournant
au sein paisible de Cybèle, comme après l'ondée les débris de la
pluie attachée aux feuillages font leur chute et rejoignent les eaux.
On dit que les dieux marins quittent durant les ombres leurs
palais profonds, et, s'asseyant sur les promontoires, étendent
leurs regards sur les flots. Ainsi je veillais ayant à mes pieds une
étendue de vie semblable à la mer assoupie. Rendu à l'existence
distincte et pleine, il me paraissait que je sortais de naître, et que
des eaux profondes et qui m'avaient conçu dans leur sein venaient
de me laisser sur le haut de la montagne, comme un dauphin
oublié sur les sirtes par les flots d'Amphitrite.

Mes regards couraient librement et gagnaient les points les

plus éloignés. Comme des rivages toujours humides, le cours des montagnes du couchant demeurait empreint de lueurs mal essuyées par les ombres. Là survivaient, dans les clartés pâles, des sommets nus et purs. Là je voyais descendre tantôt le dieu Pan, toujours solitaire, tantôt le chœur des divinités secrètes, ou passer quelque nymphe des montagnes enivrée par la nuit. Quelquefois les aigles du mont Olympe traversaient le haut du ciel et s'évanouissaient dans les constellations reculées ou sous les bois inspirés. L'esprit des dieux, venant à s'agiter, troublait soudainement le calme des vieux chênes.

Vous poursuivez la sagesse, ô Mélampe! qui est la science de la volonté des dieux, et vous errez parmi les peuples comme un mortel égaré par les destinées. Il est dans ces lieux une pierre qui, dès qu'on la touche, rend un son semblable à celui des cordes d'un instrument qui se rompent, et les hommes racontent qu'Apollon qui chassait son troupeau dans ces déserts, ayant mis sa lyre sur cette pierre, y laissa cette mélodie. O Mélampe! les dieux errants ont posé leur lyre sur les pierres; mais aucun... aucun ne l'y a oubliée. Au temps où je veillais dans les cavernes, j'ai cru quelquefois que j'allais surprendre les rêves de Cybèle endormie, et que la mère des dieux, trahie par les songes, perdrait quelques secrets; mais je n'ai jamais reconnu que des sons qui se dissolvaient dans le souffle de la nuit, ou des mots inarticulés comme le bouillonnement des fleuves.

"O Macarée! me dit un jour le grand Chiron dont je suivais la vieillesse, nous sommes tous deux centaures des montagnes; mais que nos pratiques sont opposées! Vous le voyez, tous les soins de mes journées consistent dans la recherche des plantes, et vous, vous êtes semblable à ces mortels qui ont recueilli sur les eaux ou dans les bois et porté à leurs lèvres quelques fragments du chalumeau rompu par le dieu Pan. Dès lors ces mortels, ayant respiré dans ces débris du dieu un esprit sauvage ou peut-être gagné quelque fureur secrète, entrent dans les déserts, se plongent aux forêts, côtoient les eaux, se mêlent aux montagnes, inquiets et portés d'un dessein inconnu. Les cavales aimées par les vents dans la Scythie la plus lointaine ne sont ni plus farouches que vous, ni plus tristes le soir, quand l'Aquilon s'est retiré. Cherchez-vous les dieux, ô Macarée! et d'où sont issus les hommes, les animaux et les principes du feu universel? Mais le vieil Océan, père de toutes choses, retient en lui-même ces secrets, et les nymphes qui l'entourent décrivent en chantant un chœur éternel devant lui, pour couvrir ce qui pourrait s'évader de ses lèvres entr'ouvertes par le sommeil. Les mortels qui touchèrent les dieux par leur vertu ont reçu de leurs mains des lyres pour charmer les peuples, ou des semences nouvelles pour les enrichir, mais rien de leur bouche inexorable.

"Dans ma jeunesse, Apollon m'inclina vers les plantes, et m'apprit à dépouiller dans leurs veines les sucs bienfaisants. Depuis, j'ai gardé fidèlement la grande demeure de ces montagnes, inquiet, mais me détournant sans cesse à la quête des simples et communicant les vertus que je découvre. Voyez-vous d'ici la cime chauve du mont Œta? Alcide l'a dépouillée pour construire son bûcher. O Macarée! les demi-dieux enfants des dieux étendent la dépouille des lions sur les bûchers, et se consument au sommet des montagnes! Les poisons de la terre infectent le sang reçu des immortels! Et nous, centaures engendrés par un mortel audacieux dans le sein d'une vapeur semblable à une déesse, qu'attendrions-nous du secours de Jupiter qui a foudroyé le père de notre race? Le vautour des dieux déchirent éternellement les entrailles de l'ouvrier qui forma le premier homme. O Macarée! hommes et centaures reconnaissent pour auteurs de leur sang des soustracteurs du privilège des immortels, et peut-être que tout ce qui se meut hors d'eux-mêmes n'est qu'un larcin qu'on leur a fait, qu'un léger débris de leur nature emporté au loin, comme la semence qui vole par le souffle tout puissant du destin. On publie qu'Égée, père de Thésée, cacha sous le poids d'une roche, au bord de la mer, des souvenirs et des marques à quoi son fils pût un jour reconnaître sa naissance. Les dieux jaloux ont enfoui quelques parts les témoignages de la descendance des choses; mais au bord de quel océan ont-ils roulé la pierre qui les couvre, ô Macarée!"

Telle était la sagesse où me portait le grand Chiron. Réduit à la dernière vieillesse, le centaure nourrissait dans son esprit les plus hauts discours. Son buste encore hardi s'affaissait à peine sur ses flancs qu'il surmontait en marquant une légère inclinaison, comme un chêne attristé par les vents, et la force de ses pas souffrait à peine de la perte des années. On eût dit qu'il retenait des restes de l'immortalité autrefois reçue d'Apollon, mais qu'il avait rendue à ce dieu.

Pour moi, ô Mélampe ! je décline dans la vieillesse, calme comme le coucher des constellations. Je garde encore assez de hardiesse pour gagner le haut des rochers où je m'attarde, soit à considérer les nuages sauvages et inquiets, soit à voir venir de l'horizon les hyades pluvieuses, les pléiades ou le grand Orion ; mais je reconnais que je me réduis et me perds rapidement comme une neige flottant sur les eaux, et que prochainement j'irai me mêler au fleuve qui coule dans le vaste sein de la terre.

HEREDIA

FUITE DE CENTAURES

Ils fuient, ivres de meurtre et de rébellion,
Vers le mont escarpé qui garde leur retraite ;
La peur les précipite, ils sentent la mort prête
Et flairent dans la nuit une odeur de lion.

Ils franchissent, foulant l'hydre et le stellion,
Ravins, torrents, halliers, sans que rien les arrête ;
Et déjà, sur le ciel, se dresse au loin la crête
De l'Ossa, de l'Olympe ou du noir Pélion.

Parfois, l'un des fuyards de la farouche harde
Se cabre brusquement, se retourne, regarde,
Et rejoint d'un seul bond le fraternel bétail ;

Car il a vu la lune éblouissante et pleine
Allonger derrière eux, suprême épouvantail,
La gigantesque horreur de l'ombre Herculéenne.

VICTOR HUGO

PAN

Si l'on vous dit que l'art et que la poésie
C'est un flux éternel de banale ambroisie,
Que c'est le bruit, la foule, attachés à vos pas,
Ou d'un salon doré l'oisive fantaisie,
Ou la rime en fuyant par la rime saisie,
        Oh ! ne le croyez pas !

O poètes sacrés, échevelés, sublimes,
Allez, et répandez vos âmes sur les cimes,
Sur les sommets de neige en butte aux aquilons,
Sur les déserts pieux où l'esprit se recueille,
Sur les bois que l'automne emporte feuille à feuille,
Sur les lacs endormis dans l'ombre des vallons !

Partout où la nature est gracieuse et belle,
Où l'herbe s'épaissit pour le troupeau qui bêle,
Où le chevreau lascif mord le cytise en fleurs,
Où chante un pâtre assis sous une antique arcade,
Où la brise du soir fouette avec la cascade
              Le rocher tout en pleurs;

Partout où va la plume et le flocon de laine,
Que ce soit une mer, que ce soit une plaine,
Une vieille forêt aux branchages mouvants,
Iles au sol désert, lacs à l'eau solitaire,
Montagnes, océans, neige ou sable, onde ou terre,
Flots ou sillons, partout où vont les quatre vents;

Partout où le couchant grandit l'ombre des chênes,
Partout où les coteaux croisent leurs molles chaînes,
Partout où sont des champs, des moissons, des cités,
Partout où pend un fruit à la branche épuisée,
Partout où l'oiseau boit des gouttes de rosée,
              Allez, voyez, chantez !

Allez dans les forêts, allez dans les vallées,
Faites-vous un concert de notes isolées !
Cherchez dans la nature, étalée à vos yeux,
Soit que l'hiver l'attriste ou que l'été l'égaye,
Le mot mystérieux que chaque voix bégaye.
Écoutez ce que dit la foudre dans les cieux !

C'est Dieu qui remplit tout. Le monde, c'est son temple !
Œuvre vivante, où tout l'écoute et le contemple !
Tout lui parle et le chante. Il est seul, il est un !
Dans sa création tout est joie et sourire;
L'étoile qui regarde et la fleur qui respire,
              Tout est flamme ou parfum !

Enivrez-vous de tout ! enivrez-vous, poètes,
Des gazons, des ruisseaux, des feuilles inquiètes,
Du voyageur de nuit dont on entend la voix,
De ces premières fleurs dont février s'étonne,
Des eaux, de l'air, des prés, et du bruit monotone
Que font les chariots qui passent dans les bois !

Frères de l'aigle ! aimez la montagne sauvage:
Surtout à ces moments où vient un vent d'orage,
Un vent sonore et lourd qui grossit par degrés,
Emplit l'espace au loin de nuages et d'ombres,
Et penche sur le bord des précipices sombres
            Les arbres effarés !

Contemplez du matin la pureté divine,
Quand la brume en flocons inonde la ravine,
Quand le soleil, qui cache à demi la forêt,
Montrant sur l'horizon sa rondeur échancrée,
Grandit comme ferait la coupole dorée
D'un palais d'Orient dont on approcherait !

Enivrez-vous du soir ! à cette heure où, dans l'ombre
Le paysage obscur, plein de formes sans nombre,
S'efface, des chemins et des fleuves rayé;
Quand le mont, dont la tête à l'horizon s'élève,
Semble un géant couché qui regarde et qui rêve,
            Sur son coude appuyé !

Si vous avez en vous, vivantes et pressées,
Un monde intérieur d'images, de pensées,
De sentiments, d'amour, d'ardente passion,
Pour féconder ce monde, échangez-le sans cesse
Avec l'autre univers visible qui vous presse !
Mêlez toute votre âme à la création !

Car, ô poètes saints ! l'art est le son sublime,
Simple, divers, profond, mystérieux, intime,
Fugitif comme l'eau qu'un rien fait dévier,
Redit par un écho dans toute créature,
Que sous vos doigts puissants exhale la nature,
            Cet immense clavier !

DUMAS

Alexandre Dumas (1803–1870), the son of a French general whose mother was a negress, was born at Villers-Cotterets. He began his literary career as a dramatist, and produced several plays, well-constructed and full of action, but which were essentially melodramas. In 1835 he took to writing novels, and from that date to his death poured forth with inexhaustible fecundity over 250 volumes. He was assisted in his task by several collaborators, but he himself was always the inspiring force. His novels, of which the best-known are *Le Comte de Monte-Cristo* and *Les Trois Mousquetaires* with its sequels, are regarded almost with contempt by French critics, but they have always found favour with Englishmen, who delight in their author's wit and humour, his breezy dialogue, his love of action, his story-telling faculty, his power of creating a historical atmosphere. Moreover, if his characters have as a rule little depth, they are at least alive, and D'Artagnan is a really great creation. The following passage is taken from *Vingt ans après*.

UN DUEL

On entendit alors retentir le pas de Mordaunt dans l'escalier sonore. Un guichet inaperçu glissa en grinçant dans son coulisseau. Mordaunt regarda, et, grâce aux précautions prises par les deux amis, il ne vit rien. Alors il introduisit la clef dans la serrure; la porte s'ouvrit et il parut sur le seuil.

Au même instant, il se trouva face à face avec d'Artagnan.

Il voulut repousser la porte. Porthos s'élança sur le bouton, et la rouvrit toute grande.

Porthos frappa trois fois dans ses mains. Athos et Aramis accoururent.

Mordaunt devint livide, mais il ne poussa point un cri, mais n'appela point au secours.

D'Artagnan marcha droit sur Mordaunt, et, le repoussant pour ainsi dire avec sa poitrine, lui fit remonter à reculons tout l'escalier, éclairé par une lampe qui permettait au Gascon de ne pas perdre de vue les mains de Mordaunt; mais Mordaunt comprit que, d'Artagnan tué, il lui resterait encore à se défaire de ses trois autres ennemis. Il ne fit donc pas un seul mouvement de défense, pas un seul geste de menace. Arrivé à la porte, Mordaunt se sentit acculé contre elle, et sans doute il crut que c'était là que tout allait finir pour lui; mais il se trompait, d'Artagnan étendit la main et ouvrit la porte: Mordaunt et lui se trouvèrent donc dans la chambre où dix minutes auparavant le jeune homme causait avec Cromwell.

Porthos entra derrière lui; il avait étendu le bras et décroché la lampe du plafond; à l'aide de cette première lampe il alluma la seconde.

Athos et Aramis parurent à la porte, qu'ils refermèrent à la clef.

— Prenez donc la peine de vous asseoir, dit d'Artagnan en présentant un siège au jeune homme.

Celui-ci prit la chaise des mains d'Artagnan et s'assit, pâle mais calme. A trois pas de lui, Aramis approcha trois sièges pour lui, d'Artagnan et Porthos.

Athos alla s'asseoir dans un coin, à l'angle le plus éloigné de la chambre, paraissant résolu de rester spectateur immobile de ce qui allait se passer.

Porthos s'assit à la gauche et Aramis à la droite de d'Artagnan.

Athos paraissait accablé. Porthos se frottait les paumes des mains avec une impatience fiévreuse.

Aramis se mordait, tout en souriant, les lèvres jusqu'au sang.

D'Artagnan seul se modérait, du moins en apparence.

— Monsieur Mordaunt, dit-il au jeune homme, puisque, après tant de jours perdus à courir les uns après les autres, le hasard nous rassemble enfin, causons un peu, s'il vous plaît.

Mordaunt avait été surpris si inopinément, il avait monté les degrés sous l'impression d'un sentiment si confus encore, que sa réflexion n'avait pu être complète; ce qu'il y avait de réel, c'est que son premier sentiment avait été tout entier à l'émotion, à la surprise et à l'invincible terreur qui saisit tout homme dont un ennemi mortel et supérieur en force étreint le bras au moment même où il croit cet ennemi dans un autre lieu et occupé d'autres soins.

Mais une fois assis, mais du moment qu'il s'aperçut qu'un sursis lui était accordé, n'importe dans quelle intention, il concentra toutes ses idées et rappela toutes ses forces.

Le feu du regard de d'Artagnan, au lieu de l'intimider, l'électrisa pour ainsi dire: car ce regard, tout brûlant de menace qu'il se répandît sur lui, était franc dans sa haine et dans sa colère. Mordaunt, prêt à saisir toute occasion qui lui serait offerte de se tirer d'affaire, soit par la force, soit par la ruse, se ramassa donc sur lui-même, comme fait l'ours acculé dans sa tanière et qui suit d'un œil en apparence immobile tous les gestes du chasseur qui l'a traqué.

Cependant cet œil, par un mouvement rapide, se porta sur l'épée longue et forte qui battait sur sa hanche; il posa sans affectation sa main gauche sur la poignée, la ramena à la portée de la main droite et s'assit, comme l'en priait d'Artagnan.

Ce dernier attendait sans doute quelque parole agressive pour entamer une de ces conversations railleuses ou terribles comme il les soutenait si bien. Aramis se disait tout bas: "Nous allons entendre des banalités." Porthos mordait sa moustache en murmurant: "Voilà bien des façons, mordieu! pour écraser ce serpenteau!" Athos s'effaçait dans l'angle de la chambre, immobile et pâle comme un bas-relief de marbre, et sentant malgré son immobilité son front se mouiller de sueur.

Mordaunt ne disait rien; seulement, lorsqu'il se fut bien assuré que son épée était toujours à sa disposition, il croisa imperturbablement les jambes et attendit.

Ce silence ne pouvait se prolonger plus longtemps sans devenir ridicule: d'Artagnan le comprit; et comme il avait invité Mordaunt à s'asseoir pour *causer*, il pensa que c'était à lui de commencer la conversation.

— Il me paraît, Monsieur, dit-il avec sa mortelle politesse, que vous changez de costume presque aussi rapidement que je l'ai vu faire aux mimes italiens que M. le cardinal Mazarin fit venir de Bergame, et qu'il vous a sans doute mené voir pendant votre voyage de France.

Mordaunt ne répondit rien.

— Tout à l'heure, continua d'Artagnan, vous étiez déguisé, je veux dire habillé en assassin, et maintenant...

— Et maintenant, au contraire, j'ai tout l'air d'être dans l'habit d'un homme qu'on va assassiner, n'est-ce pas? répondit Mordaunt de sa voix calme et brève.

— Oh! Monsieur, reprit d'Artagnan, comment pouvez-vous dire de ces choses-là, quand vous êtes en compagnie de gentilshommes et que vous avez une si bonne épée au côté!

— Il n'y a pas si bonne épée, Monsieur, qui vaille quatre épées et quatre poignards; sans compter les épées et les poignards de vos acolytes qui vous attendent à la porte.

— Pardon, Monsieur, reprit d'Artagnan, vous faites erreur,

ceux qui nous attendent à la porte ne sont point nos acolytes, mais nos laquais. Je tiens à rétablir les choses dans leur plus scrupuleuse vérité.

Mordaunt ne répondit que par un sourire qui crispa ironiquement ses lèvres.

— Mais ce n'est point de cela qu'il s'agit, reprit d'Artagnan, et j'en reviens à ma question. Je me faisais donc l'honneur de vous demander, Monsieur, pourquoi vous aviez changé d'extérieur. Le masque vous était assez commode, ce me semble; la barbe grise vous seyait à merveille, et quant à cette hache dont vous avez fourni un si illustre coup, je crois qu'elle ne vous irait pas mal non plus en ce moment. Pourquoi donc vous en êtes-vous dessaisi?

— Parce qu'en me rappelant la scène d'Armentières, j'ai pensé que je trouverais quatre haches pour une, puisque j'allais me trouver entre quatre bourreaux.

— Monsieur, répondit d'Artagnan avec le plus grand calme, bien qu'un léger mouvement de ses sourcils annonçât qu'il commençait à s'échauffer; Monsieur, quoique profondément vicieux et corrompu, vous êtes excessivement jeune, ce qui fait que je ne m'arrêterai pas à vos discours frivoles. Oui, frivoles, car ce que vous venez de dire à propos d'Armentières n'a pas le moindre rapport avec la situation présente. En effet, nous ne pouvions pas offrir une épée à madame votre mère et la prier de s'escrimer contre nous; mais à vous, Monsieur, à un jeune cavalier qui joue du poignard et du pistolet comme nous vous avons vu faire, et qui porte une épée de la taille de celle-ci, il n'y a personne qui n'ait le droit de demander la faveur d'une rencontre.

— Ah! ah! dit Mordaunt, c'est donc un duel que vous voulez?

Et il se leva l'œil étincelant, comme s'il était disposé à répondre à l'instant même à la provocation.

Porthos se leva aussi, prêt comme toujours à ces sortes d'aventures.

— Pardon, pardon, dit d'Artagnan avec le même sangfroid; ne nous pressons pas, car chacun de nous doit désirer que les choses se passent dans toutes les règles. Rasseyez-vous donc, cher Porthos, et vous, monsieur Mordaunt, veuillez demeurer tranquille. Nous allons régler au mieux cette affaire, et je vais être franc avec vous. Avouez, monsieur Mordaunt, que vous avez bien envie de nous tuer les uns ou les autres?

— Les uns et les autres, répondit Mordaunt.

D'Artagnan se retourna vers Aramis et lui dit:

— C'est un bien grand bonheur, convenez-en, cher Aramis, que M. Mordaunt connaisse si bien les finesses de la langue française; au moins il n'y aura pas de malentendu entre nous, et nous allons tout régler merveilleusement.

Puis se retournant vers Mordaunt:

— Cher monsieur Mordaunt, continua-t-il, je vous dira que ces Messieurs payent de retour vos bons sentiments à leur égard, et seraient charmés de vous tuer aussi. Je vous dirai plus, c'est qu'ils vous tueront probablement; toutefois, ce sera en gentils-hommes loyaux, et la meilleure preuve que l'on puisse fournir, là voici.

Et ce disant, d'Artagnan jeta son chapeau sur le tapis, recula sa chaise contre la muraille, fit signe à ses amis d'en faire autant, et saluant Mordaunt avec une grâce toute française:

— A vos ordres, Monsieur, continua-t-il; car si vous n'avez rien à dire contre l'honneur que je réclame, c'est moi qui commencerai, s'il vous plaît. Mon épée est plus courte que la vôtre, c'est vrai, mais bast! j'espère que le bras suppléera à l'épée.

— Halte-là! dit Porthos en s'avançant; je commence, moi, et sans rhétorique.

— Permettez, Porthos, dit Aramis.

Athos ne fit pas un mouvement; on eût dit d'une statue: sa respiration même semblait arrêtée.

— Messieurs, Messieurs, dit d'Artagnan, soyez tranquilles, vous aurez votre tour. Regardez donc les yeux de Monsieur, et lisez-y la haine bienheureuse que nous lui inspirons; voyez comme il a habilement dégaîné; admirez avec quelle circon-spection il cherche tout autour de lui s'il ne rencontrera pas quelque obstacle qui l'empêche de rompre. Eh bien! tout cela ne vous prouve-t-il pas que M. Mordaunt est une fine lame et que vous me succéderez avant peu, pourvu que je le laisse faire? Demeurez donc à votre place comme Athos, dont je ne puis trop vous recommander le calme, et laissez-moi l'initiative que j'ai prise. D'ailleurs, continua-t-il, tirant son épée avec un geste terrible, j'ai particulièrement affaire à Monsieur, et je commencerai. Je le désire, je le veux.

C'était la première fois que d'Artagnan prononçait ce mot

en parlant à ses amis. Jusque-là, il s'était contenté de le penser.

Porthos recula, Aramis mit son épée sous son bras, Athos demeura immobile dans l'angle obscur où il se tenait, non pas calme, comme le disait d'Artagnan, mais suffoqué, mais haletant.

— Remettez votre épée au fourreau, chevalier, dit d'Artagnan à Aramis, Monsieur pourrait croire à des intentions que vous n'avez pas.

Puis se retournant vers Mordaunt:

— Monsieur, lui dit-il, je vous attends.

— Et moi, Messieurs, je vous admire. Vous discutez à qui commencera de se battre contre moi, et vous ne me consultez pas là-dessus, moi que la chose regarde un peu, ce me semble. Je vous hais tous quatre, c'est vrai, mais à des degrés différents. J'espère vous tuer tous quatre, mais j'ai plus de chance de tuer le premier que le second, le second que le troisième, le troisième que le dernier. Je réclame donc le droit de choisir mon adversaire. Si vous me déniez ce droit, tuez-moi, je ne me battrai pas.

Les quatre amis se regardèrent.

— C'est juste, dirent Porthos et Aramis, qui espéraient que le choix tomberait sur eux.

Athos ni d'Artagnan ne dirent rien; mais leur silence même était un assentiment.

— Eh bien! dit Mordaunt au milieu du silence profond et solennel qui régnait dans cette mystérieuse maison; eh bien! je choisis pour mon premier adversaire celui de vous qui, ne se croyant plus digne de se nommer le comte de La Fère, s'est fait appeler Athos!

Athos se leva de sa chaise comme si un ressort l'eût mis sur ses pieds: mais au grand étonnement de ses amis, après un moment d'immobilité et de silence:

— Monsieur Mordaunt, dit-il en secouant la tête, tout duel entre nous deux est impossible, faites à quelque autre l'honneur que vous me destiniez.

Et il se rassit.

— Ah! dit Mordaunt, en voilà déjà un qui a peur.

— Mille tonnerres, s'écria d'Artagnan en bondissant vers le jeune homme, qui a dit ici qu'Athos avait peur?

— Laissez dire, d'Artagnan, reprit Athos avec un sourire plein de tristesse et de mépris.

— C'est votre décision, Athos? reprit le Gascon.

— Irrévocable.

— C'est bien, n'en parlons plus.

Puis se retournant vers Mordaunt:

— Vous l'avez entendu, Monsieur, dit-il, le comte de La Fère ne veut pas vous faire l'honneur de se battre avec vous. Choisissez parmi nous quelqu'un qui le remplace.

— Du moment que je ne me bats pas avec lui, dit Mordaunt, peu m'importe avec qui je me batte. Mettez vos noms dans un chapeau, et je tirerai au hasard.

— Voilà une idée, dit d'Artagnan.

— En effet, ce moyen concilie tout, dit Aramis.

— Je n'y eusse point songé, dit Porthos, et cependant c'est bien simple.

— Voyons, Aramis, dit d'Artagnan, écrivez-nous cela de cette jolie petite écriture avec laquelle vous écriviez à Marie Michon pour la prévenir que la mère de Monsieur voulait faire assassiner milord Buckingham.

Mordaunt supporta cette nouvelle attaque sans sourciller; il était debout, les bras croisés, et paraissait aussi calme qu'un homme peut l'être en pareille circonstance. Si ce n'était pas du courage, c'était du moins de l'orgueil; ce qui y ressemble beaucoup.

Aramis s'approcha du bureau de Cromwell, déchira trois morceaux de papier d'égale grandeur, écrivit sur le premier son nom à lui et sur les deux autres les noms de ses compagnons, les présenta tout ouverts à Mordaunt, qui, sans les lire, fit un signe de tête qui voulait dire qu'il s'en rapportait parfaitement à lui; puis, les ayant roulés, il les mit dans un chapeau et les présenta au jeune homme.

Celui-ci plongea la main dans le chapeau et en tira un des trois papiers, qu'il laissa dédaigneusement retomber, sans le lire, sur la table.

— Ah! serpenteau! murmura d'Artagnan, je donnerais toutes mes chances au grade de capitaine des mousquetaires pour que ce bulletin portât mon nom!

Aramis ouvrit le papier; mais, quelque calme et quelque froideur qu'il affectât, on voyait que sa voix tremblait de haine et de désir.

— D'Artagnan ! lut-il à haute voix.

D'Artagnan jeta un cri de joie.

— Ah ! dit-il, il y a donc une justice au ciel !

Puis, se retournant vers Mordaunt:

— J'espère, Monsieur, dit-il, que vous n'avez aucune objection à faire?

— Aucune, Monsieur, dit Mordaunt en tirant à son tour son épée et en appuyant la pointe sur sa botte.

Du moment que d'Artagnan fut sûr que son désir était exaucé et que son homme ne lui échapperait point, il reprit toute sa tranquillité, tout son calme et même toute la lenteur qu'il avait l'habitude de mettre aux préparatifs de cette grave affaire qu'on appelle un duel. Il releva proprement ses manchettes, frotta la semelle de son pied droit sur le parquet, ce qui ne l'empêcha pas de remarquer que, pour la seconde fois, Mordaunt lançait autour de lui le singulier regard qu'une fois déjà il avait saisi au passage.

— Êtes-vous prêt, Monsieur? dit-il enfin.

— C'est moi qui vous attends, Monsieur, répondit Mordaunt en relevant la tête et en regardant d'Artagnan avec un regard dont il serait impossible de rendre l'expression.

— Alors, prenez garde à vous, Monsieur, dit le Gascon, car je tire assez bien l'épée.

— Et moi aussi, dit Mordaunt.

— Tant mieux; cela met ma conscience en repos. En garde !

— Un moment, dit le jeune homme: engagez-moi votre parole, Messieurs, que vous ne me chargerez que les uns après les autres.

— C'est pour avoir le plaisir de nous insulter que tu nous demandes cela, petit serpent ! dit Porthos.

— Non, c'est pour avoir, comme disait Monsieur tout à l'heure, la conscience tranquille.

— Ce doit être pour autre chose, murmura d'Artagnan en secouant la tête et en regardant avec une certaine inquiétude autour de lui.

— Foi de gentilhomme ! dirent ensemble Aramis et Porthos.

— En ce cas, Messieurs, dit Mordaunt, rangez-vous dans quelque coin, comme a fait M. le comte de La Fère, qui, s'il ne veut point se battre, me paraît connaître au moins les règles du combat, et livrez-nous de l'espace; nous allons en avoir besoin.

— Soit, dit Aramis.

— Voilà bien des embarras ! dit Porthos.

— Rangez-vous, Messieurs, dit d'Artagnan: il ne faut pas laisser à Monsieur le plus petit prétexte de se mal conduire, ce dont, sauf le respect que je lui dois, il me semble avoir grande envie.

Cette nouvelle raillerie alla s'émousser sur la face impassible de Mordaunt.

Porthos et Aramis se rangèrent dans le coin parallèle à celui où se tenait Athos, de sorte que les deux champions se trouvèrent occuper le milieu de la chambre, c'est-à-dire qu'ils étaient placés en pleine lumière, les deux lampes qui éclairaient la scène étant posées sur le bureau de Cromwell. Il va sans dire que la lumière s'affaiblissait à mesure qu'on s'éloignait du centre de son rayonnement.

— Allons, dit d'Artagnan, êtes-vous enfin prêt, Monsieur?

— Je le suis, dit Mordaunt.

Tous deux firent en même temps un pas en avant, et, grâce à ce seul et même mouvement, les fers furent engagés.

D'Artagnan était une lame trop distinguée pour s'amuser, comme on dit en termes d'académie, à tâter son adversaire. Il fit une feinte brillante et rapide; la feinte fut parée par Mordaunt.

— Ah! ah! fit-il avec un sourire de satisfaction.

Et, sans perdre de temps, croyant voir une ouverture, il allongea un coup droit, rapide et flamboyant comme l'éclair.

Mordaunt para un contre de quarte si serré qu'il ne fût pas sorti de l'anneau d'une jeune fille.

— Je commence à croire que nous allons nous amuser, dit d'Artagnan.

— Oui, murmura Aramis, mais en vous amusant, jouez serré.

— Sangdieu! mon ami, faites attention, dit Porthos.

Mordaunt sourit à son tour.

— Ah! Monsieur, dit d'Artagnan, que vous avez un vilain sourire! C'est le diable qui vous a appris à sourire ainsi, n'est-ce pas?

Mordaunt ne répondit qu'en essayant de lier l'épée de d'Artagnan avec une force que le Gascon ne s'attendait pas à trouver dans ce corps débile en apparence; mais, grâce à une parade non moins habile que celle que venait d'exécuter son adversaire, il rencontra à temps le fer de Mordaunt, qui glissa le long du sien sans rencontrer sa poitrine.

Mordaunt fit rapidement un pas en arrière.

— Ah! vous rompez, dit d'Artagnan, vous tournez? comme il vous plaira, j'y gagne même quelque chose: je ne vois plus votre méchant sourire. Me voilà tout à fait dans l'ombre; tant mieux. Vous n'avez pas idée comme vous avez le regard faux, Monsieur, surtout lorsque vous avez peur. Regardez un peu mes yeux, et vous verrez une chose que votre miroir ne vous montrera jamais, c'est-à-dire un regard loyal et franc.

Mordaunt, à ce flux de paroles, qui n'était peut-être pas de très-bon goût, mais qui était habituel à d'Artagnan, lequel avait pour principe de préoccuper son adversaire, ne répondit pas un seul mot; mais il rompait, et, tournant toujours, il parvint ainsi à changer de place avec d'Artagnan.

Il souriait de plus en plus. Ce sourire commença d'inquiéter le Gascon.

— Allons, allons, il faut en finir, dit d'Artagnan, le drôle a des jarrets de fer, en avant les grands coups!

Et à son tour il pressa Mordaunt, qui continua de rompre, mais évidemment par tactique, sans faire une faute dont d'Artagnan pût profiter, sans que son épée s'écartât un instant de la ligne. Cependant, comme le combat avait lieu dans une chambre et que l'espace manquait aux combattants, bientôt le pied de Mordaunt toucha la muraille, à laquelle il appuya sa main gauche.

— Ah! fit d'Artagnan, pour cette fois vous ne romprez plus, mon bel ami! Messieurs, continua-t-il en serrant les lèvres et en fronçant le sourcil, avez-vous jamais vu un scorpion cloué à un mur? Non. Eh bien! vous allez le voir.

Et, en une seconde, d'Artagnan porta trois coups terribles à Mordaunt. Tous trois le touchèrent, mais en l'effleurant. D'Artagnan ne comprenait rien à cette puissance. Les trois amis regardaient haletants, la sueur au front.

Enfin d'Artagnan, engagé de trop près, fit à son tour un pas en arrière pour préparer un quatrième coup, ou plutôt pour l'exécuter; car, pour d'Artagnan, les armes comme les échecs étaient une vaste combinaison dont tous les détails s'enchaînaient les uns aux autres. Mais au moment où, après une feinte rapide et serrée, il attaquait prompt comme l'éclair, la muraille sembla se fendre:

SPRING

Daubigny

DUMAS

Mordaunt disparut par l'ouverture béante, et l'épée de d'Artagnan, prise entre les deux panneaux, se brisa comme s'il elle eût été de verre.

D'Artagnan fit un pas en arrière. La muraille se referma.

Mordaunt avait manœuvré, tout en se défendant, de manière à venir s'adosser à la porte secrète par laquelle nous avons vu sortir Cromwell. Arrivé là, il avait de la main gauche cherché et poussé le bouton; puis il avait disparu comme disparaissent au théâtre ces mauvais génies qui ont le don de passer à travers les murailles.

BELLEAU

Remy Belleau (1526 or 1527–1577), born at Nogent-le-Rotrou (Eure-et-Loir) was one of the seven poets of the *Pléiade*. He wrote a comedy, *La Reconnue*, and two volumes of verse, *Bergerie* and *Amours et nouveaux Échanges de Pierres précieuses*. The following is his best and best-known poem.

AVRIL

Avril, l'honneur et des bois
    Et des mois:
Avril, la douce espérance
Des fruicts qui sous le coton
    Du bouton
Nourissent leur jeune enfance.

Avril, l'honneur des prez verds,
    Jaunes, pers,
Qui d'une humeur bigarrée
Emaillent de mille fleurs
    De couleurs,
Leur parure diaprée.

Avril, l'honneur des soupirs
    Des Zéphyrs,
Qui sous le vent de leur ælle
Dressent encor és forests
    Des doux rets,
Pour ravir Flore la belle.

Avril, c'est ta douce main
    Qui du sein
De la nature desserre
Une moisson de senteurs,
    Et de fleurs,
Embasmant l'Air et la Terre.

Avril, l'honneur verdissant,
    Florissant
Sur les tresses blondelettes
De ma Dame et de son sein,
    Tousjours plein
De mille et mille fleurettes.

Avril, la grace, et le ris
    De Cypris,
Le flair et la douce haleine:
Avril, le parfum des Dieux,
    Qui des cieux
Sentent l'odeur de la plaine.

C'est toy courtois et gentil,
    Qui d'exil
Retires ces passagéres,
Ces arondelles qui vont,
    Et qui sont
Du printemps les messagéres.

L'aubespine et l'aiglantin,
    Et le thym,
L'œillet, le lis et les roses,
En ceste belle saison,
    A foison,
Monstrent leurs robes écloses.

Le gentil rossignolet,
    Doucelet,
Découpe dessous l'ombrage
Mille fredons babillars,
    Frétillars,
Au doux chant de son ramage.

C'est à ton heureux retour
  Que l'amour
Souffle à doucettes haleines,
Un feu croupi et couvert,
  Que l'hyver
Receloit dedans nos veines.

Tu vois en ce temps nouveau
  L'essaim beau
De ces pillardes avettes
Volleter de fleur en fleur,
  Pour l'odeur
Qu'ils mussent en leurs cuissettes.

May vantera ses fraischeurs,
  Ses fruicts meurs,
Et sa feconde rosée,
La manne et le sucre doux,
  Le miel roux,
Dont sa grace est arrosée.

Mais moy je donne ma voix
  A ce mois,
Qui prend le surnom de celle
Qui de l'escumeuse mer
  Veit germer
Sa naissance maternelle.

LESAGE

ALAIN-RENÉ LESAGE (1668–1747) was born at Sarzeau, an obscure town near the coast of Brittany. After being educated in the Jesuit college at Vannes, he came to Paris to study law. There he married and led a tranquil and domestic life, supporting his family by his pen. He wrote *Turcaret*, the first French *comédie des mœurs*, *Le Diable boiteux*, a fantastic story shewing much power of observation, and the immortal *Gil Blas*, from which the following passage is taken.

GIL BLAS CHEZ LE LICENCIÉ SÉDILLO

Nous avions si grand'peur d'arriver trop tard chez le vieux licencié, que nous ne fîmes qu'un saut du cul-de-sac à sa maison. Nous en trouvâmes la porte fermée: nous frappâmes. Une fille de dix ans, que la gouvernante faisoit passer pour sa nièce, en dépit de la médisance, vint ouvrir; et comme nous lui demandions si l'on pouvoit parler au chanoine, la dame Jacinte parut. C'étoit une personne déjà parvenue à l'âge de discrétion, mais belle encore; et j'admirai particulièrement la fraîcheur de son teint. Elle portoit une longue robe d'une étoffe de laine la plus commune, avec une large ceinture de cuir, d'où pendoit d'un côté un trousseau de clefs, et de l'autre un chapelet à gros grains. D'abord que nous l'aperçûmes, nous la saluâmes avec beaucoup de respect; elle nous rendit le salut fort civilement, mais d'un air modeste et les yeux baissés.

J'ai appris, lui dit mon camarade, qu'il faut un honnête garçon au seigneur licencié Sédillo, et je viens lui en présenter un dont j'espère qu'il sera content. La gouvernante leva les yeux à ces paroles, me regarda fixement; et, ne pouvant accorder ma broderie avec le discours de Fabrice, elle demanda si c'étoit moi qui recherchois la place vacante. Oui, lui dit le fils de Nuñez, c'est ce jeune homme. Tel que vous le voyez, il lui est arrivé des disgraces qui l'obligent à se mettre en condition: il se consolera de ses malheurs, ajouta-t-il d'un ton doucereux, s'il a le bonheur d'entrer dans cette maison, et de vivre avec la vertueuse Jacinte, qui mériteroit d'être la gouvernante du patriarche des Indes. À ces mots, la vieille béate cessa de me regarder, pour considérer le gracieux personnage qui lui parloit; et frappée de ses traits, qu'elle crut ne lui être pas inconnus: J'ai une idée confuse de vous avoir vu, lui dit-elle; aidez-moi à la débrouiller. Chaste Jacinte, lui répondit Fabrice, il m'est bien glorieux de m'être attiré vos regards. Je suis venu deux fois dans cette maison avec mon maître le seigneur Manuel Ordoñez, administrateur de l'hôpital. Eh! justement, répliqua la gouvernante, je m'en souviens, et je vous remets. Ah! puisque vous appartenez au seigneur Ordoñez, il faut que vous soyez un garçon de bien et d'honneur. Votre condition fait votre éloge, et ce jeune homme ne sauroit avoir un meilleur répondant que vous. Venez, poursuivit-elle, je vais vous faire parler au seigneur Sédillo: je crois qu'il sera bien aise d'avoir un garçon de votre main.

Nous suivîmes la dame Jacinte. Le chanoine étoit logé par bas, et son appartement consistoit en quatre pièces de plain-pied, bien boisées. Elle nous pria d'attendre un moment dans la première, et nous y laissa pour passer dans la seconde, où étoit le licencié. Après y avoir demeuré quelque temps en particulier avec lui, pour le mettre au fait, elle vint nous dire que nous pouvions entrer. Nous aperçûmes le vieux podagre enfoncé dans un fauteuil, un oreiller sous la tête, des coussins sous les bras, et les jambes appuyées sur un gros carreau plein de duvet. Nous nous approchâmes de lui sans ménager les révérences; et Fabrice, portant encore la parole, ne se contenta pas de redire ce qu'il avoit dit à la gouvernante; il se mit à vanter mon mérite, et s'étendit principalement sur l'honneur que je m'étois acquis chez le docteur Godinez, dans les disputes de philosophie: comme s'il eût fallu que je fusse un grand philosophe pour être valet d'un chanoine! Cependant, par le bel éloge qu'il fit de moi, il ne laissa pas de jeter de la poudre aux yeux du licencié, qui, remarquant d'ailleurs que je ne déplaisois pas à la dame Jacinte, dit à mon répondant: L'ami, je reçois à mon service le garçon que tu m'amènes; il me revient assez, et je juge favorablement des ses mœurs, puisqu'il m'est présenté par un domestique du seigneur Ordoñez.

D'abord que Fabrice vit que j'étois arrêté, il fit une grande révérence au chanoine, une autre encore plus profonde à la gouvernante, et se retira fort satisfait, après m'avoir dit tout bas que nous nous reverrions, et que je n'avois qu'à rester là. Dès qu'il fut sorti, le licencié me demanda comment je m'appelois, pourquoi j'avois quitté ma patrie; et par ses questions il m'engagea, devant la dame Jacinte, à raconter mon histoire. Je les divertis tous deux, surtout par le récit de ma dernière aventure. Camille et don Raphaël leur donnèrent une si forte envie de rire, qu'il en pensa coûter la vie au vieux goutteux: car, comme il rioit de toute sa force, il lui prit une toux si violente, que je crus qu'il alloit passer. Il n'avoit pas encore fait son testament, jugez si la gouvernante fut alarmée. Je la vis tremblante, éperdue, courir au secours du bonhomme, et, faisant ce qu'on fait pour soulager les enfants qui toussent, lui frotter le front et lui taper le dos. Ce ne fut pourtant qu'une fausse alarme: le vieillard cessa de tousser, et sa gouvernante de le tourmenter. Alors je voulus achever mon récit; mais la dame Jacinte, craignant une seconde toux, s'y opposa. Elle m'emmena même de la chambre du chanoine dans une garde-robe, où parmi plusieurs habits étoit celui de mon prédécesseur. Elle me le fit prendre, et mit à sa place le mien, que je n'étois pas fâché de conserver, dans l'espérance qu'il me serviroit encore. Nous allâmes ensuite tous deux préparer le dîner. Je ne parus pas neuf dans l'art de faire la cuisine. Il est vrai que j'en avois fait l'heureux apprentissage sous la dame Léonarde, qui pouvoit passer pour une bonne cuisinière. Elle n'étoit pas toutefois comparable à la dame Jacinte: celle-ci l'emportoit peut-être sur le cuisinier même de l'archevêque de Tolède. Elle excelloit en tout. On trouvoit ses bisques exquises, tant elle savoit bien choisir et mêler les sucs de viandes qu'elle y faisoit entrer; et ses hachis étoient assaisonnés d'une manière qui les rendoit très agréables au goût. Quand le dîner fut prêt, nous retournâmes dans la chambre du chanoine, où, pendant que je dressois une table auprès de son fauteuil, la gouvernante passa sous le menton du vieillard une serviette, et la lui attacha aux épaules. Un moment après, je servis un potage qu'on auroit pu présenter au plus fameux directeur de Madrid, et deux entrées qui auroient eu de quoi piquer la sensualité d'un vice-roi, si la dame Jacinte n'y eût pas épargné les épices, de peur d'irriter la goutte du licencié. A la vue de ces bons plats, mon vieux maître, que je croyois perclus de tous ses membres, me montra qu'il n'avoit pas encore entièrement perdu l'usage de ses bras: il s'en aida pour se débarrasser de son oreiller et de ses coussins, et se disposa gaiement à manger. Quoique la main lui tremblât, elle ne refusa pas le service: il la faisoit aller et venir assez librement, de façon pourtant qu'il répandoit sur la nappe et sur sa serviette la moitié de ce qu'il portoit à sa bouche. J'ôtai la bisque, lorsqu'il n'en voulut plus, et j'apportai une perdrix flanquée de deux cailles rôties que la dame Jacinte lui dépeça. Elle avoit aussi soin de lui faire boire de temps en temps de grands coups de vin un peu trempé, dans une coupe d'argent large et profonde qu'elle lui tenoit comme à un enfant de quinze mois. Il s'acharna sur les entrées, et ne fit pas moins d'honneur aux petits-pieds. Quand il se fut bien empiffré, la béate lui détacha sa serviette, lui remit son oreiller et ses coussins; puis, le laissant dans son fauteuil goûter tranquillement le repos qu'on prend d'ordinaire après le dîner, nous desservîmes et nous allâmes manger à notre tour.

Voilà de quelle manière dînoit tous les jours notre chanoine, qui étoit peut-être le plus grand mangeur du chapitre. Mais il soupoit plus légèrement: il se contentoit d'un poulet et de quelques compotes de fruits. Je faisois bonne chère dans cette maison: j'y menois une vie très douce. Je n'y avois qu'un désagrément; c'est qu'il me falloit veiller mon maître et passer la nuit comme une garde-malade. Gil Blas, me dit-il dès la seconde nuit, tu as de l'adresse et de l'activité, je prévois que je m'accommoderai bien de ton service. Je te recommande seulement d'avoir de la complaisance pour la dame Jacinte; c'est une fille qui me sert depuis quinze années avec un zèle tout particulier; elle a un soin de ma personne que je ne puis assez reconnoître. Aussi, je te l'avoue, elle m'est plus chère que toute ma famille. J'ai chassé de chez moi, pour l'amour d'elle, mon neveu, le fils de ma propre sœur. Il n'avoit aucune considération pour cette pauvre fille; et, bien loin de rendre justice à l'attachement sincère qu'elle a pour moi, l'insolent la traitoit de fausse dévote: car aujourd'hui la vertu ne paroît qu'hypocrisie aux jeunes gens. Graces au ciel, je me suis défait de ce maraud-là. Je préfère aux droits du sang l'affection qu'on me témoigne, et je ne me laisse prendre seulement que par le bien qu'on me fait. Vous avez raison, monsieur, dis-je alors au licencié: la reconnoissance doit avoir plus de force sur nous que les lois de la nature. Sans doute, reprit-il, et mon testament fera bien voir que je ne me soucie guère de mes parents. Ma gouvernante y aura bonne part, et tu n'y seras point oublié, si tu continues comme tu commences à me servir. Le valet que j'ai mis dehors hier a perdu par sa faute un bon legs. Si ce misérable ne m'eût pas obligé, par ses manières, à lui donner son congé, je l'aurois enrichi; mais c'étoit un orgueilleux qui manquoit de respect à la dame Jacinte, un paresseux qui craignoit la peine. Il n'aimoit point à me veiller, et c'étoit pour lui une chose bien fatigante que de passer les nuits à me soulager. Ah! le malheureux! m'écriai-je comme si le génie de Fabrice m'eût inspiré, il ne méritoit pas d'être auprès d'un aussi honnête homme que vous. Un garçon qui a le bonheur de vous appartenir doit avoir un zèle infatigable; il doit se faire un plaisir de son devoir, et ne se pas croire occupé, lors même qu'il sue sang et eau pour vous.

Je m'aperçus que ces paroles plurent fort au licencié. Il ne fut pas moins content de l'assurance que je lui donnai d'être toujours parfaitement soumis aux volontés de la dame Jacinte. Voulant donc passer pour un valet que la fatigue ne pouvoit rebuter, je faisois mon service de la meilleure grace qu'il m'étoit possible.

Je ne me plaignois point d'être toutes les nuits sur pied. Je ne laissois pas pourtant de trouver cela très désagréable; et sans le legs dont je repaissois mon espérance, je me serois bientôt dégoûté de ma condition. Je me reposois, à la vérité, quelques heures pendant le jour. La gouvernante, je lui dois cette justice, avoit beaucoup d'égards pour moi; ce qu'il falloit attribuer au soin que je prenois de gagner ses bonnes graces par des manières complaisantes et respectueuses. Étois-je à table avec elle, et sa nièce qu'on appeloit Inésile, je leur changeois d'assiette, je leur versois à boire, j'avois une attention toute particulière à les servir. Je m'insinuai par là dans leur amitié. Un jour que la dame Jacinte étoit sortie pour aller à la provision, me voyant seul avec Inésile, je commençai à l'entretenir. Je lui demandai si son père et sa mère vivoient encore. Oh que non, me répondit-elle: il y a bien long-temps, bien long-temps qu'ils sont morts; car ma bonne tante me l'a dit, et je ne les ai jamais vus. Je crus pieusement la petite fille, quoique sa réponse ne fût pas catégorique, et je la mis si bien en train de parler, qu'elle m'en dit plus que je n'en voulois savoir. Elle m'apprit, ou plutôt je compris par les naïvetés qui lui échappèrent, que sa bonne tante avoit un bon ami qui demeuroit aussi auprès d'un vieux chanoine dont il administroit le temporel, et que ces heureux domestiques comptoient d'assembler les dépouilles de leurs maîtres par un hyménée dont ils goûtoient les douceurs par avance. J'ai déjà dit que la dame Jacinte, bien qu'un peu surannée, avoit encore de la fraîcheur. Il est vrai qu'elle n'épargnoit rien pour se conserver: elle avaloit pendant le jour, et en se couchant, d'excellents coulis. De plus, elle dormoit tranquillement la nuit, tandis que je veillois mon maître.

Je servis pendant trois mois le licencié Sédillo, sans me plaindre des mauvaises nuits qu'il me faisoit passer. Au bout de ce temps-là il tomba malade: la fièvre le prit; et avec le mal qu'elle lui causoit, il sentit irriter sa goutte. Pour la première fois de sa vie, qui avoit été longue, il eut recours aux médecins. Il demanda le docteur Sangrado, que tout Valladolid regardoit comme un Hippocrate. La dame Jacinte auroit mieux aimé que le chanoine eût commencé par faire son testament; elle lui en toucha même quelques mots: mais, outre qu'il ne se croyoit pas encore proche de sa fin, il avoit de l'opiniâtreté dans certaines choses. J'allai donc chercher le docteur Sangrado; je l'amenai au logis. C'étoit un grand homme sec et pâle, et qui depuis quarante ans, pour le moins, occupoit le ciseau des Parques. Ce savant médecin avoit l'extérieur grave; il pesoit ses discours, et donnoit de la noblesse à ses expressions. Ses raisonnements paroissoient géométriques, et ses opinions fort singulières.

Après avoir observé mon maître, il lui dit d'un air doctoral: Il s'agit ici de suppléer au défaut de la transpiration arrêtée. D'autres, à ma place, ordonneroient sans doute des remèdes salins, volatils, et qui, pour la plupart, participent du soufre et du mercure; mais les purgatifs et les sudorifiques sont des drogues pernicieuses: toutes les préparations chimiques ne semblent faites que pour nuire. J'emploie des moyens plus simples et plus sûrs. A quelle nourriture, continua-t-il, êtes-vous accoutumé? Je mange ordinairement, répondit le chanoine, des bisques et des viandes succulentes. Des bisques et des viandes succulentes! s'écria le docteur avec surprise. Ah! vraiment, je ne m'étonne point si vous êtes malade! Les mets délicieux sont des plaisirs empoisonnés: ce sont des pièges que la volupté tend aux hommes pour les faire périr plus sûrement. Il faut que vous renonciez aux aliments de bon goût; les plus fades sont les meilleurs pour la santé. Comme le sang est insipide, il veut des mets qui tiennent de sa nature. Et buvez-vous du vin? ajouta-t-il. Oui, dit le licencié, du vin trempé. Oh! trempé tant qu'il vous plaira, reprit le médecin. Quel dérèglement! voilà un régime épouvantable: il y a long-temps que vous devriez être mort. Quel âge avez-vous? J'entre dans ma soixante-neuvième année, répondit le chanoine. Justement, répliqua le médecin; une vieillesse anticipée est toujours le fruit de l'intempérance. Si vous n'eussiez bu que de l'eau claire toute votre vie, et que vous vous fussiez contenté d'une nourriture simple, de pommes cuites, par exemple, vous ne seriez pas présentement tourmenté de la goutte, et tous vos membres feroient encore facilement leurs fonctions. Je ne désespère pas toutefois de vous remettre sur pied, pourvu que vous vous abandonniez à mes ordonnances. Le licencié promit de lui obéir en toutes choses.

Alors Sangrado m'envoya chercher un chirurgien qu'il me nomma, et fit tirer à mon maître six bonnes palettes de sang, pour commencer à suppléer au défaut de la transpiration. Puis il dit au chirurgien: Maître Martin Oñez, revenez dans trois heures en faire autant, et demain vous recommencerez. C'est une erreur de penser que le sang soit nécessaire à la conservation de la vie; on ne peut trop saigner un malade. Comme il n'est obligé à aucun mouvement ou exercice considérable, et qu'il n'a rien à faire que de ne point mourir, il ne lui faut pas plus de sang pour vivre qu'à un homme endormi: la vie, dans tous les deux, ne consiste que dans le pouls et dans la respiration. Lorsque le docteur eut ordonné de fréquentes et copieuses saignées, il dit qu'il falloit aussi donner au chanoine de l'eau chaude à tout moment, assurant que l'eau bue en abondance pouvoit passer pour le véritable spécifique contre toutes sortes de maladies. Il sortit ensuite, en disant d'un air de confiance à la dame Jacinte et à moi, qu'il répondoit de la vie du malade, si on le traitoit de la manière qu'il venoit de prescrire. La gouvernante, qui jugeoit peut-être autrement que lui de sa méthode, protesta qu'on la suivroit avec exactitude. En effet, nous mîmes promptement de l'eau à chauffer; et, comme le médecin nous avoit recommandé sur toutes choses de ne la point épargner, nous en fîmes d'abord boire à mon maître deux ou trois pintes à longs traits. Une heure après, nous réitérâmes; puis, retournant encore de temps en temps à la charge, nous versâmes dans son estomac un déluge d'eau. D'un autre côté, le chirurgien nous secondant par la quantité de sang qu'il tiroit, nous réduisîmes, en moins de deux jours, le vieux chanoine à l'extrémité.

Ce bon ecclésiastique, n'en pouvant plus, comme je voulois lui faire avaler encore un grand verre du spécifique, me dit d'une voix faible: Arrête, Gil Blas; ne m'en donne pas davantage, mon ami. Je vois bien qu'il faut mourir; malgré la vertu de l'eau, et quoiqu'il me reste à peine une goutte de sang, je ne m'en porte pas mieux pour cela: ce qui prouve bien que le plus habile médecin du monde ne sauroit prolonger nos jours quand leur terme fatal est arrivé. Va me chercher un notaire; je veux faire mon testament. A ces derniers mots, que je n'étois pas fâché d'entendre, j'affectai de paroître fort triste; et, cachant l'envie que j'avois de m'acquitter de la commission qu'il me donnoit: Eh mais, monsieur, lui dis-je, vous n'êtes pas si bas, Dieu merci, que vous ne puissiez vous relever. Non, non, repartit-il, mon enfant, c'en est fait; je sens que la goutte remonte et que la mort s'approche: hâte-toi d'aller où je t'ai dit. Je m'aperçus effectivement qu'il changeoit à vue d'œil; et la chose me parut si pressante, que je sortis vite pour faire ce qu'il m'ordonnoit, laissant auprès de lui la dame Jacinte, qui craignoit encore plus que moi qu'il ne mourût sans tester. J'entrai dans la maison du premier notaire dont on m'enseigna la demeure; et le trouvant chez lui: Monsieur, lui dis-je, le licencié Sédillo, mon maître, tire à sa fin; il veut faire écrire ses dernières volontés; il n'y a pas un moment à perdre. Le notaire étoit un petit vieillard gai, qui se plaisoit à railler: il me demanda quel médecin voyoit le chanoine. Je lui répondis que c'étoit le docteur Sangrado. A ce nom, prenant brusquement son manteau et son chapeau: Vive Dieu! s'écria-t-il, partons donc en diligence; car ce docteur est si expéditif, qu'il ne donne pas le temps à ses malades d'appeler des notaires. Cet homme-là m'a bien soufflé des testaments.

En parlant de cette sorte, il s'empressa de sortir avec moi; et, pendant que nous marchions tous deux à grands pas pour prévenir l'agonie, je lui dis: Monsieur, vous savez qu'un testateur mourant manque souvent de mémoire; si par hasard mon maître vient à m'oublier, je vous prie de le faire souvenir de mon zèle. Je le veux bien, mon enfant, me répondit le petit notaire, tu peux compter là-dessus; je l'exhorterai même à te donner quelque chose de considérable, pour peu qu'il soit disposé à reconnoître tes services. Le licencié, quand nous arrivâmes dans sa chambre, avoit encore tout son bon sens. La dame Jacinte, le visage baigné de pleurs de commande, étoit auprès de lui: elle venoit de jouer son rôle, et de préparer le bon homme à lui faire beaucoup de bien. Nous laissâmes le notaire seul avec mon maître, et passâmes, elle et moi, dans l'antichambre, où nous rencontrâmes le chirurgien, que le médecin envoyoit pour faire une nouvelle et dernière saignée. Nous l'arrêtâmes. Attendez, maître Martin, lui dit la gouvernante; vous ne sauriez entrer présentement dans la chambre du seigneur Sédillo. Il va dicter ses dernières volontés à un notaire qui est avec lui; vous le saignerez quand il aura fait son testament.

Nous avions grand'peur, la béate et moi, que le licencié ne mourût en testant; mais, par bonheur, l'acte qui causoit notre inquiétude se fit. Nous vîmes sortir le notaire, qui, me trouvant sur son passage, me frappa sur l'épaule, et me dit en souriant: On n'a point oublié Gil Blas. A ces mots, je ressentis une joie des plus vives, et je sus si bon gré à mon maître de s'être souvenu de moi, que je me promis de bien prier Dieu pour lui après sa mort, qui ne manqua pas d'arriver bientôt; car le chirurgien l'ayant encore saigné, le pauvre vieillard, qui n'étoit déjà que trop affoibli, expira presque dans le moment. Comme il rendoit les derniers soupirs, le médecin parut, et demeura un peu sot, malgré l'habitude qu'il avoit de dépêcher ses malades. Cependant, loin d'imputer la mort du chanoine à la boisson et aux saignées, il sortit en disant d'un air froid qu'on ne lui avoit pas tiré assez de sang ni fait boire assez d'eau chaude. L'exécuteur de la haute médecine, je veux dire le chirurgien, voyant aussi qu'on n'avoit plus besoin de son ministère, suivit le docteur Sangrado.

Sitôt que nous vîmes le patron sans vie, nous fîmes, la dame Jacinte, Inésile, et moi, un concert de cris funèbres qui fut entendu de tout le voisinage. La béate surtout, qui avoit le plus grand sujet de se réjouir, poussoit des accents si plaintifs, qu'elle sembloit être la personne du monde la plus touchée. La chambre, en un instant, se remplit de gens, moins attirés par la compassion que par la curiosité. Les parents du défunt n'eurent pas plus tôt vent de sa mort, qu'ils vinrent fondre au logis, et faire mettre le scellé partout. Ils trouvèrent la gouvernante si affligée, qu'ils crurent d'abord que le chanoine n'avoit point fait de testament : mais ils apprirent bientôt qu'il y en avoit un, revêtu de toutes les formalités nécessaires ; et lorsqu'on vint à l'ouvrir, et qu'ils virent que le testateur avoit disposé de ses meilleurs effets en faveur de la dame Jacinte et de la petite fille, ils firent son oraison funèbre dans des termes peu honorables à sa mémoire. Ils apostrophèrent en même temps la béate, et me donnèrent aussi quelques louanges. Il faut avouer que je les méritois bien. Le licencié, devant Dieu soit son ame! pour m'engager à me souvenir de lui toute ma vie, s'expliquoit ainsi pour mon compte par un article de son testament : *Item, puisque Gil Blas est un garçon qui a déjà de la littérature, pour achever de le rendre savant, je lui laisse ma bibliothèque, tous mes livres, et mes manuscrits, sans aucune exception.*

J'ignorois où pouvoit être cette prétendue bibliothèque : je ne m'étois point aperçu qu'il y en eût dans la maison. Je savois seulement qu'il y avoit quelques papiers, avec cinq ou six volumes, sur deux petits ais de sapin, dans le cabinet de mon maître : c'étoit là mon legs. Encore les livres ne me pouvoient-ils être d'une grande utilité : l'un avoit pour titre, le Cuisinier parfait ; l'autre traitoit de l'Indigestion, et de la manière de la guérir ; et les autres étoient les quatre parties du Bréviaire, que les vers avoient à

P. A. CARON DE BEAUMARCHAIS.

BEAUMARCHAIS

Cochin fils

demi rongées. A l'égard des manuscrits, le plus curieux contenoit
toutes les pièces d'un procès que le chanoine avoit eu autrefois
pour sa prébende. Après avoir examiné mon legs avec plus
d'attention qu'il n'en méritoit, je l'abandonnai aux parents qui
me l'avoient tant envié. Je leur remis même l'habit dont j'étois
revêtu, et je repris le mien, bornant à mes gages le prix de mes
services. J'allai chercher ensuite une autre maison. Pour la dame
Jacinte, outre les sommes qui lui avoient été léguées, elle eut
encore de bonnes nippes, qu'à l'aide de son bon ami elle avoit
détournées pendant la maladie du licencié.

BEAUMARCHAIS

Pierre-Augustin Caron de Beaumarchais (1732–1799), the son of a
Paris watchmaker, followed his father's profession, but soon exchanged it
for a wider field of activity. His life henceforth was one of varying fortune
and adventurous incident, and the immortality of his two comedies, *Le
Barbier de Seville* and *Le Mariage de Figaro*, is due in a measure to the fact
that the character of Figaro is largely modelled on himself. "Ambitieux par
vanité, laborieux par nécessité, mais paresseux...avec délices!" &c.—these
concluding words of the famous tirade given below describe Beaumarchais
as well as Figaro.

FIGARO

O femme! femme! femme! créature faible et décevante!...
nul animal créé ne peut manquer à son instinct: le tien est-il donc
de tromper?... Après m'avoir obstinément refusé quand je l'en
pressais devant sa maîtresse; à l'instant qu'elle me donne sa
parole, au milieu même de la cérémonie.... Il riait en lisant, le
perfide! et moi comme un benêt!... Non, monsieur le comte,
vous ne l'aurez pas...vous ne l'aurez pas. Parce que vous êtes
un grand seigneur, vous vous croyez un grand génie!... Noblesse,
fortune, un rang, des places, tout cela rend si fier! Qu'avez-vous
fait pour tant de biens? Vous vous êtes donné la peine de naître,
et rien de plus. Du reste, homme assez ordinaire; tandis que moi,
morbleu! perdu dans la foule obscure, il m'a fallu deployer plus
de science et de calculs pour subsister seulement, qu'on n'en a mis
depuis cent ans à gouverner toutes les Espagnes: et vous voulez

jouter.... On vient...c'est elle...ce n'est personne. — La nuit est
noire en diable, et me voilà faisant le sot métier de mari, quoique
je ne le sois qu'à moitié! Est-il rien de plus bizarre que ma
destinée? Fils de je ne sais pas qui, volé par des bandits, élevé dans
leurs mœurs, je m'en dégoûte et veux courir une carrière honnête;
et partout je suis repoussé! J'apprends la chimie, la pharmacie,
la chirurgie, et tout le crédit d'un grand seigneur peut à peine me
mettre à la main une lancette vétérinaire! — Las d'attrister des
bêtes malades, et pour faire un métier contraire, je me jette à
corps perdu dans le théâtre: me fussé-je mis une pierre au cou!
Je broche une comédie dans les mœurs du sérail. Auteur espagnol,
je crois pouvoir y fronder Mahomet sans scrupule: à l'instant un
envoyé...de je ne sais où se plaint que j'offense dans mes vers la
Sublime-Porte, la Perse, une partie de la presqu'île de l'Inde,
toute l'Égypte, les royaumes de Barca, de Tripoli, de Tunis,
d'Alger et de Maroc: et voilà ma comédie flambée, pour plaire aux
princes mahométans, dont pas un, je crois, ne sait lire, et qui
nous meurtrissent l'omoplate, en nous disant: *chiens de chrétiens.*
— Ne pouvant avilir l'esprit, on se venge en le maltraitant.—
Mes joues creusaient, mon terme était échu; je voyais de loin
arriver l'affreux recors, la plume fichée dans sa perruque: en
frémissant je m'évertue. Il s'élève une question sur la nature des
richesses; et comme il n'est pas nécessaire de tenir les choses pour
en raisonner, n'ayant pas un sou, j'écris sur la valeur de l'argent
et sur son produit net: sitôt je vois du fond d'un fiacre baisser
pour moi le pont d'un château fort, à l'entrée duquel je laissai
l'espérance et la liberté. Que je voudrais bien tenir un de ces
puissants de quatre jours, si légers sur le mal qu'ils ordonnent!
quand une bonne disgrâce a cuvé son orgueil, je lui dirais...
que les sottises imprimées n'ont d'importance qu'aux lieux où
l'on en gêne le cours; que, sans la liberté de blâmer, il n'est point
d'éloge flatteur; et qu'il n'y a que les petits hommes qui redoutent
les petits écrits. Las de nourrir un obscur pensionnaire, on me
met un jour dans la rue; et comme il faut dîner, quoiqu'on ne
soit plus en prison, je taille encore ma plume, et demande à chacun
de quoi il est question: on me dit que, pendant ma retraite écono-
mique, il s'est établi dans Madrid un système de liberté sur la
vente des productions, qui s'étend même à celles de la presse; et
que, pourvu que je ne parle en mes écrits ni de l'autorité, ni du

culte, ni de la politique, ni de la morale, ni des gens en place, ni des corps en crédit, ni de l'Opéra, ni des autres spectacles, ni de personne qui tienne à quelque chose, je puis tout imprimer librement, sous l'inspection de deux ou trois censeurs. Pour profiter de cette douce liberté, j'annonce un écrit périodique, et, croyant n'aller sur les brisées d'aucun autre, je le nomme *Journal inutile*. Pou-ou! je vois s'élever contre moi mille pauvres diables à la feuille; on me supprime, et me voilà de rechef sans emploi!— Le désespoir m'allait saisir; on pense à moi pour une place, mais par malheur j'y étais propre: il fallait un calculateur, ce fut un danseur qui l'obtint. Il ne me restait plus qu'à voler; je me fais banquier de pharaon: alors, bonnes gens! je soupe en ville, et les personnes dites *comme il faut* m'ouvrent poliment leur maison, en retenant pour elles les trois quarts du profit. J'aurais bien pu me remonter; je commençais même à comprendre que, pour gagner du bien, le savoir-faire vaut mieux que le savoir. Mais comme chacun pillait autour de moi, en exigeant que je fusse honnête, il fallut bien périr encore. Pour le coup je quittais le monde, et vingt brasses d'eau allaient m'en séparer, lorsqu'un dieu bienfaisant m'appelle à mon premier état. Je reprends ma trousse et mon cuir anglais; puis laissant la fumée aux sots qui s'en nourrissent, et la honte au milieu du chemin, comme trop lourde à un piéton, je vais rasant de ville en ville, et je vis enfin sans souci. Un grand seigneur passe à Séville; il me reconnaît, je le marie; et pour prix d'avoir eu par mes soins son épouse, il veut intercepter la mienne! Intrigue, orage à ce sujet. Prêt à tomber dans un abîme, au moment d'épouser ma mère, mes parents m'arrivent à la file. On se débat, c'est vous, c'est lui, c'est moi, c'est toi; non, ce n'est pas nous; eh! mais qui donc? O bizarre suite d'événements! Comment cela m'est-il arrivé? Pourquoi ces choses et non pas d'autres? Qui les a fixées sur ma tête? Forcé de parcourir la route où je suis entré sans le savoir, comme j'en sortirai sans le vouloir, je l'ai jonchée d'autant de fleurs que ma gaieté me l'a permis: encore je dis ma gaieté sans savoir si elle est à moi plus que le reste, ni même quel est ce *moi* dont je m'occupe: un assemblage informe de parties inconnues; puis un chétif être imbécile; un petit animal folâtre; un jeune homme ardent au plaisir, ayant tous les goûts pour jouir, faisant tous les métiers pour vivre; maître ici, valet là, selon qu'il plaît à la fortune; ambitieux par vanité, laborieux par nécessité, mais paresseux...avec délices! orateur selon le danger; poète par délassement; musicien par occasion; amoureux par folles bouffées, j'ai tout vu, tout fait, tout usé.

LE CONVOI DE MALBROUGH

This song perhaps dates from the battle of Malplaquet (1708), but it did not become popular till 1781, just after the birth of the Dauphin (who died in 1789), when Marie-Antoinette heard it sung by his wet-nurse. Beaumarchais borrowed the tune for Cherubin's song in the Second Act of *Le Mariage de Figaro*. It is also that of "He's a jolly good fellow." The text is that of G. Doncieux, *Le Romancéro populaire de la France* (ed. J. Tiersot), 1904.

> Malbrough s'en va en guerre,
> *Mironton, tonton, mirontaine.*
> Malbrough s'en va en guerre: "Ne sai quand reviendrai."
> "Ne sai quand reviendrai" (*bis*).

> "Je reviendrai à Pâques,
> *Mironton, tonton, mirontaine.*
> Je reviendrai à Pâques, ou à la Trinité,
> Ou à la Trinité" (*bis*).

Les Pâques sont passées, aussi la Trinité.

Madame à sa tour monte, si haut qu'el peut monter.

Et voit venir son page, tout de noir habillé:

"Beau page, ah! mon beau page, quel' nouvelle apportez?"

"Nouvelle que j'apporte, vos beaus yeus vont pleurer.

Quittez vos habits roses et vos satins brochés.

Prenez la robe noire et les souliers cirés.

Malbrough est mort en guerre, est mort et enterré.

L'ai vu porter en terre par quatres officiers:

L'un portoit sa cuirasse et l'autre son bouclier,

Le troisième son casque et l'autre son épé'.

A l'entour de sa tombe romarin fut planté.

Sur la plus haute branche rossignol a chanté.

Disoit en son langage: *Requiescat in pace!*

La cérémoni', faite, chacun s'en fut coucher."

THIERS

ADOLPHE THIERS (1797–1877), the minister of Louis-Philippe, the first President of the Third Republic, was born at Marseilles. His *Histoire du Consulat et de l'Empire* (1845–1867) is still the best account of that period. His style has the merit of simplicity, and he has in a remarkable degree the gift of narrative. The following account of Valmy is taken from his early work, the *Histoire de la Révolution française,* which has charmed with its freshness so competent a judge as M. Anatole France.

VALMY

Sainte-Menehould, où marchait Dumouriez, est placé sur l'Aisne, l'une des deux rivières qui entouraient le camp de Grand-Prey. Dumouriez devait donc en remonter le cours, et avant d'y parvenir, avait à franchir trois ruisseaux assez profonds qui viennent s'y confondre; c'est la Tourbe, la Bionne, et l'Auve. Au-delà de ces trois ruisseaux, se trouvait le camp qu'il allait occuper. Au-devant de Sainte-Menehould, s'élèvent circulairement des hauteurs de trois quarts de lieue. A leur pied s'étend un fonds, dans lequel l'Auve forme des marécages, avant de se jeter dans l'Aisne. Ce fonds est bordé à droite par les hauteurs de l'Hyron, en face par celles de la Lune, et à gauche par celles de Gisaucourt. Au centre du bassin se trouvent différentes élévations, inférieures cependant à celles de Sainte-Menehould; le moulin de Valmi en est une, et il fait immédiatement face aux coteaux de la Lune. La grande route de Châlons à Sainte-Menehould passe à travers ce bassin, presque parallèlement au cours de l'Auve. C'est à Sainte-Menehould et au-dessus de ce bassin que se plaça Dumouriez. Il fit occuper autour de lui les positions les plus importantes, et appuya le dos contre Dillon, en lui recommandant de tenir ferme contre l'ennemi. Il occupait ainsi la grande route de Paris sur trois points: Les Islettes, Sainte-Menehould et Châlons.

Cependant les Prussiens pouvaient, en pénétrant par Grand-

Prey, le laisser à Sainte-Menehould et courir à Châlons. Dumouriez ordonna donc à Dubouquet, dont il avait appris l'heureuse arrivée à Châlons, de se placer, avec sa division, au camp de l'Épine, d'y réunir tous les volontaires, nouvellement arrivés, afin de couvrir Châlons contre un coup de main. Il fut rejoint ensuite par Chasot, et enfin par Beurnonville. Celui-ci s'était porté le 15 à la vue de Sainte-Menehould; voyant une armée en bon ordre, il avait supposé que c'était l'ennemi, car il ne pouvait croire que Dumouriez, qu'on disait battu, se fût si tôt et si bien tiré d'embarras. Dans cette idée il s'était replié sur Châlons, et là, informé de la vérité, il était revenu et avait pris position le 19, à Maffrecourt, sur la droite du camp. Il avait amené ces dix mille braves que Dumouriez avait pendant un mois exercés, dans le camp de Maulde, à une continuelle guerre de poste. Renforcé de Beurnonville et de Chasot, Dumouriez pouvait compter trente-cinq mille hommes. Ainsi, grâce à sa fermeté et à sa présence d'esprit, il se retrouvait placé dans une position très-forte, et pouvant temporiser encore assez longtemps. Mais si l'ennemi plus prompt le laissait en arrière, et courait en avant sur Châlons, que devenait son camp de Sainte-Menehould? C'était toujours la même crainte, et ses précautions, au camp de l'Épine, étaient loin de pouvoir prévenir un danger pareil.

Deux mouvements s'opéraient très-lentement autour de lui, c'était celui de Brunswick, qui hésitait dans sa marche, et celui de Kellermann, qui, parti le 4 de Metz, n'était pas encore arrivé au point convenu, malgré quinze jours de route. Mais si la lenteur de Brunswick servait Dumouriez, celle de Kellermann le compromettait singulièrement. Kellermann, prudent et irrésolu, quoique très-brave, avait tour-à-tour avancé ou reculé, suivant les mouvements de l'armée prussienne; et le 17 encore, en apprenant la perte des défilés, il avait fait une marche en arrière. Cependant le 19 au soir il fit avertir Dumouriez qu'il n'était plus qu'à deux lieues de Sainte-Menehould. Dumouriez lui avait réservé les hauteurs de Gisaucourt, placées à sa gauche, et dominant la route de Châlons et le ruisseau de l'Auve. Il lui avait mandé que, dans le cas d'une bataille, il pourrait se déployer sur les hauteurs secondaires et se porter sur Valmi, au-delà de l'Auve. Dumouriez n'eut pas le temps d'aller placer lui-même son collègue, et Kellermann, passant l'Auve le 19 dans la nuit, se porta à Valmi au centre du bassin, et négligea les hauteurs de Gisaucourt, qui formaient la gauche du camp de Sainte-Menehould, et dominaient celles de la Lune, où arrivaient les Prussiens.

Dans ce moment en effet, les Prussiens, débouchant par Grand-Prey, étaient arrivés en vue de l'armée française, et, gravissant les hauteurs de la Lune découvraient déjà le terrain sur le haut duquel était Dumouriez. Renonçant à une course rapide sur Châlons, ils étaient joyeux, dit-on, de trouver réunis les deux généraux français, afin de pouvoir les enlever d'un seul coup. Leur but était de se rendre maîtres de la route de Châlons, de se porter à Vitry, de forcer Dillon aux Islettes, d'entourer ainsi Sainte-Menehould de toutes parts, et d'obliger les deux armées à mettre bas les armes.

Le 20 au matin Kellermann, qui, au lieu de prendre les hauteurs de Gisaucourt, s'était portée au centre du bassin, sur le moulin de Valmi, se vit dominé en face par les hauteurs de la Lune, occupées par l'ennemi. D'un côté, il avait l'Hyron, que les Français avaient en leur pouvoir, mais pouvaient perdre; de l'autre Gisaucourt, qu'il n'avait pas occupé, et où les Prussiens allaient s'établir: dans le cas où il aurait été battu, il était rejeté dans les marécages de l'Auve, placés derrière le moulin de Valmi, et il pouvait être écrasé avant d'avoir rejoint Dumouriez, dans le fond de cet amphithéâtre. Aussitôt il appela son collègue auprès de lui. Mais le roi de Prusse, voyant un grand mouvement dans l'armée française, et croyant que le projet des généraux était de se porter à Châlons, voulut aussitôt en couper le chemin, et ordonna l'attaque. L'avant-garde prussienne rencontra sur la route de Châlons l'avant-garde de Kellermann, qui était avec son corps de bataille sur la hauteur de Valmi. On s'aborda vivement, et les Français, repoussés d'abord, furent ramenés et soutenus ensuite par les carabiniers du général Valence. Des hauteurs de la Lune, la canonnade s'engagea avec le moulin de Valmi, et notre artillerie riposta vivement à celle des Prussiens.

Cependant la position de Kellermann était très-hasardée; ses troupes étaient toutes entassées confusément sur la hauteur de Valmi, et trop mal à l'aise pour y combattre. Des hauteurs de la Lune, on le canonnait, de celles de Gisaucourt, un feu établi par les Prussiens maltraitait sa gauche; l'Hyron, qui flanquait sa droite, était à la vérité occupé par les Français; mais Clairfayt, attaquant ce poste avec vingt-cinq mille Autrichiens, pouvait s'en emparer; et alors, foudroyé de toutes parts, Kellermann pouvait être rejeté de Valmi dans l'Auve, sans que Dumouriez pût le secourir. Celui-ci envoya aussitôt le général Stengel avec une forte division pour maintenir les Français sur l'Hyron, et y garantir la droite de Valmi; il joignit en outre à Stengel Beurnonville avec encore seize bataillons; il envoya Chasot avec neuf bataillons et huit escadrons sur la route de Châlons, pour occuper Gisaucourt et flanquer la gauche de Kellermann. Mais Chasot, arrivé auprès de Valmi, demanda les ordres de Kellermann au lieu de se porter sur Gisaucourt, et laissa aux Prussiens le temps de l'occuper, et d'y établir un feu meurtrier pour nous. Cependant, appuyé de droite et de gauche, Kellermann pouvait se soutenir sur le moulin de Valmi. Malheureusement un obus tombé sur un caisson le fit sauter, et mit le désordre dans l'infanterie; le canon de la Lune l'augmenta encore, et la première ligne commençait à se replier. Kellermann, apercevant ce mouvement, accourut dans les rangs, les rallia, et rétablit l'assurance. Dans cet instant, Brunswick pensa qu'il fallait gravir la hauteur, et culbuter avec la baïonnette les troupes françaises.

Il était midi. Un brouillard épais qui avait enveloppé les deux armées était dissipé; elles s'apercevaient distinctement, et nos jeunes soldats voyaient les Prussiens s'avancer sur trois colonnes, avec l'assurance de troupes vieilles et aguerries. C'était pour la première fois qu'ils se trouvaient au nombre de cent mille hommes, sur le champ de bataille, et qu'ils allaient croiser la baïonnette; ils ne connaissaient encore ni eux ni l'ennemi, et ils se regardaient avec inquiétude. Kellermann entre dans les retranchements, dispose ses troupes par colonnes d'un bataillon de front, et leur ordonne, lorsque les Prussiens seront à une certaine distance, de ne pas les attendre et de courir au-devant d'eux à la baïonnette. Puis il élève la voix et crie: Vive la nation! On pouvait être brave ou lâche. Le crie de vive la nation ne fait que des braves, et nos jeunes soldats, entraînés en avant, marchent en répétant le crie de vive la nation! A cette vue, Brunswick, qui ne tentait l'attaque qu'avec répugnance et une grande crainte du résultat, arrête ses colonnes, hésite quelques instants, et finit par ordonner la rentrée au camp.

Cette épreuve fut décisive. Dès cet instant on crut à la valeur de ces savetiers, de ces tailleurs, dont les émigrés avaient dit que l'armée française étaient composée. On avait vu des hommes équipés, vêtus et braves; on avait vu des officiers décorés et pleins d'expérience; un général Duval, dont la belle taille, les cheveux blanchis inspiraient le respect; Kellermann, Dumouriez enfin, opposant tant de constance et d'habileté en présence d'un ennemi si supérieur. Dans ce moment, la révolution française fut jugée, et ce chaos jusque-là ridicule, n'apparut plus que comme un terrible élan d'énergie.

A quatre heures, Brunswick essaya une nouvelle attaque. L'assurance de nos troupes le déconcerta encore, et il replia une seconde fois ses colonnes. Marchant de surprise en surprise, trouvant faux tout ce qu'on lui avait annoncé, le général prussien n'avançait qu'avec la plus grande circonspection, et, quoiqu'on lui ait reproché de n'avoir pas poussé plus vivement l'attaque et culbuté Kellermann, les bons juges pensent qu'il a eu raison. Kellermann, soutenu de droite et de gauche par toute l'armée française, pouvait résister; et si Brunswick, enfoncé dans une gorge et dans un pays détestable, venait à être battu, il pouvait être entièrement détruit. D'ailleurs il avait, par le résultat de la journée, occupé la route de Châlons: les Français se trouvaient coupés de leur dépôt, et il espérait les obliger à quitter leur position dans quelques jours. Il ne pensait pas que, maîtres de Vitry, ils en étaient quittes pour un détour plus long, et pour quelques délais dans l'arrivée de leurs convois.

Telle fut la célèbre journée du 20 septembre 1792, où furent tirés plus de vingt mille coups de canon, et appelée depuis Canonnade de Valmi.

SOREL

ALBERT SOREL (1842–1906) is best known by his admirable *L'Europe et la Révolution française*, 8 vols., 1885–1904, which is especially strong on the diplomatic side. He has an incisive and attractive style, especially in his two volumes of historical and critical essays. As an illustration of what Valmy means to France, it may be mentioned that at Jaurés's funeral there waved a huge tricolour flag bearing one word only—Valmy.

L'IMPORTANCE DE VALMY

La bataille coûtait à peine deux cents hommes aux Prussiens, trois cents aux Français. Si l'on ne regarde qu'au sang versé, c'était une escarmouche; si l'on mesure les conséquences, c'était un des grands événements de l'histoire.

Dumouriez sut retirer tous les avantages de ce combat. Il les fit sentir aux troupes. Il échauffa ses soldats, leur inspira confiance en elles-même et dans leurs chefs. Elles avaient fait reculer les phalanges de Frédéric, elles se crurent invincibles. L'entrain succédait à la panique. Les Prussiens se sentirent vaincus; ils doutèrent, non de leur force, mais de la faiblesse de l'ennemi et de l'utilité de la guerre. Il suffit de cette rencontre pour réveiller chez eux leur animosité traditionnelle contre ce rival d'hier, cet allié d'aujourd'hui, l'Autrichien, pour lequel, répétaient-ils, ils s'épuisaient sans en être soutenus. Ils n'éprouvaient alors aucune haine contre les Français; les trouvant forts, ils se reprirent à les respecter, et se souvinront que la France avait été longtemps une amie fidèle. Entre une armée luttant pour une cause nationale, se croyant appelée à régénérer le monde, et des soldats soutenant, loin de leur patrie, une guerre toute politique, sous des chefs incertains, la partie cessait d'être égale. Valmy fit passer toutes les forces morales du côté des Français.

On le sentit au camp prussien: "Vous allez voir, dit le major Messenbach, comme ces petits coqs-là vont se dresser sur leurs ergots. Ils ont reçu le baptême du feu....Nous avons perdu plus qu'une bataille. Le 20 septembre a changé la tournure de l'histoire. C'est le jour le plus important du siècle." Le soir, autour du feu de bivouac, Gœthe, interrogé par ses compagnons sur la portée de l'événement, leur répondit: "De ce lieu et de ce jour date une nouvelle époque de l'histoire du monde, et vous pourrez dire: J'y étais."

LA CONVENTION

La Convention a passé par tous les extrêmes. Elle a étonné le monde par son audace guerrière, entraîne la France, fait trembler l'Europe, imposé la paix à des rois. Elle s'est avilie sous la tyrannie de quelques fanatiques sanguinaires, elle n'a su ni se gouverner soi-même ni garder son indépendance devant la populace armée de Paris. Elle a prétendu inaugurer le règne de la raison pure, elle s'est constamment soumise à la raison d'État. Elle n'a proclamé le droit abstrait que pour le confondre avec les caprices de la force populaire. Elle a fait, dans le même temps, des choses sublimes, des choses exécrables, des choses absurdes. Son nom reste lié au souvenir de la défense nationale et au souvenir de la Terreur. Elle a porté, presque sans les débattre, de grandes lois sociales qui engageaient l'avenir, et elle a gaspillé d'innombrables séances à discuter des expédients arbitraires, des questions de personnes, des mesures de circonstances, des utopies, des décrets de proscription et de persécution. Elle a scellé l'unité nationale et s'est consumée dans les factions. Son règne a donné plusieurs des dates les plus glorieuses de l'histoire de France et quelques-unes des plus funestes. Elle a suscité à la fois des héros comme Desaix, Marceau, Hoche, et des scélérats comme Carrier. Jamais la France n'a été si splendide au dehors et si souillé au dedans que sous son gouvernement. Composée en très grande partie de légistes, elle n'a excellé que dans la guerre; nommée pour établir la liberté en France, elle y a préparé la dictature d'un chef d'armée. Elle a prétendu asseoir la paix sur des bases éternelles, assigner à la France des limites prescrites par la nature même et propager la fraternité parmi les peuples du vieux monde: elle a, par les conséquences fatales de ses principes, déchaîné entre les Français et leurs voisins des luttes épouvantables; elle a provoqué la révolte universelle des peuples contre les rois, et sa politique a conduit la France à entrer en marché avec les rois pour partager des territoires et des nations. Tout est gigantesque dans ses actes; ses contradictions confondent, ses revirements déconcertent. On ne pourrait asseoir sur l'ensemble de sa carrière aucun jugement ferme, si, à travers ses aberrations mêmes, elle n'était demeurée constamment fidèle à deux résolutions qui constituent sa raison d'être, son unité et sa grandeur historique: sauver l'indépendance nationale de la France et assurer les droits conquis aux Français par la Révolution.

NAPOLÉON

Il est soutenu par d'immenses lectures; elles ont été faites sans méthode au hasard de la vie, à travers les loisirs de garnison, dans des bibliothèques de rencontre; mais son esprit les coordonne, son intelligence les féconde, sa prodigieuse mémoire se les identifie. Il s'est porté spontanément vers les livres qui pouvaient le mieux l'aider à connaître son temps. Il s'est nourri de la sein du dix-huitième siècle. Rousseau lui a révélé l'âme de ses contemporains;

Voltaire lui a enseigné l'histoire; il a pris dans Buffon ses données sur la nature. Il a pris dans les *Institutes* la notion des lois. Il a dépouillé Adam Smith, Filangieri, Necker, Mirabeau, Dubos, Boulainvilliers, Mably, Machiavel, où il affine sa politique; Raynal et Volney, qui ouvrent des horizons à son imagination; Montesquieu, enfin, qui lui aurait révélé l'esprit conquérant de la Révolution française s'il ne se l'était naturellement assimilé. Il a lu l'*Esprit des lois* à la lumière de son siècle, et il a achevé de s'y imprégner du génie romain tel que le siècle se le figurait et tel qu'il le fallait concevoir pour être compris du siècle.

Les circonstances et l'étude l'avaient formé; son génie, le plus extraordinaire que les hommes aient connu, dans la guerre, dans la diplomatie, dans l'État, se révéla à soi-même, en même temps qu'au monde, à mesure des circonstances; mais Bonaparte eut cela de merveilleux, et dès d'abord, que, partout où il se montra, il parut prêt, à Toulon pour agir, au Comité pour concevoir, après vendémiaire pour diriger. Il est déjà tout entier avec ses facultés maîtresses; l'attention docile et prolongée, l'esprit toujours présent, la mémoire toujours obéissante, la faculté d'apprendre en agissant, dans la politique comme dans la guerre; la pénétration des desseins d'autrui; la maîtrise parfaite de ses propres facultés; l'adaptation naturelle des moyens à la fin; une imagination et une invention débordantes dans les desseins, la précision et le bon sens parfaits dans l'exécution et le détail; l'aptitude supérieure qui fait les grands artistes, les grands inventeurs, les grands hommes de guerre et les grands hommes d'État: discerner et isoler dans le chaos mouvant des sociétés, dans les reliefs incertains d'un pays, dans l'intrigue enchevêtrée d'une négociation, dans le tumulte d'une bataille la position dominante, les sommets et les nœuds des affaires; saisir les lignes qui se continuent les enchaînements constants, les faits permanents, et s'en emparer l'allure principale et la suivre; par-dessus toute la conception simple, le jet direct et spontané de la pensée, la volonté souveraine.

Tel il parait en 1795. Ni les troubles du cœur, ni les scrupules de la conscience ne gênent en lui la raison d'État, unique règle de ses actes. Les passions seules, exaltées d'elles-mêmes et de leur toute-puissance, offusqueront un jour cette raison. L'égoïsme, égal au génie, de même essor et de même ampleur, l'obsession du jeu des batailles, le besoin de tout absorber afin de dominer tout, le

Moi colossal, envahissant, despotique, impitoyable, ne percent point encore et ne le possèdent point. Il est jeune; il s'ignore lui-même, et ignore sa destinée; mais il est mûr pour les affaires, comme Richelieu, lorsqu'à trente et un ans il devint secrétaire d'État de la guerre; comme Frédéric, lorsqu'à vingt-huit ans il reçut la couronne; comme Catherine lorsqu'elle s'en empara à trente-trois ans; comme Pitt, lorsqu'à vingt-trois ans il prit la ministère. Il lui manque la mesure dans les desseins, la modération dans la force, l'équilibre et les proportions qui ont été le secret des ces grands ouvriers d'État; mais il les dépasse tous par l'étendue, la souplesse et la puissance de l'intelligence, à la fois plus précoce et plus complet qu'aucun d'eux. Il apporte dans la lutte de la France et de l'Europe deux éléments qui ne doivent pas plus être séparés dans l'histoire qu'ils ne l'ont été dans les faits: ses victoires qui ont seules permis réaliser la conception des frontières naturelles; sa politique qui, en précipitant le cours des choses, a déclaré l'erreur fondamentale de ce système et en a rendu plus funeste l'inévitable chute.

C'est ainsi que dans le temps où le Comité de Salut public et la Convention dessinaient pour des années la politique de la France, où ils engageaient la République dans une voie semée d'embûches et menant aux abîmes, où ils disposaient enfin tous les événements qui devaient livrer l'État à un chef d'armée et ne laisser à la France d'autre ressource de paix et d'autre garantie de liberté que la rencontre invraisemblable d'un homme assez puissant pour vaincre l'Europe et assez sage pour la réconcilier, cette Assemblée et ce Comité choisirent, entre tous les autres, et appelèrent au premier poste militaire de l'État, un homme qui, poussant jusqu'à l'hyperbole le génie de son siècle, allait, en jetant dans la route que la Révolution lui ouvrait, porter à l'excès toutes les conceptions ambitieuses de la République et entraîner la France aux extrêmes. La Convention craignait de susciter Cromwell et de préparer Monk, elle désigna César.

SÉGUR

Philippe, Comte de Ségur (1780–1873), on the strength of his dramatic *Histoire de Napoléon et de la Grande Armée pendant l'année* 1812 (1824) was elected to the Academy in 1830, having failed in the preceding year against Lamartine. His memoirs in eight volumes were published after his death.

NAPOLÉON A MOSCOU

Le 14 septembre Napoléon monta à cheval à quelques lieues de Moscou. Il marchait lentement, avec précaution, faisant sonder devant lui les bois et les ravins, et gagner le sommet de toutes les hauteurs, pour découvrir l'armée ennemie. On s'attendait à une bataille: le terrain s'y prêtait; des ouvrages étaient ébauchés, mais tout avait été abandonné, et l'on n'éprouvait pas la plus légère résistance.

Enfin une dernière hauteur reste à dépasser; elle touche à Moscou, qu'elle domine: c'est le *Mont du Salut*. Il s'appelle ainsi parce que, de son sommet, à l'aspect de leur ville sainte, les habitants se signent et se prosternent. Nos éclaireurs l'eurent bientôt couronné. Il était deux heures; le soleil faisait étinceler de mille couleurs cette grande cité. A ce spectacle, frappés d'étonnement, ils s'arrêtent; ils crient: "Moscou! Moscou!" Chacun alors presse sa marche; on accourt en désordre, et l'armée entière, battant des mains, répète avec transport: "*Moscou! Moscou!*" comme les marins crient "*Terre! Terre!*" à la fin d'une longue et pénible navigation.

A la vue de cette ville dorée, de ce nœud brillant de l'Asie et de l'Europe, de ce majestueux rendezvous où s'unissaient le luxe, les usages et les arts des deux plus belles parties du monde, nous nous arrêtâmes, saisis d'une orgueilleuse contemplation. Quel jour de gloire était arrivé! Comme il allait devenir le plus grand, le plus éclatant souvenir de notre vie entière! Nous sentions qu'en ce moment toutes nos actions devaient fixer les yeux de l'univers surpris, et que chacun de nos moindres mouvements serait historique!

Sur cet immense et imposant théâtre, nous croyions marcher entourés des acclamations de tous les peuples; fiers d'élever notre siècle reconnaissant au-dessus de tous les autres siècles, nous le voyions déjà grand de notre grandeur, et tout brillant de notre gloire!

NAPOLEON BEFORE MOSCOW

Vereshchagin

A notre retour, déjà tant désiré, avec quelle considération presque respectueuse, avec quel enthousiasme allions-nous être reçus au milieu de nos femmes, de nos compatriotes, et même de nos pères! Nous serions, le reste de notre vie, des êtres à part, qu'ils ne verraient qu'avec étonnement, qu'ils n'écouteraient qu'avec une curieuse admiration! On accourrait sur notre passage; on recueillerait nos moindres paroles! Cette miraculeuse conquête nous environnerait d'une auréole de gloire: désormais on croirait respirer autour de nous un air de prodige et de merveille!

Et quand ces pensées orgueilleuses faisaient place à des sentiments plus modérés, nous nous disions que c'était là le terme promis à nos travaux; qu'enfin nous allions nous arrêter, puisque nous ne pouvions plus être surpassés par nous-mêmes, après une expédition, noble et digne émule de celle d'Égypte, et rivale heureuse de toutes les grandes et glorieuses guerres de l'antiquité.

Dans cet instant, dangers, souffrances, tout fut oublié. Pouvait-on acheter trop cher le superbe bonheur de pouvoir dire toute sa vie: " J'étais de l'armée de Moscou!"

Eh bien! mes compagnons, aujourd'hui même, au milieu de notre abaissement, et quoiqu'il date de cette ville funeste, cette pensée d'un noble orgueil n'est-elle pas assez puissante pour nous consoler encore, et relever fièrement nos têtes abattues par le malheur?

Napoléon lui-même était accouru. Il s'arrêta transporté: une exclamation de bonheur lui échappa! Depuis la grande bataille, les maréchaux, mécontents, s'étaient éloignés de lui; mais à la vue de Moscou prisonnière, à la nouvelle de l'arrivée d'un parlementaire, frappés d'un si grand résultat, enivrés de tout l'enthousiasme de la gloire, ils oublièrent leurs griefs. On les vit tous se presser autour de l'Empereur, rendant hommage à sa fortune, et déjà tentés d'attribuer à la prévoyance de son génie le peu de soin qu'il s'était donné le 7 pour compléter sa victoire.

Napoléon n'entra qu'avec la nuit dans Moscou. Il s'arrêta dans une des premières maisons du faubourg de Dorogomilow. Ce fut là qu'il nomma le maréchal Mortier gouverneur de cette capitale. "Surtout, lui dit-il, point de pillage! Vous m'en répondez sur votre tête! Défendez Moscou envers et contre tous!"

Cette nuit fut triste: des rapports sinistres se succédaient. Il vint des Français, habitants de ce pays, et même un officier de la police russe, pour dénoncer l'incendie. Il donna tous les détails de ses préparatifs. L'Empereur, ému, chercha vainement quelque repos. A chaque instant il appelait, et se faisait répéter cette fatale nouvelle. Cependant il se retranchait encore dans son incrédulité, quand, vers deux heures du matin, il apprit que le feu éclatait !

C'était au palais marchand, au centre de la ville, dans son plus riche quartier. Aussitôt il donne des ordres; il les multiplie. Le jour venu, lui-même y court, il menace la jeune garde et Mortier. Ce maréchal lui montre des maisons couvertes de fer; elles sont toutes fermées, encore intactes, et sans la moindre effraction; cependant une fumée noire en sort déjà ! Napoléon tout pensif entre dans le Kremlin.

A la vue de ce palais, à la fois gothique et moderne, des Romanof et des Rurick, de leur trône encore debout, de cette croix du grand Ywan, et de la plus belle partie de la ville que le Kremlin domine, et que les flammes, encore renfermées dans le bazar, semblent devoir respecter, il reprend son premier espoir. Son ambition est flattée de cette conquête; on l'entend s'écrier: "Je suis donc enfin dans Moscou, dans l'antique palais des Czars! dans le Kremlin!" Il en examine tous les détails avec un orgueil curieux et satisfait.

Toutefois il se fait rendre compte des ressources que présente la ville; et dans ce court moment, tout à l'espérance, il écrit des paroles de paix à l'empereur Alexandre. Un officier supérieur ennemi venait d'être trouvé dans le grand hôpital; il fut chargé de cette lettre. Ce fut à la sinistre lueur des flammes du bazar que Napoléon l'acheva, et que partit le Russe. Celui-ci dut porter la nouvelle de ce désastre à son souverain, dont cet incendie fut la seule réponse.

Le jour favorisa les efforts du duc de Trévise: il se rendit maître du feu. Les incendiaires se tinrent cachés. On doutait de leur existence. Enfin, des ordres sévères étant donnés, l'ordre rétabli, l'inquiétude suspendue, chacun alla s'emparer d'une maison commode ou d'un palais somptueux, pensant y trouver un bien-être acheté par de si longues et de si excessives privations.

Deux officiers s'étaient établis dans un des bâtiments du Krem-lin. De là leur vue pouvait embrasser le nord et l'ouest de la ville. Vers minuit une clarté extraordinaire les réveille. Ils regardent

et voient des flammes remplir des palais, dont elles illuminent
d'abord et font bientôt écrouler l'élégante et noble architecture.
Ils remarquent que le vent du nord chasse directement ces
flammes sur le Kremlin et s'inquiètent pour cette enceinte, où
reposaient l'élite de l'armée et son chef. Ils craignent aussi pour
toutes les maisons environnantes, où nos soldats, nos gens et nos
chevaux, fatigués et repus, sont sans doute ensevelis dans un
profond sommeil. Déjà des flammes et des débris ardents volaient
jusque sur les toits du Kremlin, quand le vent du nord, tournant
vers l'ouest, les chassa dans une autre direction.

Alors, rassuré sur son corps d'armée, l'un de ces officiers se
rendormit en s'écriant: "C'est à faire aux autres, cela ne nous
regarde plus!" Car telle était l'insouciance qui résultait de cette
multiplicité d'événements et de malheurs sur lesquels on était
comme blasé, et tel l'égoïsme produit par l'excès de fatigue et de
souffrance qu'ils ne laissaient à chacun que la mesure de force et de
sentiment indispensable pour son service et pour sa conservation
personnelle.

Cependant de vives et nouvelles lueurs les réveillent encore;
ils voient d'autres flammes s'élever précisément dans la nouvelle
direction que le vent venait de prendre sur le Kremlin, et ils
maudissent l'imprudence et l'indiscipline française qu'ils accusent
de ce désastre. Mais trois fois le vent change ainsi du nord à
l'ouest, et trois fois ces feux ennemis, vengeurs obstinés, et comme
acharnés contre le quartier impérial, se montrent ardents à saisir
cette nouvelle direction.

A cette vue un grand soupçon s'empare de leur esprit. Les
Moscovites, connaissant notre téméraire et négligente insouciance,
auraient-ils conçu l'espoir de brûler avec Moscou nos soldats ivres
de vin, de fatigue et de sommeil? Ou plutôt ont-ils osé croire qu'ils
envelopperaient Napoléon dans cette catastrophe; que la perte
de cet homme valait bien celle de leur capitale; que c'était un
assez grand résultat pour y sacrifier Moscou tout entière; que
peut-être le ciel, pour leur accorder une aussi grande victoire,
voulait un aussi grand sacrifice; et qu'enfin il fallait à cet
immense colosse un aussi immense bûcher?

On ne sait s'ils eurent cette pensée, mais il fallut l'étoile de
l'Empereur pour qu'elle ne se réalisât pas. En effet, non seulement le Kromlin renfermait, à notre insu, un magasin à poudre;

mais, cette nuit-là même, les gardes, endormies et placées négligem-
ment, avaient laissé tout un parc d'artillerie entrer et s'établir
sous les fenêtres de Napoléon.

C'était l'instant où ces flammes furieuses étaient dardées de
toutes parts et avec le plus de violence sur le Kremlin; car le vent,
sans doute attiré par cette grande combustion, augmentait à
chaque instant d'impétuosité. L'élite de l'armée et l'Empereur
étaient perdus si une seule des flammèches, qui volaient sur nos
têtes, s'était posée sur un seul caisson. C'est ainsi que, pendant
plusieurs heures, de chacune des étincelles qui traversaient les
airs dépendit le sort de l'armée entière.

Enfin le jour, un jour sombre, parut; il vint s'ajouter à cette
grande horreur, la pâlir, lui ôter son éclat. Beaucoup d'officiers
se réfugièrent dans les salles du palais. Les chefs, et Mortier lui-
même, vaincus par l'incendie, qu'ils combattaient depuis trente-six
heures, y vinrent tomber d'épuisement et de désespoir!

Ils se taisaient, et nous nous accusions. Il semblait à la plupart
que l'indiscipline et l'ivresse de nos soldats avaient commencé ce
désastre, et que la tempête l'achevait. Nous nous regardions
nous-mêmes avec une espèce de dégoût. Le cri d'horreur qu'allait
jeter l'Europe nous effrayait! On s'abordait les yeux baissés,
consternés d'une si épouvantable catastrophe: elle souillait notre
gloire; elle nous en arrachait le fruit; elle menaçait notre existence
présente et à venir; nous n'étions plus qu'une armée de criminels
dont le ciel et le monde civilisé devaient faire justice! On ne sortait
de cet abîme de pensées, et des accès de fureur qu'on éprouvait
contre les incendiaires, que par la recherche avide de nouvelles,
qui toutes commençaient à accuser les Russes seuls de ce désastre.

En effet, des officiers arrivaient de toutes parts; tous s'accor-
daient. Dès la première nuit, celle du 14 au 15, un globe enflammé
s'était abaissé sur le palais du prince Troubetskoï, et l'avait
consumé; c'était un signal. Aussitôt le feu avait été mis à la
Bourse; on avait aperçu des soldats de police russes l'attiser avec
des lances goudronnées. Ici des obus, perfidement placés, venaient
d'éclater dans les poêles de plusieurs maisons; ils avaient blessé
les militaires qui se pressaient autour. Alors, se retirant dans des
quartiers encore debout, ils étaient allés se choisir d'autres asiles;
mais, près d'entrer dans ces maisons toutes closes et inhabitées,
ils avaient entendu en sortir une faible explosion; elle avait été

suivie d'une légère fumée, qui aussitôt était devenue épaisse et noire, puis rougeâtre, enfin couleur de feu, et bientôt l'édifice entier s'était abîmé dans un gouffre de flammes!

Tous avaient vu des hommes d'une figure atroce, couverts de lambeaux, et des femmes furieuses errer dans ces flammes, et compléter une épouvantable image de l'enfer! Ces misérables, enivrés de vin et du succès de leurs crimes, ne daignaient plus se cacher; ils parcouraient triomphalement ces rues embrasées; on les surprenait armés de torches, s'acharnant à propager l'incendie; il fallait leur abattre les mains à coups de sabre pour leur faire lâcher prise. On se disait que ces bandits avaient été déchaînés par les chefs russes pour brûler Moscou; et qu'en effet, une si grande, une si extrême résolution n'avait pu être prise que par le patriotisme, et exécutée que par le crime.

Aussitôt l'ordre fut donné de juger et de fusiller sur place tous les incendiaires. L'armée était sur pied. La vieille garde, qui tout entière occupait une partie du Kremlin, avait pris les armes; les bagages, les chevaux tout chargés, remplissaient les cours; nous étions mornes d'étonnement, de fatigue et du désespoir de voir périr un si riche cantonnement. Maîtres de Moscou, il fallait donc aller bivouaquer, sans vivres, à ses portes!

Pendant que nos soldats luttaient encore avec l'incendie, et que l'armée disputait au feu cette proie, Napoléon, dont on n'avait pas osé troubler le sommeil pendant la nuit, s'était éveillé à la double clarté du jour et des flammes. Dans son premier mouvement il s'irrita, et voulut commander à cet élément; mais bientôt il fléchit et s'arrêta devant l'impossibilité. Surpris, quand il a frappé au cœur d'un empire, d'y trouver un autre sentiment que celui de la soumission et de la terreur, il se sent vaincu et surpassé en détermination!

Cette conquête, pour laquelle il a tout sacrifié, c'est comme un fantôme qu'il a poursuivi, qu'il a cru saisir, et qu'il voit s'évanouir dans les airs en tourbillons de fumée et de flammes! Alors une extrême agitation s'empare de lui; on le croirait dévoré des feux qui l'environnent. A chaque instant il se lève, marche, se rassied brusquement. Il parcourt ses appartements d'un pas rapide; ses gestes courts et véhéments décèlent un trouble cruel; il quitte, reprend, et quitte encore un travail pressé, pour se précipiter à ses fenêtres et contempler les progrès de l'incendie. De brusques et brèves exclamations s'échappent de sa poitrine oppressée. "Quel effroyable spectacle! Ce sont eux-mêmes! Tant de palais! Quelle résolution extraordinaire! Quels hommes! Ce sont des Scythes!"

Entre l'incendie et lui se trouvait un vaste emplacement désert, puis la Moskowa et ses deux quais; et pourtant les vitres des croisées contre lesquelles il s'appuie sont déjà brûlantes, et le travail continuel des balayeurs, placés sur les toits de fer du palais, ne suffit pas pour écarter les nombreux flocons de feu qui cherchent à s'y poser.

En cet instant le bruit se répand que le Kremlin est miné: des Russes l'ont dit, des écrits l'attestent; quelques domestiques en perdent la tête d'effroi; les militaires attendent impassiblement ce que l'ordre de l'Empereur et leur destin décideront, et l'Empereur ne répond à cette alarme que par un sourire d'incrédulité.

Mais il marche encore convulsivement, il s'arrête à chaque croisée, et regarde le terrible élément victorieux dévorer avec fureur sa brillante conquête, se saisir de tous les ponts, de tous les passages de sa forteresse, le cerner, l'y tenir comme assiégé, envahir à chaque minute les maisons environnantes, et, le resserrant de plus en plus, le réduire enfin à la seule enceinte du Kremlin!

Déjà nous ne respirons plus que de la fumée et des cendres. La nuit approchait, et allait ajouter son ombre à nos dangers; le vent d'équinoxe, d'accord avec les Russes, redoublait de violence. On vit alors accourir le roi de Naples et le prince Eugène: ils se joignirent au prince de Neuchâtel, pénétrèrent jusqu'à l'Empereur, et là, de leurs prières, de leurs gestes, à genoux, ils le pressent et veulent l'arracher de ce lieu de désolation. Ce fut en vain.

Napoléon, maître enfin du palais des czars, s'opiniâtrait à ne pas céder cette conquête, même à l'incendie, quand tout à coup un cri: "*Le feu est au Kremlin!*" passe de bouche en bouche, et nous arrache à la stupeur contemplative qui nous avait saisis. L'Empereur sort pour juger le danger. Deux fois le feu venait d'être mis et éteint dans le bâtiment sur lequel il se trouvait; mais la tour de l'arsenal brûle encore. Un soldat de police vient d'y être trouvé. On l'amène, et Napoléon le fait interroger devant lui. C'est ce Russe qui est l'incendiaire: il a exécuté sa consigne au signal donné par son chef. Tout est donc voué à la destruction, même le Kremlin antique et sacré!

L'Empereur fit un geste de mépris et d'humeur; on emmena ce

misérable dans la première cour, où les grenadiers, furieux, le firent expirer sous leurs baïonnettes.

Cet incident avait décidé Napoléon. Il descend rapidement cet escalier du nord, fameux par le massacre des Strélitz, et ordonne qu'on le guide hors de la ville, à une lieue sur la route de Pétersbourg, vers le château impérial de Petrowski.

Mais nous étions assiégés par un océan de flammes: elles bloquaient toutes les portes de la citadelle, et repoussèrent les premières sorties qui furent tentées. Après quelques tâtonnements, on découvrit, à travers les rochers, une poterne qui donnait sur la Moskowa. Ce fut par cet étroit passage que Napoléon, ses officiers et sa garde parvinrent à s'échapper du Kremlin. Mais qu'avaient-ils gagné à cette sortie? Plus près de l'incendie, ils ne pouvaient ni reculer, ni demeurer; et comment s'avancer, comment s'élancer à travers les vagues de cette mer de feu? Ceux qui avaient parcouru la ville, assourdis par la tempête, aveuglés par les cendres, ne pouvaient plus se reconnaître, puisque les rues disparaissaient dans la fumée et sous les décombres!

Il fallait pourtant se hâter. A chaque instant croissait autour de nous le mugissement des flammes. Une seule rue étroite, tortueuse et toute brûlante, s'offrait plutôt comme l'entrée que comme la sortie de cet enfer. L'Empereur s'élança à pied, et sans hésiter, dans ce dangereux passage. Il s'avança au travers du pétillement de ces brasiers, au bruit du craquement des voûtes et de la chute des poutres brûlantes et des toits de fer ardent qui croulaient autour de lui. Ces débris embarrassaient ses pas. Les flammes, qui dévoraient avec un bruissement impétueux les édifices entre lesquels il marchait, dépassant leur faîte, fléchissaient alors sous le vent et se recourbaient sur nos têtes. Nous marchions sur une terre de feu, sous un ciel de feu, entre deux murailles de feu! Une chaleur pénétrante brûlait nos yeux, qu'il fallait cependant tenir ouverts et fixés sur le danger. Un air dévorant, des cendres étincelantes, des flammes détachées, embrasaient notre respiration courte, sèche, haletante et déjà presque suffoquée par la fumée. Nos mains brûlaient en cherchant à garantir notre figure d'une chaleur insupportable, et en repoussant les flammèches qui couvraient à chaque instant et pénétraient nos vêtements.

Dans cette inexprimable détresse, et quand une course rapide paraissait notre seul moyen de salut, notre guide, incertain et troublé, s'arrêta. Là se serait peut-être terminée notre vie aventureuse, si des pillards du premier corps n'avaient point reconnu l'Empereur au milieu de ces tourbillons de flammes; ils accoururent, et le guidèrent vers les décombres fumants d'un quartier réduit en cendres dès le matin.

Ce fut alors que l'on rencontra le prince d'Eckmühl. Ce maréchal, blessé à la Moskowa, se faisait rapporter dans les flammes pour en arracher Napoléon ou périr avec lui. Il se jeta dans ses bras avec transport; l'Empereur l'accueillit bien, mais avec ce calme qui, dans le péril, ne le quittait jamais.

Pour échapper à cette vaste région de maux, il fallut encore qu'il dépassât un long convoi de poudre qui défilait au travers de ces feux. Ce ne fut pas son moindre danger, mais ce fut le dernier, et l'on arriva avec la nuit à Petrowski.

Le lendemain matin, 17 septembre, Napoléon tourna ses premiers regards sur Moscou, espérant voir l'incendie se calmer. Il le revit dans toute sa violence: toute cette cité lui parut une vaste trombe de feu qui s'élevait en tourbillonnant jusqu'au ciel, et le colorait fortement. Absorbé par cette funeste contemplation, il ne sortit d'un morne et long silence que pour s'écrier "Ceci nous présage de grands malheurs!"

GAUTIER

The following passage is taken from *Voyage en Russie.*

MOSCOU

On dit que Moscou renferme plus de trois cents églises et couvents; nous ne savons si ce chiffre est exact ou purement hyperbolique, mais il paraît très vraisemblable quand on regarde la ville du haut du Kremlin, qui lui-même renferme un grand nombre de cathédrales, de chapelles et d'édifices religieux. On ne saurait rêver rien de plus beau, de plus riche, de plus splendide, de plus féerique, que ces coupoles surmontées de croix grecques, que ces clochetons en forme de bulbe, que ces flèches à six ou huit pans côtelées de nervures, évidées à jour, s'arrondissant, s'évasant, s'aiguisant, sur le tumulte immobile des toitures neigeuses. Les coupoles dorées prennent des reflets d'une transparence merveilleuse et la lumière au point saillant s'y concentre en une

ARAB ENCAMPMENT

Fromentin

étoile qui brille comme une lampe. Les dômes d'argent ou d'étain semblent coiffer des églises de la lune; plus loin ce sont des casques d'azur constellés d'or, des calottes faites en plaques de cuivre battu, imbriquées comme des écailles de dragon, ou bien encore des oignons renversés peints en vert et glacés de quelque paillon de neige: puis à mesure que les pans se reculent, les détails disparaissent même à la lorgnette et l'on ne distingue plus qu'un étincelant fouillis de dômes, de flèches, de tours, de campaniles de toutes les formes imaginables dessinant d'un trait d'ombre leur silhouette sur la teinte bleuâtre du lointain et en détachant leur saillie par une paillette d'or, d'argent, de cuivre, de saphir ou d'émeraude. Pour achever le tableau, figurez-vous, sur les tons froids et bleutés de la neige, quelques trainées de lumière faiblement pourprées, pâles roses du couchant polaire semées sur le tapis d'hermine de l'hiver russe.

FROMENTIN

EUGÈNE FROMENTIN (1820–1876) was born and died at La Rochelle. He was a painter and writer of great delicacy and distinction. He wrote a remarkable psychological novel, *Dominique* (1863), one of the best volumes of art criticism that has ever been written, *Les Maîtres d'autrefois*, and two books of travel, *Un été dans le Sahara* (1857) and *Une année dans le Sahel* (1858), from the former of which the following passage is taken.

LE SAHARA

Les palmiers, les premiers que je voyais; ce petit village couleur d'or, enfoui dans des feuillages verts déjà chargés des fleurs blanches du printemps; une jeune fille qui venait à nous, en compagnie d'un vieillard, avec le splendide costume rouge et les riches colliers du désert, portant une amphore de grés sur sa hanche nue; cette première fille à la peau blonde, belle et forte d'une jeunesse précoce, encore enfant et déjà femme; ce vieillard abattu, mais non défiguré par une vieillesse hâtive; tout le désert m'apparaissant ainsi sous toutes ses formes, dans toutes ses beautés et dans tous ses emblèmes; c'était, pour la première, une étonnante vision. Ce qu'il y avait surtout d'incomparable, c'était le ciel: le soleil allait se coucher et dorait, empourprait, émaillait de feu une multitude de petits nuages détachés du grand rideau noir étendu sur nos têtes, et rangés comme un frange d'écume au bord d'une mer troublée. Au delà commençait l'azur; et alors, à des profondeurs qui n'avaient pas de limites, à travers des limpidités inconnues, on apercevait le pays céleste du bleu. Des brises chaudes montaient, avec je ne sais quelles odeurs confuses et quelle musique aérienne, du fond de ce village en fleurs; les dattiers, agités doucement, ondoyaient avec des rayons d'or dans leurs palmes; et l'on entendait courir, sous la forêt paisible, des bruits d'eau mêlés aux froissements légers du feuillage, à des chants d'oiseaux, à des sons de flûte. En même temps un *Muezzin*, qu'on ne voyait pas, se mit à chanter la prière du soir, la répétant quatre fois aux quatre points de l'horizon, et sur un mode si passionné, avec de tels accents, que tout semblait se taire pour l'écouter.

JOINVILLE

Jean de Joinville (1225–1317), hereditary seneschal of Champagne, followed Louis IX to the Crusades and spent six years (1248–1254) in the Holy Land. In 1272 he wrote down his personal recollections of the expedition for the benefit of his family and friends, and thirty-three years later he added an account of the King and Saint who had honoured him with his friendship, and the cult of whose memory filled his old age. His powers of vivid description and his naive egotism make his book most attractive. The description of the Bedouins, which follows, is part of the account of the disastrous battle of Mansourah (1250), in which the King was taken prisoner, and in which Joinville himself played a subordinate but courageous part.

LES BÉDOUINS

Li Bedouin ne demeurent en viles n'en cités n'en chasteaus, mais gisent adès[1] aus chans, et leur maisnies[2], leur femes, leur enfans fichent le soir, de nuit, ou de jour quant il fait mal tens, en unes manieres de herberges qu'il font de cercles de toneaus loiés[3] a perches, aussi come li char a ces dames sont, et seur ces cercles gietent peaus de moutons, que l'on apele peaus de Damas, conreees[4] en alun. Li Bedouin meesme en font grans pelices, qui leur cuevrent tout le cors, leur jambes et leur piés. Quant il pluet le soir et fait mal tens la nuit, il s'encloent dedens leur pelices, et ostent les freins a leur chevaus et les laissent paistre delés eus. Quant ce vient a l'endemain, il restendent leur pelices au souleil et les frotent et les conroient; ne ja n'i parra chose qu'eles aient

[1] always. [2] servants. [3] lashed. [4] dressed.

THE WATERING-PLACE

Decamps

JERUSALEM

Turner

esté mouilliees le soir. Leur creance' est teus que nus ne puet mourir qu'a son jour; et pour ce ne se vuelent il armer, et quant il maudient leur enfans si leur dient: "Ainsi soies tu honis come li Frans, qui s'arme pour peeur de mort!" En bataille il ne portent riens que l'espee et le glaive. Près que tuit sont vestu de seurpelis aussi come li prestre; de touailles sont entorteilliees leur testes qui leur vont par dessous le menton, dont laides gens et hisdeuses sont a regarder, car li chevel des testes et des barbes sont tuit noir. Il vivent deu lait de leur bestes et achatent les pasturages es berries[1] aus riches omes de quoi leur bestes vivent. Le nombre d'eus ne savroit nus nomer, car il en a eu roiaume d'Egipte, eu roiaume de Jerusalem et en toutes les autres terres des Sarrazins et des mescreans, a cui il rendent grans treüs[2] chascun an. J'ai veü en cest païs, puis que je revin d'outre mer, aucuns desloiaus crestiiens qui tenoient la loi des Bedouins, et disoient que nus ne pouoit mourir qu'a son jour; et leur creance est si desloiaus qu'il vaut autant dire come Dieus n'ait pouoir de nous aidier: car il seroient fol cil qui serviroient Dieu se nous ne cuidions qu'il eüst pouoir de nous eslongier nos vies et de nous garder de mal et de mescheance; et de lui devons nous croire qu'il est poissans de toutes choses faire.

[1] prairies. [2] tribute.

LAMARTINE

THE following passage is taken from *Voyage en Orient*.

JÉRUSALEM

La montagne des Oliviers, au sommet de laquelle je suis assis, descend, en pente brusque et rapide, jusque dans le profond abîme qui la sépare de Jérusalem et qui s'appelle la vallée de Josaphat. Du fond de cette sombre et étroite vallée dont les flancs nus sont tachetés de pierres noires et blanches, pierres funèbres de la mort, dont ils sont presque partout pavés, s'élève une immense et large colline dont l'inclinaison rapide ressemble à celle d'un haut rempart éboulé; nul arbre n'y peut planter ses racines, nulle mousse même n'y peut accrocher ses filaments; la pente est si roide que la terre et les pierres y croulent sans cesse, et elle ne présente à l'œil qu'une surface de poussière aride et desséchée, semblable à des monceaux de cendres jetées du haut de la ville. Vers le milieu de cette colline ou de ce rempart naturel, de hautes et fortes murailles de pierres larges et non taillées sur leur face extérieure prennent naissance, cachant leurs fondations romaines et hébraïques sous cette cendre même qui recouvre leurs pieds, et s'élèvent ici de cinquante, de cent, et, plus loin, de deux à trois cents pieds au-dessus de cette base de terre. — Les murailles sont coupées de trois portes de ville, dont deux sont murées, et dont la seule ouverte devant nous semble aussi vide et aussi déserte que si elle ne donnait entrée que dans une ville inhabitée. Les murs s'élèvent encore au-dessus de ces portes et soutiennent une large et vaste terrasse qui s'étend sur les deux tiers de la longueur de Jérusalem, du côté qui regarde l'orient. Cette terrasse peut avoir à vue d'œil mille pieds de long sur cinq à six cents pieds de large; elle est d'un niveau à peu près parfait, sauf à son centre où elle se creuse insensiblement, comme pour rappeler à l'œil la vallée peu profonde qui séparait jadis la colline de Sion de la ville de Jérusalem. Cette magnifique plate-forme, préparée sans doute par la nature, mais évidemment achevée par la main des hommes, était le piédestal sublime sur lequel s'élevait le temple de Salomon; elle porte aujourd'hui deux mosquées turques: l'une, El-Sakara, au centre de la plate-forme, sur l'emplacement même où devait s'étendre le temple; l'autre, à l'extrémité sud-est de la terrasse, touchant aux murs de la ville. La mosquée d'Omar, ou El-Sakara, édifice admirable d'architecture arabe, est un bloc de pierre et de marbre d'immenses dimensions, à huit pans, chaque pan orné de sept arcades terminées en ogive; au-dessus de ce premier ordre d'architecture, un toit en terrasse, d'où part tout un autre ordre d'arcades plus rétrécies, terminées par un dôme gracieux couvert en cuivre, autrefois doré. — Les murs de la mosquée sont revêtus d'émail bleu; à droite et à gauche s'étendent de larges parois terminées par de légères colonnades mauresques correspondant aux huit portes de la mosquée. Au delà de ces arches détachées de tout autre édifice, les plates-formes continuent et se terminent, l'une à la partie nord de la ville, l'autre aux murs du côté du midi. De hauts cyprès disséminés comme au hasard, quelques oliviers et des arbustes verts et gracieux, croissant ça et là entre les mosquées, relèvent leur élégante architecture et la couleur éclatante de leurs murailles par la forme pyramidale et la sombre verdure qui se découpent sur la façade des temples et des dômes de la ville. Au delà des deux mosquées et de l'emplacement du temple, Jérusalem tout entière s'étend et jaillit, pour ainsi dire, devant nous, sans que l'œil puisse en perdre un toit ou une pierre, et comme le plan d'une ville en relief que l'artiste étalerait sur une table. Cette ville, non pas comme on nous l'a représentée, amas informe et confus de ruines et de cendres sur lequel sont jetées quelques chaumières d'Arabes ou plantées quelques tentes de Bédouins; non pas comme Athènes, chaos de poussière et de murs écroulés où le voyageur cherche en vain l'ombre des édifices, la trace des rues, la vision d'une ville: mais ville brillante de lumière et de couleur!—présentant noblement aux regards ses murs intacts et crénelés, sa mosquée bleue avec ses colonnades blanches, ses milliers de dômes resplendissants sur lesquels la lumière d'un soleil d'automne tombe et rejaillit en vapeur éblouissante; les façades de ses maisons teintes par le temps et par les étés de la couleur jaune et dorée des édifices de Pæstum ou de Rome; ses vieilles tours, gardiennes de ses murailles, auxquelles il ne manque ni une pierre, ni une meurtrière, ni un créneau; et enfin, au milieu de cet océan de maisons et de cette nuée de petits dômes qui les recouvrent, un dôme noir et surbaissé, plus large que les autres, dominé par un autre dôme blanc: c'est le Saint-Sépulcre et le Calvaire; ils sont confondus et comme noyés, de là, dans l'immense dédale de dômes, d'édifices et de rues qui les environnent, et il est difficile de se rendre compte ainsi de l'emplacement du Calvaire et de celui du Sépulcre, qui, selon les idées que nous donne l'Évangile, devraient se trouver sur une colline écartée hors des murs, et non dans le centre de Jérusalem. La ville, rétrécie du côté de Sion, se sera sans doute agrandie du côté du nord pour embrasser dans son enceinte les deux sites qui font sa honte et sa gloire, le site du supplice du Juste et celui de la résurrection de l'Homme-Dieu!

Voilà la ville du haut de la montagne des Oliviers. Elle n'a pas d'horizon derrière elle, ni du côté de l'occident, ni du côté du nord. La ligne de ses murs et de ses tours, les aiguilles de ses nombreux minarets, les cintres de ses dômes éclatants, se découpent à nu et crûment sur le bleu d'un ciel d'Orient, et la ville, ainsi portée et présentée sur son plateau large et élevé, semble briller encore de toute l'antique splendeur de ses prophéties, ou n'attendre qu'une parole pour sortir tout éblouissante de ses dix-sept ruines successives, et devenir cette *Jérusalem* qui *sort du sein du désert, brillante de clarté* !

C'est la vision la plus éclatante que l'œil puisse avoir d'une ville qui n'est plus : car elle semble être encore et rayonner comme une ville pleine de jeunesse et de vie; et cependant, si l'on y regarde avec plus d'attention, on sent que ce n'est plus en effet qu'une belle vision de la ville de David et de Salomon. Aucun bruit ne s'élève de ses places et de ses rues; il n'y a plus de routes qui mènent à ses portes de l'orient ou de l'occident, du midi ou du septentrion; il n'y a que quelques sentiers serpentant au hasard entre les rochers, où l'on ne rencontre que quelques Arabes à demi nus, montés sur leurs ânes, et quelques chameliers de Damas, ou quelques femmes de Bethléhem ou de Jéricho, portant sur leur tête un panier de raisin d'Engaddi, ou une corbeille de colombes qu'elles vont vendre le matin, sous les térébinthes, hors des portes de la ville.

Nous fûmes assis tout le jour en face des portes principales de Jérusalem; nous fîmes le tour des murs, en passant devant toutes les autres portes de la ville. Personne n'entrait, personne ne sortait; le mendiant même n'était pas assis contre les bornes, la sentinelle ne se montrait pas sur le seuil; nous ne vîmes rien, nous n'entendîmes rien; le même vide, le même silence à l'entrée d'une ville de trente mille âmes, pendant les douze heures du jour, que si nous eussions passé devant les portes mortes de Pompéi ou d'Herculanum ! Nous ne vîmes que quatre convois funèbres sortir en silence de la porte de Damas et s'acheminer le long des murs vers les cimetières turcs; et de la porte de Sion, lorsque nous y passâmes, qu'un pauvre chrétien mort de la peste le matin, et que quatre fossoyeurs emportaient au cimetière des Grecs. Ils passèrent près de nous, étendirent le corps du pestiféré sur la terre, enveloppé de ses habits, et se mirent à creuser en silence son dernier lit, sous les pieds de nos chevaux. La terre autour de la ville était fraîchement remuée par de semblables sépultures que la peste multipliait chaque jour, et le seul bruit sensible, hors des murailles de Jérusalem, était la complainte monotone des femmes turques qui pleuraient les morts ! Je ne sais si la peste était la seule cause de la nudité des chemins et du silence profond autour de Jérusalem et dedans. Je ne le crois pas, car les Turcs et les Arabes ne se détournent pas des fléaux de Dieu, convaincus qu'ils peuvent les atteindre partout et qu'aucune route ne leur échappe. Sublime raison de leur part, mais qui les mène à de funestes conséquences !

A gauche de la plate-forme, du temple et des murs de Jérusalem, la colline qui porte la ville s'affaisse tout à coup, s'élargit, se développe à l'œil en pentes douces soutenues çà et là par quelques terrasses de pierres roulantes. Cette colline porte à son sommet, à quelques cents pas de Jérusalem, une mosquée et un groupe d'édifices turcs assez semblable à un hameau d'Europe couronné de son église et de son clocher. C'est Sion ! c'est le palais ! c'est le tombeau de David ! c'est le lieu de ses inspirations et de ses délices, de sa vie et de son repos ! lieu doublement sacré pour moi, dont ce chantre divin a si souvent touché le cœur et ravi la pensée. C'est le premier des poètes du sentiment ! c'est le roi des lyriques ! Jamais la fibre humaine n'a résonné d'accords si intimes, si pénétrants et si graves ! jamais la pensée du poète ne s'est adressée si haut et n'a crié si juste ! jamais l'âme de l'homme ne s'est répandue devant l'homme et devant Dieu en expressions et en sentiments si tendres, si sympathiques et si déchirants ! Tous les gémissements les plus secrets du cœur humain ont trouvé leurs voix et leurs notes sur les lèvres et sur la harpe de cet homme ! et si l'on remonte à l'époque reculée où de tels chants retentissaient sur la terre; si l'on pense qu'alors la poésie lyrique des nations les plus cultivées ne chantait que le vin, l'amour, le sang, et les victoires des Muses et des coursiers dans les jeux de l'Élide, on est saisi d'un profond étonnement aux accents mystiques du roi-prophète, qui parle au Dieu créateur comme un ami à son ami, qui comprend et loue ses merveilles, qui admire ses justices, qui implore ses miséricordes, et semble un écho anticipé de la poésie évangélique répétant les douces paroles du Christ avant de les avoir entendues. Prophète ou non, selon qu'il sera considéré par le philosophe ou le chrétien, aucun d'eux ne pourra refuser au poète-roi une inspiration qui ne fut donnée à aucun autre homme ! Lisez de l'Horace ou du Pindare après un psaume ! Pour moi, je ne le peux plus.

J'aurais, moi, humble poète d'un temps de décadence et de silence, j'aurais, si j'avais vécu à Jérusalem, choisi le lieu de mon séjour et la pierre de mon repos précisément où David choisit le sien, à Sion. C'est la plus belle vue de la Judée, et de la Palestine, et de la Galilée. Jérusalem est à gauche avec le temple et ses édifices, sur lesquels le regard du roi et du poète pouvait plonger sans en être vu. Devant lui, des jardins fertiles, descendant en pentes mourantes, le pouvaient conduire jusqu'au fond du lit du torrent dont il aimait l'écume et la voix. — Plus bas, la vallée s'ouvre et s'étend; les figuiers, les grenadiers, les oliviers l'ombragent: c'est sur quelques-uns de ces rochers suspendus sur l'eau courante; c'est dans quelques-unes de ces grottes sonores, rafraîchies par l'haleine et par le murmure des eaux; c'est au pied de quelques-uns de ces térébinthes aïeux du térébinthe qui me couvre, que le poète sacré venait sans doute attendre le souffle qui l'inspirait si mélodieusement. Que ne puis-je l'y trouver pour chanter les tristesses de mon cœur et celles du cœur de tous les hommes dans cet âge inquiet, comme il chantait ses espérances dans un âge de jeunesse et de foi! Mais il n'y a plus ce chant dans le cœur de l'homme, car le désespoir ne chante pas. Et tant qu'un nouveau rayon ne descendra pas sur la ténébreuse humanité de nos temps, les lyres resteront muettes, et l'homme passera en silence entre deux abîmes de doute, sans avoir ni aimé, ni prié, ni chanté! — Mais je remonte au palais de David. Il plonge ses regards sur la ravine alors verdoyante et arrosée de Josaphat; une large ouverture dans les collines de l'est conduit de pente en pente, de cime en cime, d'ondulation en ondulation, jusqu'au bassin de la mer Morte, qui réfléchit là-bas les rayons du soir dans ses eaux pesantes et épaisses, comme une épaisse glace de Venise qui donne une teinte mate et plombée à la lumière qui l'effleure. Ce n'est point ce que la pensée se figure, un lac pétrifié dans un horizon triste et sans couleur. C'est ici un des plus beaux lacs de Suisse ou d'Italie, laissant dormir ses eaux tranquilles entre l'ombre des hautes montagnes d'Arabie qui s'étendent, comme des Alpes, à perte de vue derrière ses flots, et entre les cimes élancées, pyramidales, coniques, légères, dentelées et étincelantes des dernières montagnes de la Judée. Voilà la vue de Sion.—Passons.

CEPHALUS AND PROCRIS

Claude Lorrain

CHATEAUBRIAND

LA CAMPAGNE ROMAINE

Rien n'est comparable pour la beauté aux lignes de l'horizon romain, à la douce inclinaison des plans, aux contours suaves et fuyants des montagnes qui le terminent. Souvent les vallées dans la campagne prennent la forme d'une arène, d'un cirque, d'un hippodrome; les coteaux sont taillés en terrasses, comme si la main puissante des Romains avait remué toute cette terre. Une vapeur particulière, répandue dans les lointains, arrondit les objets et dissimule ce qu'ils pourraient avoir de dur ou de heurté dans leurs formes. Les ombres ne sont jamais lourdes et noires; il n'y a pas de masses si obscures de rochers et de feuillages, dans lesquelles il ne s'insinue toujours un peu de lumière. Une teinte singulièrement harmonieuse marie la terre, le ciel et les eaux: toutes les surfaces, au moyen d'une gradation insensible de couleurs, s'unissent par leurs extrémités, sans qu'on puisse déterminer le point où une nuance finit et où l'autre commence. Vous avez sans doute admiré dans les paysages de Claude Lorrain cette lumière qui semble idéale et plus belle que nature? eh bien, c'est la lumière de Rome!

Je ne me lassais point de voir à la *villa* Borghèse le soleil se coucher sur les cyprès du mont Marius et sur les pins de la *villa* Pamphili, plantés par Le Nôtre. J'ai souvent aussi remonté le Tibre à Ponte-Mole, pour jouir de cette grande scène de la fin du jour. Les sommets des montagnes de la Sabine apparaissent alors de lapis-lazuli et d'opale, tandis que leurs bases et leurs flancs sont noyés dans une vapeur d'une teinte violette et purpurine. Quelquefois de beaux nuages comme des chars légers, portés sur le vent du soir avec une grâce inimitable, font comprendre l'apparition des habitants de l'Olympe sous ce ciel mythologique; quelquefois l'antique Rome semble avoir étendu dans l'occident toute la pourpre de ses consuls et de ses Césars, sous les derniers pas du dieu du jour. Cette riche décoration ne se retire pas aussi vite que dans nos climats: lorsque vous croyez que ses teintes vont s'effacer, elle se ranime sur quelque autre point de l'horizon; un crépuscule succède à un crépuscule, et la magie du couchant se prolonge. Il est vrai qu'à cette heure du repos des campagnes, l'air ne retentit plus de chants bucoliques; les bergers n'y sont plus, *Dulcia linquimus arva!* mais on voit encore les *grandes victimes du Clytumne*, des bœufs blancs ou des troupeaux de cavales demi-sauvages qui descendent au bord du Tibre et viennent s'abreuver dans ses eaux.

JEAN AICARD

François-Victor-Jean Aicard, born at Toulon in 1848, has produced numerous plays (*Le père Lebonnard*) and novels (*Le Roi de la Camargue*, *L'illustre Maurin*), and several volumes of poetry, from one of which, *La Chanson de l'Enfant*, the following poem is taken. He is a member of the French Academy.

LA LÉGENDE DU CHEVRIER

Comme ils n'ont pas trouvé place à l'hôtellerie,
Marie et saint Joseph s'abritent pour la nuit
Dans une pauvre étable où l'hôte les conduit;
Et là Jésus est né de la vierge Marie.

Il est à peine né qu'aux pâtres d'alentour,
Qui gardent leurs troupeaux dans la nuit solitaire,
Des anges lumineux annoncent le mystère.
— Beaucoup sont en chemin avant le point du jour.

Ils portent à l'Enfant, couché sur de la paille,
Entre l'âne et le bœuf qui soufflent doucement,
Du lait pur, des agneaux, du miel ou du froment,
Tous les humbles trésors du pauvre qui travaille.

Le dernier venu dit: "Trop pauvre, je n'ai rien
Que la flûte en roseau pendue à ma ceinture,
Dont je sonne, la nuit, quand le troupeau pâture:
J'en peux offrir un air, si Jésus le veut bien."

Marie a dit que oui, souriant sous son voile...
Mais soudain sont entrés les mages d'Orient;
Ils viennent à Jésus l'adorer en priant,
Et ces rois sont venus guidés par une étoile.

L'or brode, étincelant, leur manteau rouge et bleu,
Bleu, rouge, étincelant comme un ciel à l'aurore.
Chacun d'eux, prosterné devant Jésus, l'adore;
Ils offrent l'or, l'encens, la myrrhe, à l'Enfant-Dieu.

Ébloui, comme tous, par leur train magnifique,
Le pauvre chevrier se tenait dans un coin;
Mais la douce Marie: "Êtes-vous pas trop loin
Pour voir l'Enfant, brave homme, en sonnant la musique?"

Il s'avance troublé, tire son chalumeau,
Et, timide d'abord, l'approche de ses lèvres;
Puis, comme s'il était tout seul avec ses chèvres;
Il souffle hardiment dans la flûte en roseau.

Sans rien voir que l'Enfant de toute l'assemblée,
Les yeux brillants de joie, il sonne avec vigueur;
Il y met tout son souffle, il y met tout son cœur,
Comme s'il était seul sous la nuit étoilée.

Or, tout le monde écoute avec ravissement;
Les rois sont attentifs à la flûte rustique,
Et quand le chevrier a fini la musique,
Jésus, qui tend les bras, sourit divinement.

VALLÉRY-RADOT

THE following account of Pasteur's triumph over hydrophobia is taken
from his *Life* by his son-in-law René Valléry-Radot (born 1853), the head
of the Pasteur Institute. Louis Pasteur was born in 1822 at Arbois on the
western slopes of the Jura, where his father had a tan-yard. In the far-
reaching importance of his scientific achievements, in his inexhaustible
patience, and in the noble simplicity of his life, he resembled Charles Darwin.
He died at Villeneuve-l'Étang near Saint-Cloud, on September 28, 1895.

LA VICTOIRE DE PASTEUR

Un lundi matin, le 6 juillet, Pasteur vit arriver à son laboratoire
un petit alsacien, âgé de neuf ans, Joseph Meister, mordu l'avant-
veille par un chien enragé. Sa mère l'accompagnait.

Elle raconta que son enfant se rendait seul, par un petit chemin
de traverse à l'école de Meissengott, près de Schlestadt, lorsqu'un
chien s'était jeté sur lui. Terrassé, incapable de se défendre,
l'enfant n'avait songé qu'à couvrir son visage de ses mains. Un
maçon qui avait vu de loin ce qui se passait, arriva, armé d'une
barre de fer. Il frappa à coups redoublés ce chien furieux et
l'obligea à lacher prise. Il releva l enfant couvert de bave et
de sang. Le chien revint chez son maître, Théodore Vone,
épicier à Meissengott, qu'il mordit au bras. Théodore Vone
saisit son fusil et tua l'animal. A l'autopsie on trouva l'estomac
rempli de foin, de paille, de fragments de bois. Lorsque les
parents du petit Meister apprirent tous ces détails, ils allèrent,
pleins d'inquiétude, le soir même, jusqu'à Villé, consulter de

docteur Weber. Après avoir cauterisé les plaies à l'acide phénique,
le docteur Weber conseilla à Mme Meister de partir dès le lendemain pour Paris. Elle dirait tous ces faits à quelqu'un qui n'était
pas médecin, mais qui pouvait, mieux qu'un médecin, juger ce
qu'il fallait faire dans un cas aussi grave. Quant à Théodore Vone,
inquiet à la fois pour l'enfant et pour lui-même, il se déclara prêt
à partir.

Pasteur le rassura. Les vêtements avaient essuyé la bave du
chien. La manche de la chemise n'avait pas même été traversée. Il
pouvait reprendre la première train pour l'Alsace. Il ne se le fit
pas dire deux fois.

A la vue des quatorze blessures du petit Meister, qui marchait
difficilement tant il souffrait, l'émotion de Pasteur fut profonde.
Qu'allait-il faire pour cet enfant? Pouvait-il risquer le traitement
préventif qui avait constamment sur les chiens? Pasteur était
partagé entre ses espérances et ses scrupules qui touchaient à
l'angoisse. En attendant qu'il prit une résolution, il songea à
tout ce qui pouvait être nécessaire à cette mère et à ce fils perdus
dans Paris. Puis il leur donna rendezvous à cinq heures de l'après-
midi, après la séance de l'Institut. Il ne voulait rien tenter avant
d'avoir vu Vulpian et causé avec lui. Depuis que la commission de
la rage avait été constituée, Pasteur estimait toujours davantage
le jugement si sûr de Vulpian qui, dans ses leçons sur la physiologie générale et comparée du système nerveux, avait déjà signalé
le profit que peut retirer la clinique humaine de l'expérimentation
sur les animaux. En outre, c'était un esprit d'une prudence
extrême. Il voyait toujours tous les côtés d'un problème. L'homme
valait en lui le savant. Il était d'une droiture absolue, d'une
bonté active et discrète. Quelque chose de doux et de fier éclairait
son regard voilé de tristesse. Il aimait passionnément le travail:
Au lendemain d'un grand deuil il disait: "Heureusement que
nous avons ce remède-là!"

Vulpian exprima l'avis que les expériences de Pasteur sur les
chiens étaient suffisamment concluantes pour que l'on fût autorisé
à prévoir les mêmes succès dans la pathologie humaine. Pourquoi, ajoutait ce professeur d'ordinaire si réservé, ne pas essayer
ce traitement? Existait-il contre la rage un autre moyen efficace?
Si encore la cautérisation avait été faite au fer rouge! Mais que
valait une cautérisation à l'acide phénique douze heures après

l'accident? En pesant d'une part les dangers presque certains que courait l'enfant de mourir enragé, et d'autre part les chances de l'arracher à la part, c'était plus qu'un droit, c'était un devoir pour Pasteur d'appliquer au petit Meister l'inoculation anti-rabique.

Ce fut aussi l'avis du Dr Graucher que Pasteur voulut également consulter. M. Graucher travaillait au laboratoire. Lui et le Dr Straus pouvaient se dire les deux premiers médecins français étudiant la bactériologie. Doctrine, études nouvelles, admiration et affection, tout portait M. Graucher vers Pasteur qui, de son côté, l'appréciait et l'aimait.

Quand, à la fin de cette journée du 6 juillet, Vulpian et M. Graucher vinrent voir le petit Meister et examiner le nombre, l'intensité et le siège des morsures,—quelques-unes particulièrement graves, surtout celles de la main,—ils décidèrent qu'il fallait le soir même, faire la première inoculation. On prendrait la moelle la plus reculée, la moelle de quatorze jours, sans nulle virulence, et l'on remonterait ainsi jusqu'aux moelles fraîches. Bien que l'inoculation fût très facile, car il ne s'agissait que d'injecter au flanc, à l'aide de la seringue de Pravaz, quelques gouttes du liquide, préparé avec un des fragments de moelle, le petit Meister pleurait d'avance comme s'il se fût agi d'une grande opération. Ce fut bien vite fait de le consoler tant la piqûre était légère. Pasteur avait organisé dans le vieux collège Rollin une chambre pour la mère et l'enfant. Il voulait que rien ne leur manquât. Le lendemain matin, Joseph Meister ne tarda pas à s'amuser comme s'il revenait sans devoirs et sans leçons de son école de Meissengott. Il régnait sur les poules, les lapins et les cochons d'Inde. Il les apprivoisa bientôt. Les tout petits cochons d'Inde, qui avec leur dos tacheté, ressemblent à des marrons d'Inde à peine mûrs, et les petites souris blanches qui dans les bocaux se confondent avec la ouate, il les prenait sous sa protection. Il sollicita même et obtint facilement de Pasteur le droit de grâce pour les plus jeunes. Il était dans ce monde des bêtes comme un petit envoyé sauveur qui changeait le cours des destinées.

"Tout va bien, ecrivait Pasteur à son gendre le 11 juillet, l'enfant dort bien, a bon appétit, et du jour au lendemain la matière des inoculations est résorbée sans la moindre trace. Il est vrai que je ne suis pas encore aux inoculations de contrôle qui auront lieu mardi, mercredi, et jeudi. Si, dans les trois semaines qui suivront, l'enfant va bien, le succès de l'expérience me paraîtra assuré. Je renverrai dans tous les cas cet enfant et sa mère à Meissengott, près de Schlestadt, le 1er août, en établissant toutefois un système d'observation par l'intermédiaire de ces braves gens. Vous voyez d'après cela que je ne communiquerai rien avant le retour des vacances."

Mais à mesure que les inoculations devenaient plus virilentes l'inquiétude l'envahissait. "Mes chers enfants, encore une mauvaise nuit pour votre père, écrivait Mme Pasteur. Il ne s'accoutume pas du tout à l'idée d'opérer en dernier ressort sur cet enfant. Et cependant il faut bien maintenant s'exécuter. Le petit continue à se porter très bien."

La reprise d'espoir se traduisait par une nouvelle lettre de Pasteur:

"Mon cher René, je crois qu'il se prépare de grandes choses. Joseph Meister sort du laboratoire. Les trois dernières inoculations ont laissé sous la peau des traces rosées diffuses, de plus en plus larges, indolentes. Il y a une action qui s'accentue à mesure qu'on approche de l'inoculation finale qui aura lieu jeudi 16 juillet. L'enfant va très bien ce matin. A bien dormi, quoique avec agitation; il a bon appétit, pas du tout de fièvre. Hier soir, à table, chez son oncle, petit accès nerveux, raconté par sa mère ce matin au laboratoire, en présence de M. Graucher au moment de son inoculation quotidienne."

La lettre se terminait par cet appel affectueux: "Il se prépare peut-être, un des grands faits médicaux du siècle et vous regretteriez de n'y avoir pas assisté."

Espérances infinies, trances, angoisses, idée et sentiment fixes d'arracher à la mort cet enfant, Pasteur passait par une série d'émotions diverses, contraires, aussi intenses les unes que les autres. Il ne pouvait plus travailler. Toutes les nuits il avait la fièvre. Ce petit Meister qu'il avait vu jouer dans le jardin, une brusque vision, dans les insomnies invincibles, le lui représentait malade, étouffant de rage comme jadis le petit malade de l'hôpital trousseau.

Vainement son génie expérimental l'assurait que le virus de la plus terrible maladie allait être vaincu, que l'humanité sera délivrée de cet effroi, le fond de sa tendresse humaine l'emportait sur tout le reste. Si toute souffrance, toute inquiétude des autres devenait sa propre souffrance et sa propre inquiétude, qu'était ce devant "ce pauvre petit"!

Le traitement dura dix jours; Meister fut inoculé douze fois. L'état de virulence des moelles était contrôlé par des trépanations faites à des lapins. La virulence apparut de plus en plus forte. Jugeant que la gravité des morsures exigeait de consolider l'état réfractaire Pasteur alla jusqu'à faire inoculer, le 16 juillet à onze heures du matin, la moelle d'un jour, celle qui donna la rage à coup sûr aux lapins après sept jours d'incubation seulement. C'était le contrôle le plus certain de l'immunité et de la préservation dues au traitement.

Guéri de ses plaies, amusé par tout ce qu'il voyait, courant comme s'il eut été libre dans une grande ferme d'Alsace, le petit Meister, dont le regard bleu n'exprimait plus ni crainte ni timidité, reçut gaiement ces dernières inoculations. Le soir de cette épreuve redoutable, après avoir embrassé son "cher monsieur Pasteur," comme il l'appelait, il alla dormir paisiblement. Pasteur passa une nuit cruelle. L'insomnie, qui épargne d'ordinaire les hommes d'action, ne ménage pas les hommes de pensée. Ce mal les étreint. A ces heures lentes et sombres de la nuit où tout est déformé, où la sagesse est en proie aux fantômes, Pasteur, hors de son laboratoire, perdant de vue l'accumulation d'expériences qui lui donnait la certitude du succès s'imaginait que cet enfant allait mourir.

Une fois le traitement achevé, Pasteur confia au Dr Graucher le petit Meister, qui ne devait retourner en Alsace que le 27 juillet, et consentit à prendre quelques jours de repos. Il alla rejoindre sa fille dans un coin de Bourgogne, à quelques kilomètres d'Avallon. La solitude était complète. La vue s'arrête au loin sur les collines de ce pays "boisillé," comme le definissait Vauban. Les bois de chênes s'étendent sur tout l'horizon. Çà et là, leur masse est largement déchirée par des champs et des prés que bordent et séparent les haies vives. Parfois, entre deux mouvements de terrain, apparaît un étang qui donne au paysage une douceur mélancolique. Rien n'est plus apaisant.

Mais la nature ne verse son calme que dans l'esprit des contemplatifs et des rêveurs. Tout en consentant à se promener sur cette terre de granit dont les routes au soleil étincellent de mica, ou

en allant visiter la basilique de Vézelay,—que Mérimée, Monta-
lembert et Viollet-le-Duc ont sauvée de la destruction, et qui se
dresse sur une colline, comme un dernier vestige de l'abbaye si
puissante au moyen-âge,—Pasteur était dans l'attente d'une
lettre, d'un télégramme lui donnant des nouvelles du petit Meister.
Le Dr Graucher n'y manquait pas; il envoyait tous les jours un
bulletin de santé.

A son arrivée dans le Jura, Pasteur commençait d'être pleine-
ment rassuré. "Hier soir, ecrivait-il d'Arbois à son fils, le 3 août
1885, très bonne nouvelles toujours du petit mordu. J'attends
donc avec espoir l'instant de conclure. Il y aura, demain 4 août
trente et un jours qu'il a été mordu."

HENRI DE RÉGNIER

Henri-François-Joseph de Régnier was born at Honfleur in 1864 and
educated at Paris at the Collège Stanislas. He has published over a dozen
volumes of poetry and as many volumes of prose. He married a daughter
of Heredia and is a member of the French Academy. The following poem
is taken from *La Sandale ailée*, published in 1906.

VILLE DE FRANCE

Le matin, je me lève, et je sors de la ville.
Le trottoir de la rue est sonore à mon pas,
Et le jeune soleil chauffe les vieilles tuiles,
Et les jardins étroits sont fleuris de lilas.

Le long du mur moussu que dépassent les branches,
Un écho que l'on suit vous précède en marchant,
Et le pavé pointu mène à la route blanche
Qui commence au faubourg et s'en va vers les champs.

Et me voici bientôt sur la côte gravie
D'où l'on voit, au soleil et couchée à ses pieds,
Calme, petite, pauvre, isolée, engourdie,
La ville maternelle aux doux toits familiers.

Elle est là, étendue et longue. Sa rivière
Par deux fois, en dormant, passe sous ses deux ponts;
Les arbres de son mail sont vieux comme les pierres
De son clocher qui pointe au-dessus des maisons.

THE CHURCH OF MARISSEL

Corot

Dans l'air limpide, gai, transparent et sans brume
Elle fait un long bruit qui monte jusqu'à nous:
Le battoir bat le linge et le marteau l'enclume,
Et l'on entend des cris d'enfants, aigres et doux...

Elle est sans souvenirs de sa vie immobile,
Elle n'a ni grandeur, ni gloire, ni beauté;
Elle n'est à jamais qu'une petite ville;
Elle sera pareille à ce qu'elle a été.

Elle est semblable à ses autres sœurs de la plaine,
A ses sœurs des plateaux, des landes et des prés;
La mémoire, en passant, ne retient qu'avec peine,
Parmi tant d'autres noms, son humble nom français;

Et pourtant, lorsque, après un de ces longs jours graves
Passés de l'aube au soir à marcher devant soi,
Le soleil disparu derrière les emblaves
Assombrit le chemin qui traverse les bois;

Lorsque la nuit qui vient rend les choses confuses
Et que sonne la route dure au pas égal,
Et qu'on écoute au loin le gros bruit de l'écluse,
Et que le vent murmure aux arbres du canal;

Quand l'heure, peu à peu, ramène vers la ville
Ma course fatiguée et qui va voir bientôt
La première fenêtre où brûle l'or de l'huile
Dans la lampe, à travers la vitre sans rideau,

Il me semble, tandis que mon retour s'empresse
Et tâte du bâton les bornes du chemin,
Sentir, dans l'ombre, près de moi, avec tendresse,
La patrie aux doux yeux qui me prend par la main.

216

FUSTEL DE COULANGES

NUMA-DENYS FUSTEL DE COULANGES (1830–1889) made his name by
La Cité antique (1864), a model of artistic construction and lucid exposition,
but uncritical in the use of authorities. In 1885 he changed his method for
one of laborious and conscientious research and applied it to the early history
of French institutions. He trusted to editors for his texts, but no one ever
interpreted a text with a more scrupulous or more penetrating analysis.
The following passages are taken from a famous article which he contributed
to the *Revue des deux mondes* for January 1, 1871, and which has been
reprinted in his *Questions historiques*. The prophecy contained in the second
passage is remarkable.

LOUVOIS ET BISMARCK

Pendant les vingt-cinq années que Louvois dirigea la politique,
conduisit la diplomatie, organisa les armées, la France n'eut que
des succès; dans les guerres contre l'Espagne, contre la Hollande,
contre la coalition d'Augsbourg, ses armées furent toujours vic-
torieuses. Et pourtant Louis XIV ne put garder ni la Belgique,
ni les places de la Hollande, ni Luxembourg, ni Philipsbourg.
Au commencement de chaque guerre, il mettait la main sur l'objet
de sa convoitise, et en dépit de ses victoires il était contraint à
chaque traite de restituer presque tout ce qu'il avait pris. On est
frappé du peu que lui servaient ses victoires. Il n'acquit en
définitive que Strasbourg, quelques villes de Flandre et la Franche-
Comté, et comme il faut retrancher ici Strasbourg qui ne fut pas
pris par la force des armes, il ne reste donc à l'acquis de cette
politique de conquête que la Franche-Comté et quelques villes
de la Flandre.

Encore se tromperait-on de beaucoup si l'on jugeait qu'une
puissance a grandi dans une guerre parce qu'elle a pu y acquérir
quelques provinces. La France avait gagné, à la vérité, des
territoires et des villes, mais elle avait perdu des amitiés et des
alliances. La Hollande était devenue notre ennemie. L'Angleterre, qui au temps de Henri IV et de Richelieu avait été ordinairement avec nous, se montrait notre adversaire acharné. L'Allemagne, qui nous avait toujours aimés jusque-là, témoignait une
antipathie et une défiance qui devaient nous devenir funestes
au XVIIIe siècle. La Russie n'existait pas encore; mais la Suède,
qui avait été au temps de Richelieu notre point d'appui du côté

du nord, cessait d'être avec nous et partageait la haine générale. Ainsi la politique d'envahissement et les succès mêmes de la France n'avaient pour effet que de liguer toute l'Europe contre elle. Elle avait quelques villes de plus, mais elle était isolée dans le monde. Son influence était certainement amoindrie, son prestige diminué, sa sécurité même compromise.

Mais c'est à l'intérieur même du pays qu'il faut regarder, si l'on veut juger les fruits de la politique de ses maîtres. Pour poursuivre ces grandes luttes, il avait fallu épuiser la France en hommes et en argent. Louis XIV, vers la fin de son règne, avait une peine infinie à se procurer des soldats. Pour l'argent, les difficultés étaient encore bien plus grandes. Le budget des années de guerre s'élevait à peu près au double de celui des années de paix; aussi, pour faire la guerre, il fallait doubler les impôts. On essaya d'abord d'augmenter les impôts directs, mais plusieurs provinces se revoltèrent. On fit le même essai sur les impôts indirects, mais alors le commerce s'arrêta. On créa des impôts nouveaux, le droit d'enregistrement, la capitation, la dîme et jusqu'à une taxe des pauvres levée au profit du roi.... Impôts anciens, impôts nouveaux, emprunts forcés, extorsions de toute nature, c'était encore trop peu pour la guerre. Alors le gouvernement altéra les monnaies; il vendit les emplois; il fit trafic des titres de noblesse. C'étaient encore de trop faibles ressources pour la politique d'envahissement. On a peine à se figurer l'inévitable pauvreté qui punit ces fiers conquérants: en 1689, le roi faisait porter à la Monnaie son argenterie pour avoir du numéraire; en 1709, il mettait en gage ses pierreries. La principale ressource fut d'emprunter. La dette publique, qui avant les guerres ne dépassait pas 150 millions de capital, s'éleva progressivement à 3 milliards. Voilà ce qu'avaient coûté les victoires et les conquêtes.

Par la pauvreté du gouvernement on peut juger la misère du pays. Pour porter les forces de la France vers la guerre, il avait fallu les détacher du travail, les détourner de l'agriculture, du commerce, de l'industrie. La classe commerçante fut ruinée la première: la guerre avec l'Allemagne arrêta l'exportation; la guerre avec la Hollande et l'Angleterre détruisit la marine marchande aussi bien que celle de l'État.... La classe industrielle fut ruinée aussi faute de débouchés pour ses produits; la misère

de la classe ouvrière en France date du règne de Louis XV, et, si
la guerre n'en est pas la cause unique, elle en est du moins la
cause principale. La classe agricole fut la plus malheureuse de
toutes, parce que ce fut sur elle que les impôts frappèrent le plus
impitoyablement. La pauvreté s'étendit ainsi sur toute la société
française comme une lèpre, et Fénelon put écrire au grand roi
conquérant: "Votre peuple meurt de faim, et la France entière
n'est plus qu'un grand hôpital."

. . . . .

Cette guerre aura des effets incalculables sur l'état moral de
l'Allemagne. Elle changera le caractère, les habitudes, jusqu'au
tour d'esprit et à la manière de penser de cette nation. Le peuple
allemand ne sera plus après cette guerre ce qu'il était avant elle.
On ne l'aura entraîné dans une telle entreprise sans altérer
profondément son âme. On aura substitué chez lui à l'esprit de
travail l'esprit de conquête. On aura ôté de son intelligence les
idées sur ce qui fait le but et l'honneur de la vie, et l'on aura mis
à la place une fausse conception de la gloire. On lui aura fait
croire qu'il y a pour une nation quelque chose de plus souhaitable
que la prospérité laborieuse et probe: on lui aura inoculé la
maladie de l'ambition et la fièvre de l'agrandissement.

Qu'ils en croient notre expérience: toutes les fois que les chefs
de notre nation ont poursuivi la politique d'envahissement,
l'état de notre âme en a été troublé. Beaucoup des défauts dont
on nous accuse nous sont venus de nos guerres, surtout de nos
guerres heureuses. La vantardise, la fanfaronnade, l'admiration
naïve de nous-mêmes, le dédain pour l'étranger, n'étaient pas plus
dans notre nature que dans celle de toute autre peuple: ils y ont
été introduits peu à peu par nos guerres, par nos conquêtes, par
notre habitude du succès. Toute nation qui recherchera comme
nous la gloire militaire, et qui comptera autant de victoires que
nous, aura aussi les mêmes défauts.

L'Allemagne n'échappera pas si cette fatalité. Peut-être
sera-t-elle cruellement punie d'avoir laissé partir toute sa jeunesse
et toute sa population virile pour cette guerre de conquête et
d'invasion. On l'a insidieusement arrachée à ses travaux, à ses
habitudes, à sa vieille morale, à ses vertus; on ne l'y ramènera
pas. On l'a jetée brusquement dans l'œuvre de guerre, de convoitise et de violence; son âme en gardera toujours la tache.

Autrefois la guerre d'invasion ne démoralisait que des troupes soldats; ici c'est une nation entière qu'elle démoralisera, car une nation entière a été constrainte d'y concourir.

A-t-on l'ingénuité de croire que ces hommes dont on a fait des envahisseurs retourneront dans leur pays tels qu'ils en étaient sortis? Ils y rapporteront des sentiments et des désirs qu'ils n'avaient jamais connus. Après s'être associé à la violence, après s'être accoutumé au triomphe de la force ou de la ruse, il n'est pas facile de revenir à la vie calme et droite. Comment veut-on que des hommes à qui l'on ordonne le meurtre et l'incendie gardent dans leur foi intérieure une idée nette du droit et du devoir? Ces soldats qui expédient soigneusement dans des chariots les bouteilles de nos caves ou qui entassent dans leurs sacs notre argenterie, les bijoux de nos femmes et jusqu'à leurs dentelles, rentreront-ils dans leurs maisons avec la conscience aussi sûre et aussi franche qu'autrefois? Nous aimions naguère encore à parler des vertus allemandes; où les retrouvera-t-on? La vieille Allemagne n'existe plus.

Qu'on ne pense pas que ce soit nous que cette détestable guerre ait le plus frappée, car nous, nous levons la tête, sûre de notre droit et sûre de notre conscience. Ceux qui souffriront le plus, ce sont les envahisseurs. Il n'est pas impossible que cette guerre soit le commencement de notre régénération; elle est peut-être aussi le commencement de la décadence de l'Allemagne.

M. de Bismarck a voulu se faire un grand nom; qu'il soit satisfait: il peut être assuré que son nom ne périra pas; mais il a certes assumé une lourde responsabilité en se chargeant des destinées d'une nation entière, et en prenant pour ainsi dire dans sa main toute la vie et toute l'âme de cette nation. Il en devra un terrible compte. Le mal qu'il nous aura fait lui sera aisément pardonné; on ne lui pardonnera pas celui qu'il aura fait à son pays. La nation allemande ne demandait pas plus que nous la guerre. Comme nous, comme toute l'Europe, elle voulait vivre dans la paix et le travail, élargir le cercle de la science, développer ses institutions libérales. Si elle s'aperçoit plus tard que cette guerre l'a jetée hors de sa voie, a arrêté son progrès, lui a fait rebrousser chemin, elle détestera l'auteur de cette guerre et sa politique rétrograde. Alors elle maudira M. de Bismarck comme nous maudissons Louvois, et la haine qui pésera le plus sur la mémoire du ministre prussien, ne sera pas la haine de la France, c'est la haine de l'Allemagne.

ALBERT DE MUN

ADRIEN-MARIE-ALBERT, COMTE DE MUN (1841–1914), was born at Lumigny (Seine-et-Marne) and died at Bordeaux. He fought in the war of 1870 and was taken prisoner with the army of Metz. From 1876 to his death he sat almost continually in the Chamber of Deputies, and became one of its greatest orators. He founded the *Cercles catholiques d'Ouvriers* for the propagandism of Catholic-socialist doctrines. On the outbreak of the Great War he began a series of articles for the *Écho de Paris*, which are instinct with lofty patriotism and serene confidence. The following was written on the anniversary of Sedan, two days before the victory of the Marne.

L'EXALTATION DE LA PATRIE

Bordeaux, 4 septembre 1914.

Quarante-quatre ans! Les mots expirent dans les décimes de l'histoire. Quelles journées nous vivons! *L'Écho de Paris* a expliqué, par une note parue le 2, pourquoi, dans l'impossibilité matérielle où il allait, se trouver de faire parvenir le journal à la province, il prenait la courageuse résolution de créer, malgré tous les obstacles, une édition spéciale pour les départements. J'ai répondu sans hésiter à l'appel qu'il a bien voulu m'adresser pour l'aider dans l'œuvre patriotique qu'il allait entreprendre. D'ici je continuerai donc, par mes articles quotidiens, que les lecteurs parisiens liront, je l'espère, comme ceux de la province, à servir la France de toutes mes forces, puisque je ne puis le faire par les armes, en soutenant les courages autant qu'il est en moi.

Je remercie cordialement *L'Écho de Paris* de m'en donner le moyen.

Nous avons quitté Paris le 2, àu point du jour, en automobile, le cœur dans un étau. Ils sont à Compiègne. Mystère des desseins de Dieu: là Jeanne fut livrée il y a cinq siècles. O sainte gardienne de la patrie! Voyez cette merveille: les Anglais et les Français fraternellement unis pour défendre la terre que vous avez sauvée. Vous avez fait ce miracle, achevez-le, en boutant dehors les barbares!

Paris menacé par eux! Cette pensée nous étreint; nous ne parlons pas. Que dire? Voici un régiment de Zouaves qui défile sur la route, léger, gai, souriant. Ah! les beaux soldats! Un capitaine s'approche de nous, demandant des nouvelles. Je lui dis ce que je sais, si peu, hélas! et je lui donne mon nom. Alors, "minute inexprimable," un sanglot contracte ce visage de soldat, et il me serre la main à la briser. En une minute, sans nous rien dire, tout le passé, l'histoire d'hier, celle d'aujourd'hui. Et nos âmes se sont fondues. J'ai cru serrer les mains de tous mes camarades.

La route a été longue, pénible, soutenue par l'air résolu de tous ceux que nous rencontrons, des soldats qui gardent les postes, les ponts, et les carrefours.

En entrant ici, hier soir, nous avons appris l'arrivée du président de la République et du gouvernement et nous avons lu le manifeste qui explique une résolution douloureuse et inévitable. Je ne le commenterai pas. Les événements suffisent. Ce matin, nous lisons l'ordre du général Galliéni à l'armée et à la population de Paris, langage de soldat, bref et résolu, qui commande la confiance. Dans l'indicible émotion de cette année, évocatrice de souvenirs tragiques, quel ferme et puissant réconfort! Paris, sous un tel chef, avec l'armée enfermée dans son camp retranché, avec son peuple prêt à l'héroïsme, décidé à repousser tous ses conseils de défaillance, Paris défendra sans fléchir le cœur de la France. Et dans le péril qui presse la patrie, fortifié par cette certitude, plus que jamais je garde dans la victoire une inébranlable confiance.

Je ne sais rien du secret des opérations. Je n'en dois rien savoir. Mais je vois nos armées libres de leurs mouvements, échelonnées sur les flancs de la colonne allemande audacieuse et puissante qui, pareille au torrent, roule vers Paris, menaçant ses communications, rompant sa marche à tout instant en des combats magnifiques qu'on nous a trop laissé ignorer et dont les récits épiques nous arrivent par morceaux; tandis qu'à l'Est celle de la Moselle, en d'autres rencontres non moins illustres, combat et oblige à réculer une partie des forces ennemies. Je vois l'armée anglaise en liaison étroite avec la nôtre victorieuse hier à Compiègne, et j'entends Lord Kitchener annoncer qu'elle la fortifie sans cesse à l'Orient. Je compte les pas tumultueux et rapides de l'armée russe. Je vois l'Autriche écrasée à Lemberg, la capitale de la Galicie conquise, l'émoi jeté dans Vienne, l'exode épouvanté des populations Prussiennes fuyant devant les Cosaques. J'écoute, l'oreille aux aguets, le bruit des trains qui, sur les lignes de Belgique, ramènent déjà au secours de la Prusse une partie des armées allemandes et, retournant à ma patrie, voyant des armées qui n'ont subi ni désastre, ni déroute, où les combattants de ses semaines d'août, éprouvés mais non épuisés, gardent l'entrain des premiers jours, où les arrivants retrouvent au contact du rang l'ardeur et la foi qui s'étiolaient dans une imprudente oisiveté, entendant sortir de Paris la voix mâle du chef qui commande à la résistance, je sens, comme il y a un mois, mon âme exaltée dans la confiance.

Paris tiendra, j'en suis convaincu, glorieux et sauveur ! Les armées de campagne en fermeront dans leurs serres rapprochées la manœuvre audacieuse de l'envahisseur et, par l'héroïsme de son peuple et de ses soldats, la France délivrée du poids qui la souille, la France qui fut durant ces jours terribles le rempart de la civilisation, qui supporta pour permettre à ses alliés d'accomplir leur tâche le choc épouvantable de toute la Germanie, la France reprendra sa marche victorieuse vers ceux qui de l'Orient lui tendent la main !

J'ai dit confiance exaltée. Oui, il faut l'avoir, il faut faire taire les critiques trop faciles, les plaintes stériles, étouffer les douleurs et les inquiétudes, imposer silence aux propagateurs de panique, et laisser la sainte exaltation de la patrie, mère de tous les dévouements, inspiratrice de tous les sacrifices, s'accaparer de nos armes et les grandir à la taille de l'épreuve sans égale que Dieu nous impose pour nous apprendre à mettre en lui tous nos espoirs !

PÉGUY

HEUREUX CEUX QUI SONT MORTS

Heureux ceux qui sont morts pour la terre charnelle,
Mais pourvu que ce fût dans une juste guerre;
Heureux ceux qui sont morts pour quatre coins de terre,
Heureux ceux qui sont morts d'une mort solennelle.
Heureux ceux qui sont morts dans les grandes batailles.
Couchés dessus le sol à la face de Dieu;
Heureux ceux qui sont morts sur un dernier haut lieu
Parmi tout l'appareil des grandes funérailles.
Heureux ceux qui sont morts pour les cités charnelles,
Car elles sont le corps de la cité de Dieu;
Heureux ceux qui sont morts pour leur âtre et leur feu
Et les pauvres honneurs des maisons paternelles.

Heureux ceux qui sont morts, car ils sont retournés
Dans la première argile et la première terre;
Heureux ceux qui sont morts dans une juste guerre;
Heureux les épis mûrs et les blés moissonnés!

RONSARD

THE following lines form the conclusion of the fine *Hymne de la Mort.*

Je te salue, heureuse et profitable Mort,
Des extremes douleurs medecin et confort!
Quand mon heure viendra, Déesse, je te prie
Ne me laisse long temps languir en maladie,
Tourmenté dans un lict; mais puis qu'il faut mourir,
Donne-moy que soudain je te puisse encourir,
Ou pour l'honneur de Dieu, ou pour servir mon Prince,
Navré, poitrine ouverte, au bord de ma province!

PÉTAIN

PHILIPPE PÉTAIN, born at Saint-Omer, was only a Colonel at the beginning of the Great War, but he rapidly rose to fame and by his brilliant and heroic defence of Verdun won undying glory.   After the successful termination of the first battle (April 9, 1916) he was appointed Commander of the central group of French armies.   On April 30, 1917, he became Chief of the General Staff at Paris, and on May 15 he succeeded General Nivelle as Commander-in-Chief of the French armies of the North and North-East.   On November 18, 1918, he issued the following *ordre du jour.*   On November 19 he was made a Marshal of France.   On the same day he rode into Metz at the head of Mangin's Tenth Army, and on November 25 he stood in the Kaiserplatz at Strasbourg with Gouraud's Fourth Army.   The long forty-eight years of mourning had come to an end.

AUX ARMÉES FRANÇAISES

Pendant de longs mois vous avez lutté. L'histoire célébrera la ténacité et la fière énergie déployées pendant ces quatre années par notre patrie, qui devait vaincre pour ne pas mourir.

Nous allons demain, pour mieux dicter la paix, porter nos armées jusqu'au Rhin. Sur cette terre d'Alsace-Lorraine, qui nous est chère, vous pénétrerez en libérateurs. Vous irez plus loin, en pays allemand, occuper des territoires qui sont le gage nécessaire de justes réparations.

La France a souffert dans ses campagnes ravagées, dans ses villes ruinées; elle a des deuils nombreux et cruels. Les provinces délivrées ont eu à supporter des vexations intolérables et des outrages odieux.

Mais vous ne répondrez pas aux crimes commis par des violences, qui pourraient vous sembler légitimes dans l'excès de vos ressentiments. Vous resterez disciplinés, respectueux des personnes et des biens; après avoir battu l'adversaire par les armes, vous lui en imposerez encore par la dignité de votre attitude, et le monde ne saura ce qu'il doit le plus admirer de votre tenue dans le succès ou de votre héroïsme dans les combats.

J'adresse avec vous un souvenir ému à nos morts, dont le sacrifice nous a donné la victoire; j'envoie un salut plein d'affection attristée aux pères et aux mères, aux veuves et aux orphelins de France, qui cessent un instant de pleurer dans ces jours d'allégresse nationale pour applaudir au triomphe de nos armes.

Je m'incline devant vos drapeaux magnifiques.

Vive la France!

For EU product safety concerns, contact us at Calle de José Abascal, 56–1°, 28003 Madrid, Spain or eugpsr@cambridge.org.

www.ingramcontent.com/pod-product-compliance
Ingram Content Group UK Ltd.
Pitfield, Milton Keynes, MK11 3LW, UK
UKHW012335130625
459647UK00009B/295